Eu Escolho Florescer

O Despertar

Primeira edição, 2023

ISBN 978-65-00-65355-7

www.esperancaecoragem.com

Diga-me o que você teme e eu lhe direi o que aconteceu com você.

Donald Woods Winnicott

"Mulheres sábias compartilham suas histórias para que outras possam se curar. Elas sabem o quão difícil é lidar com os problemas do dia a dia e acreditam que, se outras mulheres puderem aprender com suas experiências, elas também poderão enfrentar seus desafios. As mulheres sábias não hesitam em partilhar sua sabedoria com as demais. Elas sabem que, às vezes, é preciso falar sobre coisas que as machucaram para poder cicatrizar. E elas estão dispostas a ajudar outras mulheres a superarem os obstáculos da vida."

Sumário

Agradecimentos

Primeiramente, sou grata ao Dono do Universo — Deus. Aos meus pais, por terem me escolhido como filha para viver essa experiência terrena ao lado deles.

As minhas inspirações para minha recuperação: Luanne, Amanda e Ester, meus anjos em forma de filhas. Gratidão queridas por terem acreditado na mamãe quando a realidade era totalmente diferente.

A Fátima que cuidou de mim e me amou em um momento tão frágil de minha vida, mesmo não tendo nenhum laço de sangue. Seu amor e sua bondade querida amiga me trouxeram à sanidade na minha adolescência.

A Elza que foi a madrinha do meu primeiro casamento e que no meu passado fazia questão de me dizer, seguido de um forte abraço sempre que me encontrava: "Você é luz, amor e bondade, ainda vou lhe ver muito feliz e seguindo sua missão". Gratidão Elza querida, você tinha total razão e suas palavras foram plantadas em solo fértil, seu amor continua vivo em meu coração. Agradeço a Deus a oportunidade de ter lhe encontrado na minha Jornada. Um dia nos abraçaremos que sua travessia no mundo espiritual seja de luz!

Ao Celso meu marido que me incentiva desde o primeiro contato que tivemos. Meu melhor amigo, parceiro, cúmplice e meu par por onde eu for.

Gratidão por me aceitar exatamente como sou e por todo acolhimento nas minhas dores que ninguém nunca presenciou, só você! A família do meu marido por ter me ensinado o que é um lar em atitudes.

A Psicoterapia Holística que me mostrou um novo mundo. Ao Kardecismo por ter me ensinado quem é Jesus Cristo e que Deus não é punitivo. A Psicanálise por ter me confirmado que só o amor é capaz de curar. A Psicologia por ter me ajudado a olhar minha sombra e ao Budismo por ter me ofertado tantas lições preciosas. A todos meus Mentores Espirituais gratidão por tudo e por tanto! A todas as mulheres e homens que são meus pacientes e meus irmãos de alma, amo vocês.

Com amor.

Flora Dominguez

Prefácio

Você já se sentiu como se não fosse bom o suficiente em algum momento de sua vida ou quase todo tempo? Já parou para pensar que de alguma forma todos tinham recebido o manual para a vida, menos você? Você continua esperando o momento em que finalmente chegará e logo a seguir sente que nunca chegará sua vez? Sim, várias vezes me senti assim. Quando era mais jovem, tinha a certeza de que quando me tornasse adulta me tornaria quem eu realmente queria ser.

Quando completei 39 anos em meio a uma grande crise existencial fiquei em estado de choque quando percebi que não havia chegado a essa idade como imaginava. Eu não tinha nenhuma perspectiva positiva sobre meu futuro e nada planejado. Pela primeira vez estava tendo um pouco de consciência do que a minha vida havia se tornado e talvez você consiga se enxergar em muitas histórias e textos que irá ler nesse livro.

Me perguntava onde queria estar? Eram tantas incógnitas! Eu não sabia mais como recomeçar ou se teria essa chance, só tinha certeza de que não estava satisfeita com a vida que levava.

Eu sentia muita raiva e esse tsunami poderoso me consumia cada vez que pensava sobre tudo que vivi. Com raiva de mim mesma por ter sido tão irresponsável com minha vida, por não ter tomado as decisões certas e por permitir que as coisas acontecessem daquela forma. Com raiva de todas aquelas pessoas que faziam parte desse processo e irritada por não ter investido em mim mesma até aquele exato momento. Me desesperei, chorei por um tempo e cansei, tentei me manter ocupada, para evitar os pensamentos que tanto me machucavam. Ainda tentava me esconder da minha autorresponsabilidade até que minha mente e meu corpo colapsaram, a vida estava me dando um xeque-mate.

Depois de muitos dias de dor, dúvidas e auto aversão, decidi começar a escrever para tentar entender o que estava acontecendo dentro de mim, a escrita sempre foi uma forma de tentar não enlouquecer. Eu precisava desabafar, mas não tinha com quem conversar sobre o que estava sentindo. As pessoas à minha volta pareciam viver em outro mundo, em um mundo onde as coisas simplesmente funcionavam e onde elas eram felizes. Eu não sabia mais o que era isso. A verdade é que eu me sentia sozinha, completamente sozinha.

Não suportando mais aquela sensação, comecei a escrever tudo o que eu sentia. Escrevi e reescrevi, até que finalmente aos poucos fui colocando para fora toda a dor e raiva que habitavam dentro de mim.

A partir desse dia e de tudo que havia ouvido do médico que me acompanhou percebi que minha vida foi baseada em uma infância cheia de traumas, meu mundo veio ao chão. Como iria imaginar que minha infância havia me formatado de uma forma tão tóxica ao ponto de muitas vezes querer aniquilar minha existência nessa terra. Senti como se estivesse começando do zero novamente e realmente estava tendo que fazer isso, em meio à tantas incertezas e tantas coisas que eu tinha que aprender. O medo de recomeçar e a resistência as mudanças eram reais e visíveis, a ansiedade tomava conta de mim constantemente.

Foi chorando, ficando ansiosa, com raiva, medo e tentando resistir as "metamorfoses" onde decidi que tinha que começar de algum lugar, mesmo que fosse do começo novamente. Para construir a vida que nunca havia vivido, isso significava lidar com a incerteza de frente. Estamos todos programados para querer controlar nosso ambiente e uma vez que deixamos o controle, somos capazes de entender que a transformação é uma parte constante da vida.

Esse livro não fala somente de situações tristes, mas principalmente de esperança e coragem de seguir adiante. Fala do meu encontro comigo mesma e do quanto a vida me convidou para fazer mudanças. Ele mostra que é possível superar qualquer obstáculo na vida, desde que se tenha força de vontade e determinação. Aprendi muito com ele sobre a importância da perseverança e da autoconfiança.

Esse livro foi escrito com a intenção de ajudar as pessoas a se conscientizarem de como os acontecimentos na infância podem influenciar a vida adulta, mesmo que não nos lembremos. Aprendi com minha história e com a de inúmeros pacientes que nossa experiência como criança influencia nossa vida quando nos tornamos adultos. Temos inúmeros padrões da infância, alguns são saudáveis, porém outros são altamente tóxicos a nossa saúde emocional, mental, física e espiritual.

Quantas vezes me perguntei: "Porque a minha vida era tão sem sentido?". "Porque não conseguia ter paz e bons momentos de felicidade?". "Porque minha vida não caminhava para a frente". "Por qual motivo não conseguia me relacionar de uma forma saudável com ninguém?". Durante um bom tempo me fiz essas perguntas e muitas outras. Lembro-me de quando minha terapeuta me perguntou sobre minha convivência com meus pais. Até aquele dia eu ainda achava que tinha sido uma péssima filha e com o tempo a verdade foi emergindo pouco a pouco. Quando ela me perguntou sobre quais eram as lembranças de felicidade de minha infância, fiquei paralisada com aquela pergunta e o olhar dela era de uma profunda compaixão quando viu minhas lágrimas caindo.

Acreditava que havia tido pais amorosos, porém quando comecei a contar sobre como eu e minhas irmãs éramos cuidadas e tratadas, a imagem dos pais amorosos se desfez na minha mente. Eles nunca nos deram o carinho que precisávamos, sempre foram distantes emocionalmente e muitas vezes nos tratavam de uma forma violenta. Só quando me tornei adulta, pude enxergar o quanto isso afetou nossa formação como pessoas. Ainda estou lidando com os traumas da infância, mas pelo menos andei boa parte do caminho e agora sei que não foi culpa minha. Na terapia aprendi que são muitas camadas de trauma a serem tratadas, terei gentileza comigo. No final da minha sessão de terapia meu Psicanalista de hoje sempre diz: “São muitas coisas para serem processadas, fique bem”. As palavras dele é como um bálsamo nas feridas que ainda estão sendo curadas dentro de mim.

Quando comecei a fazer terapia não sabia dizer por que me sentia desajustada do mundo. Só sentia um enorme vazio e levei um tempo para entender completamente por que era assim.

Me culpei por quase quatro décadas por querer engolir a vida.

Todos os dias acontece algo dentro das famílias, no entanto, as pessoas não se dão conta, outras não se importam e não damos conta do impacto que tem em nossas vidas. Não se fala a respeito disso, não se pensa, não se comenta, apenas sentimos o que está acontecendo. No entanto, quando isso nos impacta nem sabemos na realidade o que estamos sentindo de verdade. Esse livro e os outros que virão falará de assuntos que não gostamos de conversar e muitas vezes nem pensar sobre, porém as situações adversas não só acontecem com o outro. Nesse espaço falo de codependência emocional, abuso sexual e emocional, violência doméstica, luto, suicídio e negligência afetiva. Falaremos sobre esperança e coragem para enfrentar todas essas questões.

Os profissionais de serviços sociais sabem o sentido da palavra negligência: Agir com descuido, indiferença ou desatenção, não adotar os devidos cuidados. Essa palavra é usada para nos chamar a atenção que existe alguém que depende de nós, seja uma criança, pessoa ou um idoso que não está sendo atendido. Você já deve ter presenciado crianças que no frio vão sem casaco para a escola, filhos que deixam seus pais sem comida, maridos que preferem gastar dinheiro nas noitadas ou com novas esposas e deixam seus descendentes sem a pensão. Mulheres e homens que ficam no celular o tempo inteiro e que não dão atenção para seus filhos.

Muitas pessoas irão se identificar com minha história e com tudo que verão aqui sobre a negligência que vivemos e que provocamos. A negligência e só a ponta do iceberg que traz inúmeros problemas para diversas pessoas, que trouxe para mim e que também provoquei naqueles que amo. Muitos que hoje vivem com um enorme vazio no peito foram negligenciadas emocionalmente, algumas lembram e outras nem cogitam que isso esteja acontecendo com elas.

Meu objetivo é ajudar essas pessoas que sofrem com esse grande buraco negro dentro de si mesmas e que estão sofrendo muito neste exato momento pensando que estão quebradas ou com defeito. A sociedade fala pouco sobre esses assuntos que pontuei porque é mais confortável ficarmos escondidos nas asas da omissão do que assumir a responsabilidade e fazer o certo. Omissão é tudo aquilo que não foi feito, dito, aplaudido, percebido, lembrado, apoiado e amado.

Às vezes os pais deram tudo aos filhos, mas não colocaram limites. Quando esses filhos se tornam adultos irão perceber a falha e o quanto essa falta de limites os prejudicaram em sua forma de se relacionar consigo e com o mundo ao seu redor. A falta de limites é uma das negligências emocionais que traz inúmeros problemas emocionais.

Esse livro é um indicador de caminho, para que juntos possamos mudar nossas realidades. Gostaria de deixar bem explicado que ele faz apontamentos para que possamos modificar a dinâmica tóxica que aprendemos ao longo do tempo. Sei que muitos pais tentaram fazer o melhor com o que tinham e muitos não tinham nada, pois suas criações também foram difíceis. Nós também como pais negligenciamos nossos filhos, estou tentando mostrar que a negligência é passada de geração em geração e o que precisamos é mudar essa situação. Precisamos de adultos curados, pois as novas gerações estão chegando com a mesma problemática. Por que será?

São situações que precisamos olhar de frente, ao invés de negar e continuar tendo as mesmas atitudes. A mudança não é algo confortável, porém é extremamente empoderadora. Todos nós em algum momento iremos negligenciar as necessidades de alguém e muitas vezes não será porque somos pessoas ruins, pessoas amorosas e bondosas também negligenciam em algum instante. Não somos perfeitos, por isso vamos errar e teremos a oportunidade de acertar se assim quisermos.

Quero deixar bem pontuado é que existem muitas pessoas se culpando, se odiando e se enxergando como péssimos seres humanos, por não conseguirem ver a negligencia emocional dos seus pais. A questão central do livro é fazer com que essa pessoa entenda que a culpa não foi dela e assim ela se liberte desse tormento.

No decorrer do livro, vocês perceberão o quanto lutei com o vazio, a tristeza, o desespero, a ansiedade, a depressão, inadequação e com a vontade de morrer. Tudo isso me consumia por dentro, mas eu não podia permitir que isso me vencesse. Então continuei lutando, buscando forças onde parecia não haver mais nada. Eu não sabia por que autossabotava tanto minha vida e porque não conseguia me entender. A única certeza que tinha era de que alguma forma, estava sempre sabotando minhas relações, meus trabalhos e até mesmo a minha vida pessoal. Era como se houvesse uma força dentro de mim que me empurrasse para o fracasso. Não conseguia ver a luz no fim do túnel.

Esse livro é para você que procura acolhimento, respostas para seu vazio e dor, para quem procura esperança e coragem para dias melhores. Aqui você encontrará tudo isso e muito mais. Você verá que não está sozinho nessa jornada e que há esperança mesmo nos momentos mais difíceis. Com certeza, essa leitura será um grande passo para o seu amadurecimento pessoal. Acompanhe minha história e permita que ela te inspire a ser uma pessoa melhor.

Cura Interior

Você pode começar a ver a beleza nas coisas que antes eram apenas objetos comuns. Você pode começar a ouvir a música da natureza e das pessoas à sua volta de uma maneira totalmente nova. Você pode começar a perceber as cores e os sabores de um jeito completamente diferente. Abrir-se para uma cura interior significa permitir que todas essas coisas fluam através de você, afinal, é isso que a vida é feita. É natural ter medo de se abrir, especialmente se você já sofreu algum tipo de trauma ou ferimento emocional, mas lembre-se sempre que você está aqui para experimentar a vida e tudo o que ela tem a oferecer. A cura virá naturalmente quando você estiver pronta/o para recebê-la.

Acessar suas feridas e reviver dores internas não é uma tarefa fácil. É preciso ter coragem para lidar com o passado e, às vezes, isso pode ser muito difícil. No entanto, em algum momento da vida, é importante confrontar esses sentimentos para que possamos superá-los e seguir em frente. Lembrar dos momentos dolorosos pode ser extremamente angustiante, mas é necessário para o processo de cura. Enfrentar as memórias traumáticas e aprender a lidar com elas pode levar tempo, mas vale a pena porque isso nos permitirá crescer e evoluir como seres humanos.

Já vivi tantas dores internas e externas que perdi as contas. Uma dor é algo subjetivo, mas a minha foi tão intensa que às vezes me impedia de realizar atividades simples do cotidiano. Quando falo de dor e cura, é um assunto que eu sei bem do que estou falando. Consegui superar muitas delas graças à minha força de vontade, o Poder Superior e os profissionais que cuidaram de mim. Aprendi que a dor faz parte da vida e que ela pode nos ensinar lições importantes, mas também temos o direito de buscar alívio para ela. A cura nem sempre é linear: às vezes há regressões e contratempos, mas precisamos continuar lutando porque um dia poderemos vencê-la.

Eu desejo que você se cure, que saia da sua zona de conforto e enfrente a si mesma com esperança e coragem. Eu quero que você se sinta bem novamente, cheia de vida e capaz de lidar com tudo o que está por vir. Espero que você possa olhar para o futuro com otimismo, sabendo que é capaz de superar qualquer obstáculo. Tenha coragem de ser quem você realmente é e não aceite menos do que isso. Você merece ser feliz, ter um bom trabalho, uma boa família e amigos verdadeiros. Não permita que nada te impedisse de alcançar seus objetivos na vida. Siga em frente com determinação e nunca desista dos seus sonhos!

"Eu desejo que você não se limite nunca mais. Você tem um potencial infinito e é capaz de realizar grandes coisas. Apesar das adversidades que possa enfrentar, continue acreditando em si mesma e lutando pelo que quer. "Nunca desista dos seus sonhos, pois são eles que nos motivam a voar alto, como uma águia."

Eu acredito no poder do ser humano de renascer dentro de si mesmo quando ele se determina e luta por essa mudança. Nossa capacidade de superar adversidades e crescer como pessoas é um dos aspectos mais admiráveis da natureza humana. Quando enfrentamos desafios, podemos nos tornar mais fortes, resilientes e sábios. A mudança não é fácil, mas vale a pena lutar por ela. Podemos encontrar a coragem necessária para enfrentar os obstáculos que se apresentam em nossas vidas, e assim caminhar em direção às nossas metas e sonhos.

Voe como uma águia e sinta a liberdade de voar pelos ares. Sinta o vento no seu rosto e desfrute da paisagem à medida que voa. É um sentimento indescritível, mas que certamente lhe dará uma sensação de poder e liberdade.

Eu acredito em você!

Você é capaz!

Minha história de vida

Indiscutivelmente minha história de vida é sombria e assustadora para muitas pessoas, por muito tempo ela foi capaz de sugar minha alma para os esgotos do meu pior eu. Nesse caminho escuro e solitário, quase perdi a esperança de um dia ser feliz novamente. Mas então, um dia, achei a força para lutar e enfrentar todos os demônios que me assombravam. Foi aí que percebi que a única pessoa capaz de me salvar era eu mesma. A partir daí, comecei a trilhar um novo caminho, um caminho em busca da luz. E hoje posso dizer com toda certeza de que finalmente encontrei a paz interior.

Ao contrário do presente e do futuro, o passado está bloqueado. Além de formular a indescritível maquinaria do tempo não há nada que podemos fazer para alterar o passado. Mas isso não significa que não possamos aprender com ele. O passado pode nos ensinar muitas lições importantes sobre a vida e sobre como lidar com as dificuldades. Ele também pode nos mostrar o quanto somos capazes de superar as adversidades. Portanto, mesmo que estejamos no presente, podemos sempre usar o passado como um guia para o futuro.

É muito comum ouvirmos que "a vida é um processo de aprendizado" e que "só temos que aceitar e prosseguir". Essas frases são verdadeiras, mas nem sempre é fácil segui-las. Estava buscando respostas para perguntas que gritavam desesperadamente dentro do meu ser. Minha história me destruía um pouco a cada dia. Nessa escalada descobri que a vida é um processo de aprendizado, mas que esse aprendizado acontece de maneira diferente para cada pessoa. Só temos que aceitar e prosseguir, se eu não tivesse começado o processo de perceber que vida e existência são dois conceitos diferentes, se não tivesse enxergado que não sou nem meu corpo nem minha mente, minha história teria me destruído. Por isso, se você está passando por um momento difícil, não desista. Aceite suas limitações e continue buscando. Esse é o caminho para a felicidade.

"Quando comecei a minha jornada de autoconhecimento, estava convencida de que as respostas para minhas perguntas estavam fora de mim. Procurava em livros, em blogs, em pessoas, mas não encontrava o que queria. Foi somente depois de conhecer pessoas cultas e bondosas, que me ajudaram a entender que as respostas não estavam fora de mim, mas que tudo estava dentro. Eu só teria que olhar para o centro do meu ser e deixar que as respostas viessem. Foi assim que entendi que a minha jornada era interna, e que eu teria que me conhecer melhor para encontrar as respostas que procurava.

Foram cinco violências sexuais, duas tentativas de homicídio, oito assédios sexuais, inúmeros espancamentos, violências verbais, psicológicas e patrimoniais perdi as contas. Esses números são o que consegui lembrar, mas hoje como profissional da saúde mental sei que a mente nos protege do sofrimento. Na minha conta eram dois estupros, porém comecei a ter memórias significativas, depois de ver minha terapeuta regularmente e para meu espanto a conta subiu para cinco. Vera um dia pegou minhas mãos, olhou dentro dos meus olhos e perguntou: Você tem consciência de tudo que fizeram com você Flora? Eu respondi que sim, mas não tinha. Hoje tenho certeza de que nem imaginava, mas ela como profissional da saúde mental tinha consciência que minha luta seria grande para me curar. Não foi fácil me manter viva, a mensagem que eu quero que mulheres e homens saibam; vocês são lindos, apesar de tudo o que experimentaram nessa vida.

Em nossas vidas, enfrentamos muitos adversários. Eles nos desafiam, tentam nos derrotar e tirar nossos sonhos mais queridos. “Homo homini lupus est”: o homem é um lobo para o homem. Quando se trata de seu desenvolvimento pessoal, você sabe quem é seu maior inimigo? A maior barreira entre você e seus objetivos? É você! Sim, você é seu pior inimigo, seu lobo mais feroz. Não foi fácil trabalhar tantas dores dentro de mim, não foi confortável olhar o quanto fui ingênua em confiar em algumas dessas pessoas que abusaram sexualmente de mim. Mas eu sei que precisava enfrentar isso para superar o trauma e seguir em frente com minha vida.

Mas eu sei que esse processo me ajudou a crescer e me tornar uma pessoa mais forte. Aprendi a identificar e denunciar abusos, e isso me permitiu ajudar outras mulheres que estão passando pelo mesmo. Nesse sentido, transformei essa experiência traumática em um poderoso instrumento de mudança social.

Como eu gostaria de ter sido acolhida quando aqueles homens em suas mentes perversas acharam que tinham direito sobre meu corpo e violá-lo, queria ter tido minha mãe para apenas deitar no colo dela e chorar até não aguentar mais, porém não pude contar com ela. Queria que meu pai tivesse me abraçado e tivesse chorado comigo ou apenas segurado minhas mãos, mas também não pude contar com ele. Esse era um tipo de assunto que não se era falado em família, quando fui estuprada pela primeira vez esse algoz na época era um traficante e a única pessoa que me apoiou naquele momento foi minha irmã mais nova e uma colega que era maior de idade que inclusive foi na delegacia fazer o B.O, pois meus pais se negaram a ir comigo. A Flora daquela época diria dessa atitude dos meus pais que foi falta de amor a de hoje diria que foram vários fatores e um deles é a banalização da violência.

Existem muitos segredos nas famílias, coisas que ninguém ousa dizer. No entanto, as vezes as atitudes ressoam como as pessoas pensam, meus pais eram extremamente violentos na forma de falar e de cuidar dos filhos. Em um de seus livros a Psicanalista Alice Miller diz: “Eu nunca vi um paciente retratar seus pais de forma mais negativa do que ele realmente os experimentou na infância, mas sempre de forma mais positiva porque a idealização de seus pais era essencial para sua sobrevivência.”

Conviver com o silêncio deles diante algo tão aterrorizador na minha vida foi extremamente humilhante para mim, estar com eles depois do acontecimento era um peso constante. Constantemente tinha ideações suicidas me sacudiam, a minha mente deixava bem claro para mim: “Se eles não te amam e nem quiseram te proteger, quem irá fazer isso por você?”

No entanto, esperar o que se meus pais foram as primeiras pessoas que abusaram de nós quando crianças, para eles era natural espancar, morder, pisar, dar socos na cabeça, tapas na cara, xingar e nos amedrontar constantemente. No livro de Alice Miller O drama da criança superdotada ela diz: “O abuso infantil ainda é sancionado na verdade, muito respeitado em nossa sociedade, desde que seja definido como criação de filhos. É um fato trágico que os pais espancam seus filhos para escapar das emoções de como foram tratados por seus próprios pais.”

Quando você vive o tormento de não ser amado por seu próprios pais, terá que aprender a amar e posso dizer que quem me ensinou a amar verdadeiramente foram minhas filhas. Muitos de vocês também devem ter vivido uma experiência traumática por não terem sido amadas/os e protegidas/os por seus pais, sintam-se acolhidas/os **a "culpa não é nossa"** por eles terem tão pouco para nos oferecer. A culpa é de um sistema que ainda protege os adultos e invalida o grito de uma criança ou um adolescente em perigo. Apoiar uma ou um sobrevivente de violência sexual ou qualquer outro tipo de abuso pode ser assustador. Você pode ter medo de dizer ou fazer 'a coisa errada'. Mas você não precisa ser um especialista para segurar nas mãos dessa pessoa ou apenas dizer: "A culpa não é sua, estou aqui". No meu caso não dizer ou fazer nada ou fingir que não aconteceu foi a pior coisa que eles fizeram comigo naquela época. Como essa atitude me desestruturou mentalmente e a raiva que sentia deles era imensa.

Quando você estiver diante de uma pessoa que foi vítima de violência sexual tente ajudá-la de alguma forma. Fale principalmente que não é culpa delas. Cem por cento da culpa, vergonha e responsabilidade pela violência e abuso sexual recai sobre o perpetrador ou perpetradores. As vítimas e sobreviventes nunca devem ser culpadas ou obrigadas a se sentirem culpadas pelo que aconteceu com elas. Essas pessoas já estão lutando com sentimentos de vergonha e autoculpa por isso é importante que elas saibam que não precisam se sentir assim.

Pode ser muito difícil para as vítimas e sobreviventes falarem sobre o que aconteceu com elas. Para muitas pessoas, ter que relembrar uma experiência de violência ou abuso sexual é perturbador e doloroso que é uma das razões pelas quais algumas pessoas levam muito tempo para contar a alguém. Não permita que essas pessoas saiam de sua companhia pior, tenha compaixão dos momentos difíceis das pessoas que te cercam. A vida é curta demais para agirmos sem humanidade.

No site senado notícias diz assim: "O Brasil é o segundo país no mundo com mais casos de abuso sexual contra crianças e adolescentes, o que faz com que governo e sociedade tenham que agir mais no combate a essa chaga social".

Como é horrível ler sobre algo que contribuiu para minha desordem mental anos atrás e que vai motivar inúmeras crianças e adolescentes a vivenciar o que sofri nas mãos do algoz que mudou o rumo de minha vida na minha infância. O abuso sexual tem uma consequência nociva na saúde mental de um ser humano ao longo de sua vida. Muitas pessoas com transtornos mentais têm histórico de abuso sexual na juventude. A violência sexual na infância está associada a inúmeros distúrbios de saúde mental quando a pessoa se torna adulta e eles são:

Ansiedade

Depressão

Distúrbios alimentares

Transtorno de estresse pós-traumático

Síndrome do pânico

Abuso de substâncias

Esquizofrenia

Transtorno dissociativo de identidade

Transtorno de personalidade antissocial

Distúrbios do sono

Automutilação

Comportamento suicida.

Nove desses distúrbios se tornaram parte de minha vida associado ao que já vivia dentro de casa isso se tornou uma bomba atômica dentro de mim. A ansiedade que está no topo da lista é um sintoma clássico de quem foi molestado sexualmente e no meu caso o agravante de não ter sido acolhida da forma correta fizeram com que a ansiedade se tornasse uma TAG (transtorno de ansiedade generalizada).

A depressão começou a fazer parte da minha vida logo depois do abuso sexual e em inúmeros momentos não foi fácil vencer a mim mesma nesses dias de extrema dor.

Distúrbios alimentares foi um dos problemas que me perseguiu por vários anos, tomava uma quantidade absurda de laxantes por me sentir culpada por comer demasiadamente, em outro instante não conseguia comer e quando me olhava no espelho me sentia como se estivesse obesa.

O transtorno de estresse pós-traumático só fui descobrir anos depois, pessoas que sofrem com esse transtorno geralmente têm hiperatividade em várias áreas do cérebro. Essa atividade anormalmente alta é comumente vista na área límbica profunda, gânglios da base e giro do cíngulo anterior. Uma pessoa pode desenvolver os sintomas logo após um evento traumático, ou pode levar dias, semanas ou meses para eles surgirem. Em outros casos, os sintomas podem não se desenvolver até anos depois, quando desencadeados por um novo trauma. Quando isso acontece, pode ser difícil para alguém conectar seus sintomas angustiantes com um trauma que experimentou anos antes. Os sintomas do estresse pós-traumático podem variar de leves a graves e incluem: Lembranças intensas como flashbacks e pesadelos; incapacidade de recordar certos aspectos do que aconteceu; evitar pessoas, lugares ou coisas que sejam lembranças do trauma; recusa em falar sobre o evento; incapacidade de discutir os sentimentos sobre o que aconteceu; memórias angustiantes; dissociação ou sentimento removido da mente ou do corpo; incapacidade de parar de pensar sobre o incidente; ansiedade aumentada ou excessiva; medo que muitas vezes pode ser extremo; estar sempre em guarda ou ser facilmente assustado, dormência emocional, sentimento de culpa e/ou vergonha pelo evento traumático, insônia, perda de interesse em atividades que costumavam ser apreciadas, raiva e irritabilidade, sintomas depressivos e isolamento social.

No meu primeiro livro falo da minha luta com a síndrome do pânico depois de um assédio sexual que sofri com um colega de trabalho. Depois desse assédio comecei a ter crises de pânico todos os dias, o tratamento foi essencial para que pudesse ter melhoras. Anos depois fui descobrir que fui molestada ainda criança por um familiar e no qual só fui lembrar mais de quarenta anos depois, devido ao sofrimento daquele instante a minha mente me protegeu e reprimiu os acontecimentos. No entanto, passei anos de minha vida sonhando que estava dentro de um banheiro com alguém, mas não me lembrava da cena completa e toda vez que entrava nessa parte da casa sentia uma ansiedade extrema e muita vontade de chorar.

Logo depois do segundo abuso sexual que sofri na adolescência, comecei a usar uma quantidade grande de anfetaminas e álcool, o dia que sentia extrema angústia e vontade de morrer tomava dezesseis comprimidos com rum ou gim, era a única forma de não sentir meu corpo e minhas emoções.

Não tive o transtorno dissociativo de personalidade, porém me dissociava com muita facilidade e isso de uma certa forma me trouxe uma dificuldade em lidar com situações do dia a dia. Foi com muito esforço que fui aprendendo a observar quando essa dinâmica acontecia, precisei estar totalmente conectada no meu presente para aprender a me confrontar.

O transtorno de personalidade antissocial também não, porém depois de ter passado pela terceira e quarta violência sexual fiquei com um pensamento obsessivo de ser assassina, inclusive nessa época fiquei morando alguns meses com um bandido que tinha mais de trinta homicídios na sua ficha criminal. Na minha mente constantemente vinha a vontade de matar pessoas, por mais que tentasse parar de pensar nesse assunto eu sempre era chamada para viver o abuso novamente. Foi bem massacrante essa época, esse criminoso era um psicopata e nas páginas a seguir conto minha experiência traumática com ele.

Até quase meus trinta anos dormi com a luz do quarto acesa, se alguém apagasse automaticamente acordava. Sentia muito medo quando chegava à noite, na minha terapia que fui constatar que todos os abusos aconteceram a noite. Foram anos de terapia para chegar a essas conclusões que estou escrevendo. Terapia não faz milagre, mas quando você se compromete com seu processo de melhora com certeza obterá resultados preciosos.

A minha experiência com a automutilação foi bem diferente de algumas que se cortam, eu me mutilava mordendo meus braços e nessa época morava em uma cidade fria, então era algo que fazia com frequência e que era só colocar uma blusa de manga comprida que ninguém faria nenhum tipo de pergunta ou comentário.

Durante muitos anos, tentei aniquilar minha existência. Ouvir meus pensamentos era aterrorizante, perdi a quantas de quantas caixas de medicações tomava na esperança de morrer. Era como se eu estivesse em um vício, sempre querendo ir mais fundo, mas a morte não veio. Apenas o silêncio. Eu não conseguia entender o porquê. Será que eu não merecia morrer? Ou será que havia algo maior que eu precisasse fazer na vida? Não importava o quanto eu tentasse, a vida continuava a me dar mais chances. Sempre que eu caía, ela estava lá para me levantar. Quando eu fracassava, ela me dava outra oportunidade. Ela nunca desistiu de mim hoje sei disso, nem mesmo quando eu queria desistir de mim mesma. A vida é incrível assim: sempre nos dá uma nova chance de acertar, de ser feliz. Eu só precisava aprender a agarrar essas chances com as duas mãos e nunca mais soltá-las. Naquela época, minha mente estava tão presa aos traumas que existiam dentro de mim que quando ela silenciava, não conseguia sentir paz, mas um frio constante e um desespero contínuo. Tudo o que eu queria era encontrar uma forma de escapar daquele sofrimento, mas não sabia como. A cada dia que passava, me sentia mais perdida e sem esperança.

Por isso é extremamente importante ter profissionais qualificados para atender pessoas vítimas de violência sexual, pois naquele momento sua mente esta fragmentada por tudo que está acontecendo. Esses profissionais saberão como lidar com a situação, oferecendo apoio e orientação para que a pessoa possa superar o trauma. Aquelas cenas ficavam se repetindo como se fosse um filme que você não quer ver, porém não consegue desligá-lo.

O tema sobre abuso sexual se tornou o número um dos meus interesses, primeiro por ter sido violentada cinco vezes, segundo por não ter sido acolhida da forma que precisava e isso ter me provocado danos intensos, terceiro por ter sido humilhada pelas pessoas diretamente e indiretamente, quarto pela justiça ter falhado em me proteger e punir os culpados, isso tudo me levou a pesquisar e estudar sobre o assunto para que pudesse ajudar vítimas do abuso sexual na terapia.

Nas minhas pesquisas pude constatar que a violência sexual na infância afeta a saúde do cérebro e a função cognitiva. Uma pesquisa de 2017 do National Library Medicine constatou que essa violência traumática na infância está ligada a alterações prejudiciais na estrutura e no volume das regiões do cérebro, incluindo o córtex pré-frontal, giro temporal superior, corpo caloso, lobos parietais, hipocampo e cerebelo.

Duas dessas partes cerebrais são muito sérias:

Cortéx pré-frontal: Esta região é a última a amadurecer e prossegue a evoluir durante a adolescência e da idade adulta. Essa parte esta ligada com planejamento, atenção, função executiva, organização e controle dos impulsos. Ele desempenha um papel significativo em assegurar que as outras áreas estejam sob controle, como a amígdala (centros do medo) e o sistema límbico (centros emocionais). Infelizmente alterações no córtex pré-frontal em sobreviventes de trauma sexual podem abrir a porta para hipervigilância, paranoia, problemas de atenção e desempenho acadêmico inferior.

Hipocampo: Esta área é envolvida com o humor, problemas com o hipocampo afetam o humor e a memória, qualquer impacto nessa parte irá afetar a qualidade de vida ao longo da vida. Problemas com depressão irá acontecer inúmeras vezes sem a pessoa associar que pode ter sido por causa do abuso sexual. Adultos sobreviventes do trauma sexual apresentam um custo neurobiológico maior no hipocampo comparado aos das crianças. No entanto, as mudanças no hipocampo devido ao abuso na infância são graduais e podem não aparecer até a adolescência ou a idade adulta. Esse mesmo estudo constatou que as vítimas têm anormalidades de funcionamento nos neurotransmissores, como a serotonina (um neuroquímico do bem-estar), bem como respostas hormonais anormais.

Depressão, ansiedade, problemas de memória e outros problemas relacionados ao trauma sexual na infância não podem ser deixados para depois. O seu bem-estar mental é mais importante do que nunca e esperar até que a vida volte ao "normal" provavelmente fará com que seus sintomas piorem com o tempo. A notificação precoce de abuso sexual e a intervenção rápida podem ser eficazes para evitar transformações estruturais no cérebro e problemas psicológicos. É fundamental saber que nunca é tarde demais para procurar tratamento para o abuso que ocorreu durante a infância.

Não se culpe por coisas que você não pode controlar. Não se culpe pelo abuso que você sofreu. Não foi sua culpa. A violência que sofremos não nos define e você não está sozinha. Eles tentaram roubar nossos corpos, mas nunca conseguiram roubar quem realmente somos apesar de nos ter feito sofrer. Eles tentaram roubar nossas almas, mas esses algozes jamais quebrarão nosso espírito. Saiba que superar essa história é um direito nosso, você tem tudo o que precisa dentro de você para recuperar o poder. Jamais apagaremos aquele dia, o horror daquele instante e como nos sentimos, mas podemos viver com isso sem que ele tome conta de nossos corpos e pensamentos. Essa é sua história, não deixe ninguém fazer você se sentir envergonhada por causa disso. Há esperança e recuperação, você é importante, escolha se acolher nesse momento e se amar. Cicatrizes são marcas que ficam para sempre, lembranças de eventos que nos causaram traumas. A cada nova experiência, uma nova cicatriz se forma, e à medida que envelhecemos, elas vão se acumulando. Algumas podem ser visíveis, outras não, mas todas elas estão lá, nos lembrando do que passamos. Para curar, precisamos aprender a aceitar essas cicatrizes e dar-lhes o significado que elas realmente têm para nós. São esses eventos que nos tornam quem somos, e é preciso aprender a conviver com elas para seguir em frente. Aceitar essas cicatrizes é uma parte importante do processo de cura. Elas nos lembram que somos fortes o suficiente para superar qualquer adversidade. São símbolos da nossa resiliência e, ao olharmos para elas, podemos nos lembrar de todas as vezes em que triunfamos na face da adversidade.

Lutei com isso inúmeros anos e foi muito difícil abandonar, para me curar precisei aceitar que a justiça poderia ser feita, mas que ela nunca poderia vir. A dor era tão intensa que parecia impossível suportar, mas uma parte de mim sabia que precisava seguir em frente. Foram muitos dias e noites de luta, mas finalmente cheguei ao outro lado. O perdão a mim mesma foi a chave para a minha libertação e hoje sou grata por estar livre daquilo que me aprisionava há tanto tempo.

Honre sua força que te trouxe até aqui. Não é nossa culpa ter vivido essa violência sexual. Esses traumas são reais e, às vezes, parece impossível superá-los. Mas você está aqui, lutando e sobrevivendo. E isso é possível graças à sua força interior. Você é mais do que o que aconteceu com você. É um guerreiro, uma guerreira, e merece todo o respeito e admiração. Esse trauma pode nos afetar por anos, mas não devemos permitir que ele nos defina. Somos mais do que isso. Somos fortes e capazes de superar qualquer obstáculo. Não deixe que esse evento determine o rumo da sua vida. Você é capaz de escrever um novo capítulo, um capítulo cheio de esperança e possibilidades.

Um bom tratamento terapêutico e o tempo é o único curador da nossa realidade, precisaremos compartilhar nossas histórias para que outras pessoas tenham chance de se curar. Deixe seu sentimento ser validado, busque a empatia dos entes queridos e não a simpatia.

Você não está sozinha ou sozinho, conte com meu acolhimento e amor. Sempre estarei aqui para você, seja quando precisar de um ombro para chorar ou de alguém para celebrar as vitórias. Você pode contar comigo!

Minha história com o psicopata

Conheci Carlos através de um ex, estava no baile e nessa época morava sozinha com minhas filhas. Ele era aparentemente um homem humilde assim que o conheci, porém era tudo uma grande encenação. Assim que terminou o baile e estava indo para casa, Carlos me perguntou se não poderia dormir na minha casa, pois havia perdido o ônibus e já era de madrugada. Nessa época tinha dificuldade de dizer não e mesmo me contrariando disse sim. No fundo queria dizer para ele que não o queria dentro de minha casa, pois minha intuição dizia que não seria bom estar com ele, mas apenas pensei e fiz tudo ao contrário.

Arrumei para ele dormir na sala e eu fui para meu quarto, quando foi as cinco da manhã acordei com alguém alisando meu corpo e transando comigo, a sensação de morte invadiu meu corpo e naquele instante me dissociei. O comentário dele logo após a violência sexual que ele havia praticado não era normal e infelizmente havia chamado a morte para entrar na minha casa. Daí por diante esse homem passou a comandar minha vida e violar o meu corpo. Ele trabalhava como caseiro em um sítio e que hoje tenho certeza que essa mulher também era uma vítima dele, pois o medo que ela tinha dele era o mesmo que invadia meu ser todos os segundos.

Carlos me manteve em cárcere privado durante sete dias no sítio dessa mulher, não sabia onde estava e nem tinha como sair de lá, pois na porta de saída ele colocou um rottweiler adestrado para me atacar caso tentasse sair por algum motivo. Todos os dias sonhava com ele picotando meu corpo de tanto pavor que sentia e sempre que despertava ele estava fazendo sexo comigo sem minha autorização. Toda vez que acordava ele me dava socos, tapas, chutes e colocava a arma dentro de minha boca e fazia roleta russa. Era golpeada constantemente no meu íntimo e aos poucos ele foi me convencendo que era uma mulher louca e que precisava viver sobre o domínio dele. Depois de me violentar e me surrar, ele me colocava em seu colo e dizia que a Flora era uma garota muito ruim por isso precisa ser castigada todos os dias, vocês não têm noção da proporção que aquelas palavras tiveram dentro de mim.

Com o passar do tempo o nojo que sentia dele deu lugar a uma simpatia e apreço pela pessoa de Carlos. Comecei a perceber que passei a nutrir sentimentos como se estivesse apaixonada por ele. Mesmo tentando de todas as maneiras ser boazinha com ele e fazer tudo que me pedia, meu algoz continuava me violando e me aterrorizando com sua mente maligna. Eu pensava como era difícil as pessoas me amarem, pois por mais que tentasse ser boa com alguém elas acabavam me maltratando, tentando me agarrar ou me estuprando.

As pessoas ficavam apavoradas quando passava de mãos dadas com Carlos. Quando conseguia ficar sozinha por alguns segundos sem ele, elas me perguntavam: Como você teve coragem de se relacionar com esse cara? Não conseguia entender por que elas falavam dele assim, ouvia todos os dias de alguém: Você está com algum problema da cabeça? Esse cara só pode ter feito algo contra você, não é possível. Realmente ele estava me fazendo muito mal, no fundo eu sabia e ao mesmo tempo nutria uma compaixão e uma fidelidade anormal diante de tudo que ele estava fazendo comigo.

Era muito difícil sair com ele, Carlos era alcoólatra, viciado em drogas e psicopata. Lembro de um dia sinistro na casa da mãe dele, ele estava feliz na casa que ele foi criado. A mãe de Carlos me chamou para mostrar umas fotos de quando ele era criança, porém na realidade não era para isso. A única coisa que ela teve tempo de me dizer foi: Você está correndo risco de vida, sai fora! Logo depois ele chegou e perguntou a mãe: O que você disse para ela? Gelei da cabeça aos pés e ela ficou pálida, para terminar aquela tortura tomei a frente e respondi: Sua mãe estava falando o quanto você foi levado e estava procurando as fotos de quando você era criança, por quê? Ele olhou para ela com a cara feia e perguntou novamente: É isso mesmo mãe? Ela apenas balançou a cabeça e não me deixou mais sozinha com ela. Quando fomos embora da casa de sua mãe a noite para mim virou uma tortura, foram tantos socos na cabeça que no outro dia nem aguentava pentear meus cabelos. Tudo era desculpa para ele me bater, porém não deixava marcas. Com o tempo comecei a ficar distante como se estivesse dopada com alguma medicação, as pessoas até diziam: Ei Flora, estamos falando com você onde você está mulher? Sentia que algo entrava pelo meu nariz e esticava ele numa distância absurda, era como se tivesse vendo minha vida num filme que nunca acabaria, isso afetava bastante minha concentração e ficava fora do controle. Esse distanciamento se chama despersonalização, ele é caracterizado pelo sentimento de distanciamento da vida, pensamentos e sentimentos.

Dia após dia fui vivendo com esse criminoso até que um dia Carlos chega com um novo amigo chamado Bruno, ele era um rapaz muito legal e sempre andávamos os três juntos. Embora esse novo colega fosse cheio de problemas, ele era bem mais saudável que o psicopata e o mais surpreendente ele confiava me deixar na companhia do rapaz por alguns minutos, nossa como me sentia normal em alguns minutos, era como se estivesse no paraíso. Viver no cativeiro sem poder falar o que está acontecendo, sem as pessoas falarem

"Bem feito! Eu te avisei" ou ficar te julgando, é terrível. Me lembro uma vez que meu pai ouviu nossa discursão e bateu na porta perguntando o que estava acontecendo, Carlos pegou uma arma deu dois tiros na parede e disse: Manda o velho calar a boca ou descarrego essa arma na cara dele na sua frente, no mesmo instante abri a porta e disse para meu pai que estava tudo bem e que eu estava com ciúmes de Carlos, por isso estávamos discutindo. Meu pai olhou para minha cara franziu a testa e me indagou: "Como assim ciúmes?", só respondi que depois explicava. Fechei a porta e sai correndo para vomitar e logo depois me dava dor de barriga, Carlos me olhava e dizia: "Toda vez que alguém de sua família se meter vou anotar o nome naquele caderno com a capa preta e quando terminar as sete vidas do gato vou enterrá-lo". Ele queria dizer que iria aguentar de cada pessoa de minha família sete intromissões e depois disso não tinha mais arrego, pois ele os mataria, nunca conheci ninguém tão ruim na minha vida. Ele me detalhava sobre os assassinatos rindo e comendo, eu ficava pensando: Meu Deus me tira daqui, por favor, e chorava por dentro de mim por ter "caído" nessa.

Estava cada dia mais pálida e magra, aquela pele linda que tinha não existia mais, tinha que beber todos os dias com ele e nessa hora a bebida me anestesiava de tudo que estava sentindo e não podia falar. Tinha horror quando a noite chegava, pois o meu pesadelo iria começar e não tinha como gritar socorro.

Mal sabia que o pesadelo apenas estava começando.

Passei a notar que existia épocas que ele saía a noite e me mandava dormir na casa dos meus pais com minhas filhas, ele ficava uns dois dias sem me chamar. Hoje tenho certeza de que ele saia para assassinar alguém, pois ele voltava com dinheiro e transtornado dizendo que tinha um enterro para ir. Automaticamente eu saía correndo para o banheiro para vomitar, suava frio, as lágrimas escorriam pelos meus olhos, dor de barriga, falta de ar, me dava uma vontade de pegar aquela arma e dar um tiro na minha cabeça ou enfrentar ele para acabar com tudo aquilo.

Nessa época sonhava muito que estava voando, aliás sempre sonhei que voava para bem longe de tudo que me acontecia desde criança e que para onde ia era um lugar com muita paz e amor. Acredito que a "Florinha" visualizava em seus sonhos a vida que teria hoje longe da violência. Todos nós podemos voar. Às vezes nessa Jornada seguiremos rotas diferentes para chegar lá, mas saiba que você foi feito para voar! Às vezes, a rota inclui alguns lugares escuros e até tenebrosos. Seja paciente. Persevere. Você pode e vai chegar lá e acredito que isso seja verdade para todos nós.

Na maior parte do tempo ficava confusa o tempo inteiro e não conseguia enxergar nenhuma solução. No fundo tive a intuição que Carlos iria me arruinar, ele controlava tudo na minha vida, vivia assustada porque não sabia a pessoa que iria encontrar a qualquer momento, fiquei com meu emocional abalado, mal conseguia comer e dormir.

Conheci Carlos através de uma pessoa que havia me relacionado. Esse homem não entrou na minha vida, ele a invadiu. No começo era uma pessoa aparentemente boa, todas as pessoas que ele relatava terem passado em sua vida eram ruins e repetia inúmeras vezes que eu havia caído do céu. Quando ele falava isso passava um frio pelo meu corpo, depois sentia algo muito ruim como se tivesse sido tocada por um mal muito grande. Meus dias passaram a ser assombrados por muita ansiedade, medo, pavores, dúvidas e um constante inferno sem fim. Ele corroía o que tinha de bom em mim e o efeito de sua presença foi consumindo minha vida. Quando as pessoas me viam ao lado dele ficavam de boca aberta e minha família apavorada. Sentia como se estivesse amarrada a Carlos e parecia que em alguns momentos conseguia ler meus pensamentos. Quando estava mais reflexiva ele beijava minha testa e dizia: Pode parar de pensar, porque eu não vou sair de sua vida, você é minha e se alguém tentar algo eu mato.

Ele puxava a arma da cintura, mandava abrir a boca e fazia roleta russa dentro dela, nessa época sentia minhas lágrimas corroerem minha pele de tanto desespero. Depois me jogava na cama e me violentava sexualmente inúmeras vezes me dando socos na cabeça e tapas na cara. Quando terminava me empurrava pro lado como um trapo, eu ficava imóvel olhando pro nada, minha mente estava totalmente vazia e o corpo dormente. Toda vez que ele fazia isso tinha uma sensação de quase morte.

Foram inúmeras pancadas, chutes, socos na cabeça, cuspida na cara, acendia o cigarro e jogava na minha cara aceso, puxava meus longos cabelos, me xingava, humilhava, ameaçava matar minha família e tentou me matar na frente de minha filha.

Durante dois anos sofri uma perseguição implacável, onde estivesse ele entrava e fazia escândalos horríveis, quebrava uma garrafa colocava na minha cara e ficava repetindo inúmeras vezes que iria cortar minha cara e enviar os pedaços para minha família. Esses ataques de raiva eram frequentes e imprevisíveis, o que me deixava constantemente em estado de alerta. Vivi constantemente com um sentimento de medo durante o tempo todo. Não me deixava em paz, a polícia nada fez para me ajudar, pelo contrário vivia recebendo ligações de policiais me cantando para me ajudarem a resolver a situação. Uma grande humilhação e decepção mais uma vez com a justiça. A sensação de impotência e injustiça só cresceu quando descobri que o agressor me perseguia como uma presa e continuava sua vida normalmente, enquanto eu tinha que lidar com os danos psicológicos e físicos causados por ele.

Foi um momento muito difícil para mim e minha família. Passávamos por noites intermináveis de dor e sofrimento, eu estava completamente desolada pelo que tinha acontecido. Era impossível não pensar na violência que sofri o tempo todo, ela estava sempre presente na minha mente. Aqueles dias foram os piores da minha vida, mas tive que ser forte para superar todas as consequências de ter me envolvido com um psicopata.

Com o tempo olhar para ele me dava um pânico constante que as vezes eu me urinava só de pensar, era um terror constante saber que eu ainda havia levado ele para perto das pessoas que amava. Estar em um relacionamento com um psicopata nos causa muita ansiedade e estresse. Pensar na pessoa constantemente me levava à sensação de pânico. Isso ocorre porque os psicopatas são manipuladores e controladores, o que faz com que as vítimas se sintam sempre inseguras e com medo. Além disso, os psicopatas raramente demonstram arrependimento ou culpa pelos seus atos, o que torna ainda mais difícil lidar com eles. Aquele personagem da série "You" que fala sobre um psicopata era doce perto dele. A crueldade dele não tinha fim, era calculada, fria e implacável. Ele era o um verdadeiro psicopata, a sua presença me arrepiava e as outras pessoas também. Ninguém estava seguro perto dele, nem mesmo aqueles que pensavam que o conheciam bem e tinham amizade com Carlos. Ele era capaz de manipular qualquer um para atingir os seus objetivos, e isso o tornava ainda mais perigoso. Ele torturava e matava sem hesitação ou remorso, gostava de brincar de ir ao velório de suas vítimas e depois ficava comentando. Sua insanidade era tão grande que até mesmo o personagem da série parecia inocente perto dele.

Bruno não sabia que ele era essa pessoa peçonhenta e como eu iria contar que Carlos estava planejando matá-lo depois de ter ouvido um não dele. Eu pensava dia e noite como falar para aquele rapaz sumir e se salvar. Eu sabia que era perigoso, mas eu não podia simplesmente ficar parada e assistir ele ficar comentando e rindo da pessoa que ele havia matado. Era preciso fazer alguma coisa, mas o que? Como convencer aquele monstro a desistir de seu plano insano? A única coisa que conseguia imaginar era que tinha que avisá-lo, porque quanto mais tempo passava, mais arriscado ficava para todos nós. Toda vez que ele caçava alguém, era assim que ele falava as gargalhadas era como se ele te obrigasse a entrar no próprio mundo dele. Eu sentia tanto pavor que a sensação que tinha que antes de chorar as lágrimas passavam pelo meu nariz e depois subia para meus olhos. A sensação que iria enlouquecer era constantes e muitas vezes já sonhava que estava assassinando o próprio Carlos. Nunca desejei a morte de uma pessoa, mas a dele desejei noite e dia.

Chegou o grande dia dele colocar mais um em sua caderneta. Bruno chegou pela manhã e Carlos estava extremamente frio, tratava Bruno bem, ria com ele mais aquele olhar e aquela frieza eu conhecia muito bem. Por incrível que pareça Carlos saiu rapidamente para fazer um café e nesse intervalo falei para Bruno: Não me pergunte nada, apenas escute Carlos vai te matar hoje, não saia com ele. Foi a única coisa que consegui dizer e mesmo assim quase que ele me pegou no flagrante. Lendo o livro do escritor Gavin de Becker Virtude do medo, pude perceber que experimentei o medo real nesse momento por isso consegui ter a coragem suficiente para ajudar Bruno. Em seu livro o escritor diz: “ela experimentou foi o medo real, não aquele que sentimos quando nos assustamos, nem quando assistimos a um filme, ou quando temos que falar em público. Este medo é o aliado poderoso que diz: "Faça o que estou lhe dizendo."

Realmente fiz, parecia que iria ter uma crise de pânico quando Carlos me perguntou: O que você estava dizendo a ele baixinho? Friamente disse que falava sobre as crianças não receberem pensão e o quanto isso me aborrecia. Não queria que você se preocupasse com isso por isso falei baixo com Bruno. Você já tem muitas coisas para resolver. Ele apertou meu braço, me deu um beijo e perguntou ao Bruno: Foi isso mesmo? Bruno balançou a cabeça e disse: Você tem muita sorte de ter a Flora ao seu lado. Olhei profundamente em seus olhos e me arrepiei com o vazio e o frio que vi naquele olhar. Não havia nada de humano ali, apenas um vazio gelado que me fez sentir aterrorizada. Era como se estivesse olhando para a morte, e isso me deixou paralisada.

Quando seu encontro com Bruno deu tudo errado, isso foi um grande tormento para mim. As sessões de violência eram intermináveis e eu revi várias vezes a pior face do ser humano. Vi o quanto ele poderia me machucar novamente e quão baixo ele estava disposto a chegar. A dor e o sofrimento que senti naquela noite me marcaram de uma tal forma que passei noites de pesadelos constante por anos. A violência contra mim foi tão brutal e traumática que por muito tempo não conseguia me sentir segura, tinha que interpretar que me sentia para as pessoas não notarem. Aquele homem destruiu minha vida naquela época em todos os sentidos e arrancou tudo aquilo em que eu ainda acreditava. Não houve justiça para mim, mas a dor e o sofrimento que senti naquela noite somente eu sei exatamente cada nota. Foi só com a ajuda de um profissional da área da saúde mental, que fui capaz de lidar com isso e superar aquilo que me assombrava há tanto tempo.

Ainda teria que viver mais coisas traumáticas ao lado de Carlos, quando descobri que ele transava com a minha patroa e sua filha. Não foi algo que me disseram, dei um flagrante mesmo. Foi algo chocante! Eu as conhecia desde criança, elas não tinham noção de que estavam correndo o risco de serem assassinadas por um assassino frio e cruel. Ele era capaz de matar qualquer pessoa que dissesse "não" para ele, e elas eram poderiam ser as próximas na sua lista. Eu tinha medo de que elas fossem as próximas vítimas dele, mas elas estavam muito envolvidas com ele e faziam tudo que ele mandava. Gavin Becker diz assim em seu livro: "Não, é uma palavra que nunca deve ser negociada, porque a pessoa que escolhe não ouvi-la está tentando controlá-lo".

Elas me chamaram no trabalho num sábado e eu fui com minha filha mais nova que era um bebe de quase um ano de idade, começaram a falar dele e eu cai nessa arapuca. Quando dei por mim ele estava me dando um soco na boca, me levantei e fui para cima dele. Imediatamente ele me apontou uma arma e puxou o gatilho, mas os tiros não saíram. Me abaixei e peguei um cabo de vassoura que estava perto dos meus pés e dei uma paulada nele e arma caiu, corri e peguei-a, num impulso de defesa engatilhei a arma e atirei. Mas graças a Deus o tiro também não saiu e mais uma vez levei um soco, mas só que dessa vez ele arrebentou minha boca toda e ela sangrava muito. O meu desespero maior foi ouvir o choro da minha filha, eu tinha certeza que seria morta junto com minha filha por ele e não estava disposta a deixar isso acontecer, a minha raiva me inundou. Coloquei minha filha embaixo do meu braço e corri para o segundo andar, a minha patroa havia mandado instalar um sistema de segurança que travava o andar inteiro quando colocava uma senha e foi esse sistema que salvou nossas vidas. Liguei para a polícia e pedi socorro, foi com eles que consegui sair de dentro da casa. No entanto, na delegacia foi um atendimento traumático. Eu ouvi cantadas absurdas e uma proposta indecente de um policial que ele mataria e em troca iria para a cama com ele.

Era uma perseguição implacável dele atrás de mim, em todos os lugares que eu ia ele fazia grandes escândalos, e não adiantava chamar a polícia porque eles diziam que era briga de casal e eles não se metiam. Por mais que eu explicasse que não era casada e que não tinha mais nenhum relacionamento era como se estivesse falando tudo ao contrário. Eles tiraram meus direitos e me fizeram engoli-los, Ele me ameaçava constantemente, dizia que iria me machucar e depois me matar com requintes de crueldade e eu não tinha dúvidas disso. Vivi assim durante dois anos, com medo constante da violência que ele poderia infligir ainda mais a mim.

Por causa dessa situação horrível, meus pais e eu chegamos à conclusão de que todos nós só estaríamos seguros se eu fosse embora da cidade. Com muita dor no coração por ficar distante de minhas filhas tive que ir embora para a casa da minha tia que me acolheu com muito amor. A situação só mudou quando ele foi assassinado no Rio de Janeiro com 19 tiros porque ele bateu na irmã de um traficante.

- 297/210/22 - PB - 9786500653557 - Mat

A psicopatia é um assunto complexo que envolve uma variedade de sintomas e características. Algumas das principais características de um psicopata podem incluir a falta de empatia, a tendência à violência e o comportamento impulsivo. É bem documentado que os homens são muito mais propensos a ter características psicopáticas do que as mulheres. Isso significa que de cem pessoas que você conhece, uma é bastante provável que seja um psicopata. Essas pessoas podem ser extremamente manipuladoras e perigosas. Eles geralmente se parecem com qualquer outra pessoa, no entanto, as chances são de que você ou alguém que você conhece tenha encontrado um desses predadores sociais. Essas pessoas são especialistas em manipular os outros para obter o que querem. Eles podem ser extremamente persuasivos e sedutores, e muitas vezes usam isso para levar as vítimas a fazer coisas que elas normalmente não fariam. Se você suspeitar que está sendo manipulado por um desses indivíduos, é importante procurar ajuda imediatamente.

No livro “Mentes perigosas o psicopata mora ao lado” da autora e psiquiatra Dra. Ana Beatriz Barbosa ela escreve: Em casos extremos, matam a sangue-frio, com requintes de crueldade, sem medo nem arrependimento. Porém, em sua grande maioria, não são assassinos e vivem como se fossem pessoas comuns. E exatamente por isso permanecem por muito tempo ou até uma vida inteira, sem serem descobertos ou diagnosticados".

Quando conheci Carlos aparentemente ele era uma pessoa humilde e tranquila, mas ele era um psicopata que tinha inúmeras mascaras.

Grifo e dou fé ao que ela ainda diz em seu livro que “quando sentimos pena, estamos vulneráveis emocionalmente e é essa a maior arma que eles podem usar contra nós". Há muitas histórias de pessoas boas sendo manipuladas por psicopatas. Esses criminosos sabem exatamente como nos manipular e tirar vantagem da nossa bondade. Por isso, é importante estarmos atentos e não nos deixarmos levar pela pena e sim observar os detalhes para depois estender as mãos para alguém. Quando sentimos pena de alguém, agimos pelas emoções e ficamos vulneráveis emocionalmente e é exatamente essa a maior arma que os psicopatas podem usar contra nós. Por isso, é importante ter cuidado e não nos deixarmos envolver por essas pessoas.

Lidar com os comentários das pessoas sobre a minha vida e seus comentários, "ex que eu gostava de sofrer", "maior safada adora um bandido", na época foi decepcionante ouvir isso de pessoas tão próximas a mim. Eu esperava que as pessoas entendessem o que estava acontecendo, mas elas só me fizeram sentir pior. Foi então que enxerguei o ser humano de forma diferente: vi que as pessoas muitas vezes serão incapazes de compreender o sofrimento alheio e que quando não é com elas, serão apenas egocêntricas. Isso me fez perceber que eu não podia esperar nada daquelas pessoas e que precisava cuidar de mim do meu jeito naquela época.

Não foi fácil me sentir sozinha novamente, me sentir abandonada por mim e por pessoas que eram importantes para mim. Eu estava tão acostumada a ter sempre alguém ao meu lado, seja um amigo ou um ente querido, que quando fiquei sozinha novamente, não sabia como lidar com isso. Tudo parecia tão silencioso e vazio. Mas depois de um tempo, aprendi a valorizar a minha própria companhia e aprendi a ser mais independente. Aprendi a ver as coisas de outra forma e descobri que a solidão nem sempre é ruim, no meu caso ela foi necessária porque estar com pessoas que nos mordem e nos assopram ao mesmo tempo é muito tóxico também, pois você viverá numa instabilidade emocional sem fim.

A dor e a tristeza me ensinaram que a vida é efêmera. Que ela é penas um sopro, uma breve passagem pelo mundo. Por isso, precisamos aproveitar cada momento, viver intensamente e não deixar de lado aquilo que nos faz feliz. A dor também me mostrou que somos frágeis e vulneráveis. Mas isso não significa que devemos desistir ou nos render às adversidades. O importante é enfrentar as dificuldades com coragem e determinação, buscando sempre superar os obstáculos. Foi extremamente desolador viver tudo isso. As vezes pensava que nunca iria conseguir superar tudo o que aconteceu. Mas, com o tempo, fui me reerguendo e aprendendo a ver a vida de outra forma. Aprendi que sou forte e capaz de enfrentar qualquer adversidade.

No decorrer dos anos, cheguei à dolorosa conclusão de que, apesar de alguém poder dizer que nos ama, isso não significa necessariamente que eles estão realmente falando a verdade. Infelizmente, fui traída e enganada muitas vezes por aqueles que diziam me amar, mas na verdade só estavam interessados em se beneficiar de mim. Isso me causou muito sofrimento e tristeza, mas também me fez mais forte e resiliente. Aprendi a não confiar cegamente nas palavras de alguém, e sim a observar seus atos para saber se realmente me amam ou não.

Não procure ser feliz ao lado de quem lhe faz tão mal, repetia isso para mim porque me sentia culpada por ter deixado Carlos. Eu não poderia continuar com aquela pessoa que me fazia sofrer tanto, eu merecia alguém que me tratasse bem e com carinho. Simplesmente a síndrome de Estocolmo estava presente na minha vida naquele exato momento.

A síndrome de Estocolmo é um estado psicológico de intimidação, violência e abuso que faz com que as vítimas se sintam aprisionadas e dependentes dos seus agressores. Embora a síndrome seja mais comumente associada a vítimas de sequestro, ela também pode afetar vítimas de outras formas de violência, como aquelas que sofrem abuso doméstico.

A síndrome é caracterizada por três comportamentos principais:

Sentimentos de medo e ansiedade

Sentimentos de culpa e vergonha

Comportamentos de cooperação com o agressor

Estes sentimentos e comportamentos são causados pelo stress e pelo medo do malfeitor, o que faz com que as vítimas se sintam ameaçadas e inseguras. As vítimas de abuso doméstico são especialmente vulneráveis à síndrome de Estocolmo, pois podem se sentir isoladas e sem saída. Muitas vezes, elas não têm acesso às redes de apoio que vão ajudá-las a enfrentar o abuso, e isso pode deixá-las ainda mais vulneráveis aos manipuladores e agressores.

Infelizmente, a síndrome de Estocolmo é um dos principais fatores que impedem que as vítimas de abuso doméstico denunciem seus agressores. A síndrome pode levar às vítimas a se sentirem culpadas pelo abuso, achando que elas o merecem, ou sentindo-se como se não tivessem outra escolha a não ser cooperar com o agressor. É importante lembrar que ninguém merece ser agredido, independentemente do que possa ter feito ou deixado de fazer. Ninguém precisa suportar o abuso, e há muitas pessoas e recursos disponíveis para ajudar as vítimas a enfrentar e superar a síndrome de Estocolmo.

Não foi fácil vestir minha pele, foram sucessivos erros em minha vida, assim como inúmeras consequências. Quando ouço alguém dizer que foi sorte chegar aonde cheguei, penso: Se estivesse consciente das próprias dores, não falaria que foi a sorte que me trouxe até aqui. Pensei muito e refleti sobre isso, enxerguei que todos os obstáculos superados em minha existência me deram a experiência necessária para ser quem sou hoje. Aprendi com cada erro cometido e se não tivesse cometido nenhum deles, talvez ainda estivesse perdida, sem saber quem sou ou qual o meu propósito de vida. Não foi a sorte que me trouxe até aqui, mas sim um desejo ardente de querer viver. Um paradoxo para alguém que procurou a morte cinco vezes.

Tive inúmeros momentos em que não acreditei em mim mesma, em minha capacidade de superar tanta dor. Mas estou aqui, viva e com mais força do que nunca para enfrentar qualquer adversidade. A sorte não existe, ou pelo menos não é algo a ser contado em nenhuma história de superação. Eu estava cansada de sofrer, cansada de tentar e fracassar, mas aprendi que a vida é preciosa e que não há nada que valha a pena mais do que ela. Quero agarrar cada momento e aproveitar ao máximo, não vou perder mais tempo vivendo dores. Por isso continuo querendo melhorar cada vez mais, porque agora sei que a vida é o maior presente que podemos receber.

Por isso meu site se chama esperança e coragem, porque precisamos dessas duas grandes companheiras na vida. A esperança nos mantém focados no que queremos alcançar, nos motiva a continuar lutando pelo que acreditamos e nos dá forças para superar os obstáculos. Já a coragem é necessária para enfrentar as adversidades e tomar as decisões que precisamos, mesmo quando elas nos assustam. Com esperança e coragem, podemos conquistar qualquer coisa! E se você não ouviu isso de outra pessoa, sinto muito por todo sofrimento que você vivenciou até hoje. VOCÊ é um sobrevivente. Eu sou uma sobrevivente.

O amor-próprio e aceitação

Você não pode se amar sem ser gentil consigo mesma/o. A gentileza é um ato de amor, e é importante se tratar com bondade e compaixão. Quando somos gentis conosco, estamos abrindo o coração para o autocuidado e o amor-próprio. É uma forma de mostrar respeito e consideração por si mesma/o. A gentileza também nos lembra da importância de sermos pacientes conosco, pois sabemos que todos somos seres humanos imperfeitos. Em suma, a gentileza é um ingrediente essencial na receita do amor-próprio.

Isso nos leva a uma pergunta: como podemos aprender a amar e ser gentis conosco?

Aprender a se amar é o primeiro passo para termos um relacionamento saudável consigo mesmo e, como consequência, com os outros. Se amar não significa ser egocêntrico ou narcisista; pelo contrário, trata-se de ter uma boa opinião de si mesmo, aceitar as suas fraquezas e imperfeições e dar-se o devido valor. É importante lembrar que só poderemos amar outra pessoa se permitirmos sentir esse sentimento por nós mesmos. Para aprendermos a ser gentis conosco, precisamos compreender nossas necessidades emocionais e físicas e procurar atendê-las da melhor forma possível. Isto significa cuidarmos de nós tanto quanto cuidamos do próximo, sem colocar os nossos desejos em último lugar constantemente.

Aprender a dizer "não" quando preciso é também muito importante para evitarmos nos sobrecarregar com responsabilidades que ultrapassam nossas capacidades. Ser gentil consigo mesmo implica respeitar o seu corpo, mente e espírito. Isso inclui alimentar-se bem, praticar exercício físico de forma regular, dormir o suficiente e escolher cuidadosamente as pessoas com quem compartilha a sua intimidade, ou seja, aqueles que irão acrescentar valor à sua vida em vez de te prejudicar.

Você sabia que a codependência emocional é um subproduto de quem não se ama? Isso acontece porque as pessoas que não se amam tendem a buscar a aprovação e validação dos outros, o que leva à dependência emocional. A codependência pode causar muitos problemas na vida das pessoas, como dificuldades para tomar decisões, relacionamentos abusivos e baixa autoestima. Felizmente, é possível trabalhar para superar a codependência emocional e aprender a se amar.

Foi sofrendo nas mãos das pessoas que aprendi que sem amor-próprio os indivíduos tiram proveito da gente. Aprendi que, sem amor-próprio, os outros nos usam para seus próprios fins, e isso nos deixa vulneráveis a todo tipo de abuso. Sem amor-próprio, somos propensos a aceitar qualquer coisa que dizem ou fazem para nós, porque acreditamos que não merecemos nada melhor. Isso nos coloca em uma posição fraca, onde somos facilmente manipulados e controlados. Aprendi também que o amor-próprio é um dos principais pilares da autoestima. Sem ele, tendemos a nos desvalorizar e acabamos atraindo pessoas que farão o mesmo.

Quando não nos amamos teremos dificuldades em ensinar nossos filhos a se amarem. Como pais, é nossa obrigação dar um exemplo saudável para nossas crianças. Devemos aprender a nos amar para que nossos descendentes possam se amar em primeiro lugar. Amor-próprio é olhar para cada defeito, cada ruga, cada quilo extra, cada gatilho, cada dor, cada dúvida, cada tristeza e saber que você é justamente quem precisa ser naquele momento. Você não é perfeito e essa imperfeição te torna atraente. Amor-próprio não é ter tudo junto, é fazer o melhor com quem você é.

Kristin Neff traduz num pequeno texto a lição de se ter autocompaixão: "Este é um momento de sofrimento. O sofrimento faz parte da vida. Que eu seja gentil comigo mesmo neste momento. Que eu possa me dar a compaixão de que preciso".

Aprender a se amar não acontece da noite para o dia. Se dar a permissão e espaço para tentar amar e se aceitar é um primeiro movimento importante. Execute-o diariamente, a cada hora ou mesmo a cada minuto. A autocompaixão e o autoamor é um trabalho em andamento e está tudo bem. O que está errado é nos abandonarmos no meio do caminho. Invista em você, esse será o melhor investimento que fará na sua vida.

Tudo bem, não estar bem

Às vezes temos que aprender com a vida que está tudo bem não estar bem. Sente-se com essas emoções negativas e admita que isto é normal. Não precisa esconder ou fingir que está bem quando, na verdade, não está. Apenas se permita sentir e lidar com esses sentimentos, sabendo que eles fazem parte da vida. Tudo irá passar e você poderá superar isso. Há tanta pressão para fazer tudo e ser perfeito que em algum momento esquecemos que somos humanos, com sentimentos, emoções e dificuldades. Isso pode nos levar ao esgotamento e à perda de motivação. Por isso, é importante lembrar que somos apenas seres humanos e que não podemos dar conta de tudo.

Nem sempre estaremos felizes em todas as situações. Haverá momentos em que estaremos desapontados. Muitas vezes brigaremos com nossos maridos, colegas ou nossos amigos e vamos nos ver infelizes, perdidos e inseguros. Haverá períodos árduos, dias difíceis, até meses difíceis e anos difíceis. Temos que nos autorizar sentir mal e admitir que não fracassamos por causa disso. Aceitar todas as partes de nós mesmos quer dizer admitir que às vezes nos percebemos assim, e a única coisa que não está bem é nos culparmos por isso. Está tudo bem se não estiver tudo bem.

“Você não precisa ser corajoso o tempo todo. Você não está danificado ou derrotado. Tenha paciência, dê a si mesmo permissão para chorar e se curar. Permita um pouco de compaixão, você está fazendo o melhor que pode.” (Mike Bowman).

Se você se sentir mal, repita:

Não estou bem e me permito nesse momento não me sentir bem. Assumirei a responsabilidade e me darei o tempo essencial para me sentir melhor.

“Eu sou falho e continuarei me autorizando a ser imperfeito.”

Este mantra pode te ajudar a lidar com o sentimento de inadequação. Se você se sente mal, dê-se permissão para não se sentir bem. Não precisa ser perfeito para merecer felicidade e sucesso!

Liberte-se

Hoje olhe para dentro do seu coração e encare seu passado, seus erros, suas perdas, seu desespero. Se perdoe por toda falta de lucidez, pois você fez o melhor que poderia naquele momento. Reconhecer isso é um grande passo para o seu autoconhecimento e crescimento pessoal. A partir de agora, olhe para sua vida com mais compaixão e bondade, sabendo que cada experiência te ensinou algo valioso. Todos os dias encontre força nos movimentos que fizer, paz na sua própria companhia e faça escolhas conscientes. Apenas se deixe levar pelo ritmo da respiração, sintonize com a energia do universo e deixe tudo fluir de forma natural. Nesse estado de calma e tranquilidade, veja claramente o que é melhor para você e tome as decisões que de fato importam.

Aprenda a cada dia ser suficiente sim, escolha sua integridade acima de tudo. Aprenda a ser gentil consigo mesma e aprendo a se amar incondicionalmente. Aprenda que você merece o melhor e que não precisa se comprometer com nada ou ninguém que não seja verdadeiro para você. Aprenda a valorizar suas conquistas e aprendo a ter orgulho de si mesma. Aprenda que és forte e capaz de enfrentar qualquer desafio que apareça em seu caminho. Aprenda a cada dia estar no controle da sua vida e que possa escolher o rumo que quer seguir. Aprenda que o amor é a força mais poderosa do universo e que ele está presente em todos os lugares. E, finalmente, aprenda que você é responsável por você mesma e pelas suas escolhas.

Hoje você está aprendendo quão importante é. Agradeça ao poder superior e a sua versão do passado que mesmo com medo fez os movimentos necessários para sua libertação e ainda está fazendo. Seu presente é resultado de escolhas corajosas e determinação, e esteja ciente de que você pode conquistar qualquer coisa que deseja desde que esteja alinhada com seus valores e princípios. Agradeço por todas as experiências, boas e ruins, que te trouxeram até aqui. Seja grata pelo presente momento, onde você pode olhar para trás e ver quanto cresceu. Ontem você era apenas uma versão do futuro, mas hoje você é plenamente consciente de seu poder e potencial. A gratidão é a chave para a sua felicidade, e há muito o que agradecer na vida.

Você fez o melhor com seu conhecimento daquele instante, não tem como exigir de si o que você não sabia naquele momento. Somente aos meus 39 anos é que fiquei sabendo sobre a codependência emocional, nunca havia ouvido falar sobre. Como vamos lidar com as coisas que ainda desconhecemos? Apenas fazendo o melhor que pudermos no presente.

Assim como eu, talvez você também tenha sido criada para ser codependente desde criança. Não se culpe, apenas se acolha e cuide de suas emoções com uma boa terapia, paciência e de mãos dadas com o poder superior. Seu foco precisará estar em aprender a cuidar de si, porém para todos codependentes emocionais é algo muito difícil. Nesse caminho você descobrirá que suas verdadeiras necessidades são muito maiores do que imaginava e que só você poderá satisfazê-las. É um longo processo, mas vale a pena lutar pelo seu bem-estar.

Isso significa que você precisará se confrontar com a má vontade de cuidar de si mesma e sempre colocará os outros em primeiro lugar e vai querer consertar a vida das pessoas. Cuidar de si pode ser difícil, especialmente quando você se sente sobrecarregada e cansada. Mas lembre-se: você é importante também. Cuidar de si mesma não é egoísmo; é uma necessidade básica. Então, quando se sentir inclinada a ignorar suas próprias necessidades em prol dos outros, lembre-se desta verdade: você precisa se cuidar para poder cuidar bem dos demais.

A nossa obsessão está no outro e na relação, não conseguimos nos ver como pessoas merecedoras, sentimos uma necessidade obsessiva de fazer o outro feliz. No entanto, vá com calma consigo mesma, viva um dia de cada vez com gratidão e esperança e não se torture pelo que ainda não consegue fazer. Aproveite as pequenas coisas da vida e seja grata pelo que tem, pois, são essas coisas que realmente importam. Não deixe que o stress do dia a dia te consuma, mas relaxe e aproveite o presente.

Quer ter uma vida mais equilibrada e significativa? Adote o lema “Só por hoje” e dê um passo em direção à constância. Isso significa que, todos os dias, você se esforçará para manter o foco no que realmente é importante para você. Pode ser uma atitude simples, como fazer exercícios todos os dias, mas ela pode fazer total diferença na sua vida. A constância é a chave para o sucesso, então comece hoje mesmo a criar hábitos que trarão resultados positivos para seu bem-estar.

Lembre-se: Sonhe com a vida emocional que deseja conquistar e planeje tudo o que você vai fazer para chegar até lá.

Sonhar é o primeiro passo para transformar qualquer coisa em realidade. Se você tem um sonho, lembre-se: um passo por vez é o suficiente para alcançá-lo. Não importa quão grande e complexo ele seja, basta ter perseverança e trabalhar duro para torná-lo realidade. É claro que às vezes as coisas não saem como planejamos, mas isso não significa que os sonhos sejam impossíveis de alcançar. Superar obstáculos faz parte do processo e nos ajuda a crescer e aprender. Sempre existirão desafios a serem enfrentados, mas isso não significa que você deve desistir dos seus objetivos. Em suma, acredite em si mesma e nos seus sonhos; tudo o que precisa fazer é dar o primeiro passo para transformá-los em realidade.

Opinião

Opinião boa é aquela que peço, se não pedi é intromissão. Essa frase define bem o meu pensamento a respeito das opiniões. Acredito que só devemos dar e receber opiniões quando for solicitado, caso contrário, estaremos apenas interferindo na vida dos outros. Opiniões são importantes, mas devem. ser usadas com cuidado e sempre respeitando o ponto de vista do outro. É importante que as pessoas respeitem o nosso espaço e privacidade. Do contrário, isso será considerado uma forma de invadir o nosso espaço e pode causar um grande desconforto.

O que é opinião?

Opinião é a expressão da nossa maneira de pensar sobre um determinado assunto. É o que nos faz ter uma posição diante de um tema, seja político, social ou qualquer outro. A opinião é formada por nossas experiências, valores e crenças, e ela pode mudar conforme novos fatos vão surgindo.

O que é intromissão?

Intromissão é o ato de interferir em algo que não nos diz respeito. Pode ser considerado um tipo de invasão, pois envolve o uso de força para entrar em um território ou espaço sem permissão. A intromissão pode causar danos físicos e/ou materiais, além de gerar conflitos e problemas nas relações interpessoais. Por isso, é importante respeitar os limites dos outros e não se intrometer em suas vidas.

Quando alguém vier dar opiniões sobre sua vida sem ser solicitado, mostre-lhes este texto. Talvez eles finalmente entendam que isso é uma invasão de privacidade. Todos nós temos o direito de escolher o que compartilhamos com os outros, e não devemos ser forçados a ouvir o que os outros pensam sobre nossas escolhas. Essa é a base da privacidade: respeitar o direito das pessoas de controlarem suas próprias vidas.

A mentira de Caíque

Eu me sentia desesperadamente sozinha, como se um vazio profundo e intransponível ficasse crescendo dentro de mim. A maior parte do tempo ficava submersa nessa angústia, aprendendo a lidar com aquilo que não tinha jeito. Tentava encobrir tudo isso escondendo meus sentimentos e lutando incansavelmente contra o abismo sombrio em que todos os dias me sentia sufocada. Sempre acreditei que haveria alguém esperando por mim, uma crença tão forte que meus olhos se enchiam de lágrimas ao imaginar não conseguir encontrar essa pessoa.

Eu era extremamente compulsiva, me envolvendo de forma desmedida em todas as atividades que eu começava. Uma dessas compulsões era frequentar os bate-papos da TIM. Isso implicava em sair de casa sem avisar meus pais para onde ia ou com quem estaria, e muitos outros perigos que eu corria para encontrar a tão sonhada alma gêmea. Eu estava disposta a qualquer sacrifício, acreditando que um dos homens que conhecia ali poderia ser o grande amor da minha vida.

Comecei a interagir com um rapaz chamado Caíque, através de um bate-papo. Um homem admirável que me sentia desejada só de ouvir o "oi Flora". Ele me causava verdadeiro deleite com as suas palavras e logo construímos uma intimidade em apenas três dias, durante os quais nos conectamos profundamente. Eu estava realmente encantada por aquela pessoa!

As conversas fluíam tão harmoniosamente, cheias de afeto, que me fizeram suspirar de tantos sentimentos cálidos. No entanto, havia algo estranho no ar que eu não conseguia identificar, pois ele jamais proferiu palavras ardentes ao meu respeito. Acreditei que esse poderia ser um joguinho que ele costumava fazer com todas as garotas que conhecia online ou que ele fosse muito tímido. Ele tinha me convidado para visitá-lo e compartilharmos um final de semana na sua casa. Foi uma oportunidade única que imediatamente comecei a planejar, para vivenciar dessa intensa paixão que me deixava alucinada.

Durante um mês, ele começou a se comportar de maneira estranha e, de repente, desapareceu. Eu lhe enviei milhões de mensagens, mas não obtive resposta. Chorei, me desesperei e fiquei extremamente deprimida; logo já havia perdido toda esperança dentro do meu coração. Passou-se uma semana, até que ele voltasse inesperadamente para mim. Ele percebeu que eu estava extremamente abalada com o ocorrido e começou a me encher de cuidados e carinhos, além de presentear-me com poesias lindas e me ligar para dizer quanto ele me desejava e queria. Essas atitudes foram suficientes para devolver minhas esperanças na vida! Foi uma sensação inexplicável de felicidade quando ele me desejou. Hoje, eu consigo ver que eu era totalmente dependente de me sentir desejada e amada naquela época. Aquelas conversas sem sentido, aqueles sonhos, aquele sentimento tão profundo como se estivesse presenciando algo real. Tudo isso levou o cara a investir muito em mim com telefonemas de manhã cedinho e agrados à noite, mas ele nunca passava daí, apesar do interesse que ele demonstrava que tinha por mim.

Organizei um final de semana com ele, fiz o necessário para arrumar minha mochila e me pus na estrada. Eu era extremamente irresponsável, pois não havia contado a ninguém para onde iria e, caso algo acontecesse e eu não voltasse, ninguém saberia como me encontrar. Embarquei no ônibus rumo a Saquarema, estava superelegante, muito ansiosa e nervosa quando me aproximei do destino. Por um momento imaginei que meu coração sairia correndo junto com as bagagens! Então, mentalmente falei para mim mesma: "Toma um tempo para pensar! Se você chegar até Caíque exausta por causa dessa ansiedade toda, vai acabar parecendo que você andou quilômetros! Dê uma trégua!". Costumava sempre dialogar comigo mesma durante os dias inteiros, havia momentos em que minha mente discutia, coisa que gerava certo desconforto às pessoas que me via ali falando sozinha. Não é para menos! Quanta curiosidade deve ter despertado em quem me viu ali dividindo argumentos imaginários...

Descendo do ônibus com um desconforto no peito, senti uma estranha presença que vinha ao meu encontro. Ao olhar para frente, vi um homem de cabelos compridos me dando um sorriso amarelado. Nessa hora, pensei: "Que decepção! Eu imaginava que ele seria mais forte, com os cabelos curtos e com um largo sorriso para me dar um abraço e me dizer o quanto eu era linda". Viajava muito atrás de homens que pudessem ser minha alma gêmea, sonhava muitas vezes que alguém me salvaria das minhas aventuras solitárias. Assim o tempo passava enquanto eu ainda me sentia sozinha dentro daquele mundão tão grande e tão vazio. Contudo, mesmo diante dos momentos de solidão, havia sempre algo de esperança em minhas viagens; nesses momentos me perguntava: será que encontrarei alguém para partilhar as experiências vividas pelas estradas, alguém que entendesse os sentimentos tão profundos que habitavam minha alma?

Quando o conheci, senti que ele era um pouco mais velho do que eu imaginava. Por mais que fosse bastante intelectual, para mim ele estava um pouco chato demais. Além disso, percebi que estava bem magrinho. Mesmo assim, a pessoa com quem eu tinha conversado no bate papo da TIM não parecia ser ele. Quando cheguei à sua casa, fui direcionada para um quarto de hóspedes e me surpreendi com a grandeza da propriedade: havia vários cômodos bem planejados, além de um lindo jardim, uma enorme piscina e tudo dividido em dois andares bem distribuídos. O local estava impecavelmente limpo e decorado.

Depois de um bom banho e vestir uma roupa bem confortável, Caíque me levou para a cozinha para preparar o macarrão à carbonara, que ele disse ser sua especialidade. Começamos a conversar e pude sentir que algo estava estranho: Caíque era muito diferente do que ele mostrava nas conversas online. Ele não me olhava e mantinha sempre um certo distanciamento entre nós. Nessa hora comecei a pensar "O que estou fazendo aqui?! Poderia estar descansando em vez de passar por essa situação constrangedora". Ao mesmo tempo, tentava me acalmar, pois achei que talvez ele apenas fosse tímido. Tentei manter uma conversa agradável para ver se conseguia descobrir o que estava acontecendo com ele, mas ele parecia sempre evitar qualquer assunto profundo.

Aquele jeito frio dele me deixava estressada, então falei para Caíque: — Vamos tomar alguma coisa para descontrairmos um pouco? Ele estava muito tímido e pediu desculpas dizendo que depois que ele se acostumasse com a situação, as coisas voltariam a normalidade. Então, abrimos uma garrafa de vinho e servimos nas taças. Sentamo-nos à beira da piscina e iniciou-se uma bela conversa entre nós dois. A primeira garrafa foi rápida demais, pois logo o Caíque já começou a me elogiar por meus cabelos. Fiquei surpresa com aquilo, mas feliz também em receber uma palavrinha carinhosa dele. Decidimos então abrir outra garrafa para nos divertirmos mais naquela noite, meu coração parecia estar apostando corrida com alguém de tão acelerado que estava.

Eu era muito alegre, então perguntei ao Caíque: "Por que não brincamos um pouco com tudo o que conversamos no bate-papo? Quem não lembrar o que disse deverá tirar uma peça de roupa. Ele aceitou prontamente e nós começamos a jogar. Ele errava todas as questões, enquanto eu acertava todas, ficando vestida e ele sempre com menos roupas. Quando chegou a vez dele tirar a bermuda, fiquei surpresa! Ele virou sua bunda para mim e começou a rebolar. Quando abaixou a bermuda, ele estava usando uma calcinha fio dental vermelha! Foi uma situação decepcionante para mim que estava fazendo tantas expectativas naquele encontro.

Quando eu vi aquela cena, arregalei os olhos e me senti extremamente aborrecida, comecei a gritar: — Que história é essa, caramba? Quem deveria estar de calcinha sou eu, não você! Eu até sou bastante tolerante, mas dividir minhas peças íntimas com outro homem não está entre meus objetivos. Ele ficou sem jeito; então pedi licença e me retirei para descansar. Diante daquilo, tranquei a porta com chave e ainda empurrei uma cômoda para bloqueá-la, pois nunca se sabe quais surpresas ainda poderiam acontecer. Pensei dessa forma para me sentir mais segura durante a noite. Nessa noite chorei muito, pois havia idealizado um homem perfeito para me salvar da minha vida triste.

Quando o sol começou a brilhar, arrumei minha bolsa para partir. Porém, quando cheguei na cozinha, encontrei uma mesa linda preparada com café da manhã. Me sentei e ele abaixou os olhos, pedindo desculpas e me explicando que só queria ser quem realmente é, porém, as pessoas não o aceitavam daquela forma. Foi então que eu disse: "Talvez elas não o aceitem porque você está se empurrando para todos em troca de aceitação. Fiquei muito assustada com a forma como você me enganou, me sentindo muito estranha. Você poderia ter dito desde o início que é gay e eu continuaria sendo sua amiga do mesmo jeito; seduzir-me daquela forma foi algo baixo! Não tenho nada contra, você é uma pessoa legal. Reconheço que as pessoas às vezes são cheias de preconceitos, mas acredito também que numa boa conversa é possível avaliar quais são realmente os preconceitos existentes nas pessoas".

Continuei falando: "Compreendo teu receio, Caíque. Os homens às vezes têm preconceito diante da minha condição de mãe solteira. Alguns até se interessar por mim, mas logo recuam ao saberem que tenho filhos. Compreensível que esse tipo de situação gere medos e inseguranças em você, apesar que nunca escondi minhas filhas; mas eu acredito que, quando as pessoas nos conhecerem melhor, nós seremos capazes de superar a barreira do preconceito e da desconfiança. Afinal, é isso que realmente importa: o nosso caráter como pessoa. Talvez possamos encontrar alguém que esteja aberto para aceitar a nossa realidade, alguém que nos ame verdadeiramente pelo que somos, independentemente das circunstâncias adversas". Ele ficou me olhando e me perguntou: "Você acredita mesmo nisso que está falando?" Respondi-lhe: "Sim e você acha que vim até aqui por quê? Vim na esperança de encontrar essa pessoa que me amasse como sou, mas encontrei uma pessoa tão perdida quanto eu estou".

Passei o final de semana com Caíque e foi muito bom. Conversamos sobre diversos assuntos e, entre eles, um me chamou extraordinariamente a atenção: o mundo no qual ele vivia. Quando ele começou a falar sobre si mesmo fiquei totalmente boquiaberta! Ele era casado, porém, vivia sozinho, pois sua esposa não queria se divorciar devido às condicionantes financeiras que ele oferecia para ela. Caique era empresário de uma grande multinacional que tinha tudo aquilo que muitos consideram importante, porém o mais fundamental para ele lhe faltava: se conhecer de verdade. Infelizmente as pessoas ao seu redor não o estavam ajudando muito nessa jornada para isso.

Nesse momento tivemos uma conversa profunda sobre como é difícil encontrar amigos verdadeiros que nos aceite como somos, principalmente porque todos estão preocupados demais com as suas próprias vidas e esquecem dos outros ao redor. Ele falou do quanto sentia falta de alguém que o escutasse e compreendesse seus sentimentos, o abracei e choramos juntos. Poder contar com um apoio emocional é fundamental para enfrentarmos os desafios da vida do dia a dia em sociedade.

Hoje compreendo que exagerei nos meus riscos, não recomendo a ninguém que faça o que eu fiz, me mostrando extremamente irresponsável com a minha vida. Estas compulsões me levaram a colocar em jogo a minha existência diversas vezes, sendo necessário buscar por tratamento anos mais tarde. Considerando minhas características de solidão, costumava consumir muito tempo em chats online os quais não ofereciam resultados significativos e apenas contribuíram para conhecer pessoas desequilibradas. Era atraída pelo mundo virtual, acumulando relatos inacreditáveis e jogando-me em perigos desnecessários por conta da escassez de informações sobre aquilo que realmente estava acontecendo dentro de mim. Meus impulsos eram fortes e eu os seguia cegamente, vivendo num estilo de vida altamente tóxico e perigoso.

Existem muitas pessoas que idealizam aqueles que nunca conheceram, sonhando em serem amadas e recebendo o devido respeito. Elas divulgam aspectos significativos de sua vida facilmente, através dessas plataformas virtuais de bate-papo. Assim, os psicopatas não precisam perder tempo rondando suas vítimas potenciais — elas próprias já passam informações relevantes sobre onde estão e com quem se encontram. Tudo o que resta a esses indivíduos é programar um encontro casual para executarem seus planos diabólicos. A verdade, embora possa ser inconveniente para alguns que não querem ouvi-la ou enxergá-la, pode ser totalmente libertadora no final. Por meio de todos os acontecimentos do meu passado tanto bons quanto ruins aprendi a enfrentá-los e lidar com suas consequências inevitáveis. No entanto, por ter colocado a minha própria vida em risco sem perceber claramente as consequências desses atos precipitados, precisei buscar ajuda externa para compreender melhor toda essa situação.

Não apenas

Não apenas ande na escuridão, mas aprenda com ela.

A escuridão pode ser um lugar assustador, mas também pode nos ensinar muito sobre nós mesmos. É quando estamos no escuro que nos damos conta de quais são os nossos medos e inseguranças. Aprender a lidar com isso pode nos ajudar a crescer e evoluir como seres humanos. Em vez de fugir da escuridão, abrace-a e descubra o que ela tem a lhe ensinar.

Não apenas se sinta consumida por sua sombra, ouse olhá-la de frente.

A sombra representa o lado escuro da personalidade, aquilo que não queremos enxergar ou aceitar. Mas ela está lá, e nos acompanha para sempre. Se não a confrontarmos, ela poderá assumir o controle e nos levar para lugares que nunca imaginamos ir. Por isso, é importante olhar para a sombra e aceitá-la como parte de nós mesmos. Só assim poderemos caminhar na luz e alcançar a plena realização pessoal.

Não apenas queira que as coisas aconteçam, mude.

Seja a força motriz por trás das mudanças que você quer ver no mundo. Deseje uma melhor situação para si e para os outros, e faça algo para tornar isso realidade. Ninguém vai fazer isso por você, então é hora de levantar e dar o primeiro passo. Você pode ter todas as intenções do mundo, mas se não agir, elas nunca se concretizarão. Então mude, e faça a diferença.

Não apenas queira que as pessoas te amem, ame-se e tenha coragem de aprender como se amar.

FCW - #0211 - 061026 - C0 - 297/210/22 - PB - 9786500653557 - Matt Lamination

Para ter uma vida plena e feliz, é preciso primeiro se amar. É preciso ter coragem de enfrentar os desafios e aprender a superá-los. Não espere que as outras pessoas te completem, faça você mesmo isso por si mesmo. Se ame e tenha a coragem de ser autêntico, verdadeiro e feliz!

Não apenas use de falsas promessas contigo, cumpra cada uma delas.

Seja honesto consigo mesmo e mantenha suas promessas. Isso fará com que você seja mais confiável para você e melhorará sua autoestima. Lembre-se: cada promessa cumprida é um passo a mais para o seu sucesso!

Não apenas se critique, levante-se daí e agite esse mundo.

É hora de fazer a diferença, de ser a mudança que você quer ver no mundo. Não espere pelos outros, faça você mesmo. Seja o exemplo que as pessoas precisam seguir. Levante-se e lute pelo que acredita, mostre a todos que é possível sim mudar o mundo. Comece pelo seu!

Não apenas siga seus impulsos, pare, respire fundo e reflita.

Às vezes, os primeiros instintos podem não ser os melhores. É importante ter um momento para pensar nas consequências de uma ação antes de tomar qualquer decisão. Isso evitará erros que podem ser muito custosos ou até mesmo irreversíveis. Respire fundo e dê tempo para que seu cérebro analise todas as informações antes de tomar uma decisão final.

Não apenas dê tudo de si para todos, mas seja humilde e aceite ajuda genuína. Aprenda a receber com gratidão, assim como dar. É importante ter em mente que nem sempre podemos fazer tudo sozinhos e, às vezes, precisamos deixar de lado o orgulho para pedir ajuda. Quando alguém oferece seu apoio de forma sincera, aceite-a graciosamente e permita que essa pessoa faça parte da sua jornada!

Não apenas enxergue com seus olhos carnais, veja com seus olhos espirituais. A visão além do físico é possível quando abrimos nossa mente para todas as possibilidades. É preciso deixar de lado o materialismo e buscar a verdadeira essência das coisas. Só assim poderemos ter uma percepção mais ampla da realidade e compreender o mundo que nos rodeia.

Não apenas colecione sonhos, tenha objetivos e trace metas. Muitas pessoas vivem na ilusão de que basta ter um sonho para alcançá-lo, mas isso é apenas o primeiro passo. É preciso ter foco, determinação e persistência para transformar um sonho em realidade. Portanto, estabeleça objetivos claros e mensuráveis, trace uma estratégia para alcançá-los e não desista diante das adversidades. Com essa mentalidade, você certamente chegará longe e fará seus sonhos se tornarem realidade.

Não apenas ouça os outros, escute sua voz interior entre em contato com ela e a ouça. É importante que você se conheça bem para tomar as decisões certas na vida. A sua voz interior é sábia e sabe o que é melhor para você. Portanto, faça um esforço consciente para se conectar com ela e escutá-la sempre que precisar de orientação. Essa voz tem muito a lhe ensinar, pois, é a sua sabedoria intuitiva que está conectada com todo o universo. Aprenda a seguir o seu chamado interno e você será guiado para onde precisa ir.

Não fique apenas falando, aja. Isso é o que fará a diferença no seu mundo. É preciso mais do que apenas falar, você precisa agir. Ação é o que separa os sonhadores dos realizadores, é o que leva à mudança. Ação é o que torna possível transformar o seu mundo em algo melhor. Se você quer fazer a diferença, comece agindo. Faça algo, mas faça.

Não apenas conte as histórias dos outros, conte a sua e tenha orgulho dela. Sua história é o que te torna único e especial. É ela que te dá a força para enfrentar os desafios da vida. Compartilhe-a com o mundo e inspire as pessoas a serem orgulhosas de suas próprias histórias. A sua história merece ser contada com orgulho e determinação.

Não apenas seja um corpo que se locomove, aprenda a ser um pouco mais humano a cada dia. Aprenda a ouvir o seu corpo e a respeitá-lo. Aprenda a ter amor-próprio e compaixão pelos outros. Aprenda a ser gentil e tolerante, mesmo quando as coisas não estão indo do seu jeito. Aprenda a lidar com as suas emoções e a expressá-las de forma saudável. Aprenda a fazer escolhas conscientes e pensadas, que estejam alinhadas com os seus valores. Aprenda a viver de acordo com os seus princípios e verdades. E, acima de tudo, aprenda a ser uma pessoa melhor todos os dias da sua vida. Aprenda a respeitar os limites dos outros e ser gentil com aqueles que estão passando por momentos difíceis. Seja um ser humano melhor todos os dias e inspire as pessoas à sua volta a fazer o mesmo.

Tarefa difícil ser humano não é mesmo? Sim, porém infinitamente valiosa. Ao longo da nossa vida, temos que lidar com muitas responsabilidades e escolhas difíceis. Mas essa é a beleza da vida: ela nos desafia constantemente a crescer e evoluir. A cada nova experiência, aprendemos um pouco mais sobre nós mesmos e o mundo ao nosso redor. É por isso que somos seres tão especiais e valiosos: temos o poder de transformar o mundo com as nossas escolhas.

O que é esse enorme vazio dentro de mim?

Era um grande buraco negro ali dentro de mim, nas profundezas do meu ser desde quando era criança. Flora era a verdadeira rosquinha de padaria com um furo no meio. Meu peito doía e a sensação de algo estar sugando minha energia vital era constante. Eu tentei ignorá-lo por muito tempo, mas não conseguia. Ele estava sempre lá, ruminando em minha mente e no meu coração.

Por mais que me esforçasse e posso dizer que me esforcei bastante, não reconhecia meus pais e meus irmãos como família. Minha mãe sempre exigiu muito dos filhos e do meu pai, a nossa vida girava em torno dela. Nós nunca fomos uma família tradicional, com valores e relacionamentos saudáveis. Era tudo muito superficial e desgastante. Sempre senti que estava fora do lugar e que não pertencia àquela família.

Desde os meus quatro anos já ajudava minha mãe a cuidar de uma criança. Aprendi a passar roupas aos seis anos, subia num caixote e estendia um cobertor, por cima, um lençol. Foi assim que comecei a ajudá-la, pois naquela época minha genitora não podia fazer tudo sozinha. Me sentia muito mal com tudo que ouvia, eu não queria ser amiga dela, apenas filha. Ficava olhando a forma como as mães de minhas amigas as tratavam e pensava que o grande problema éramos nós. Elas eram sempre gentis, carinhosas e atentas às necessidades das suas filhas.

Éramos ignoradas emocionalmente e invisíveis para nossa mãe. Ela por anos teve vários amantes e quando eu era criança, ela me obrigava a escrever cartas para eles em seu nome. Isso foi terrível para o meu desenvolvimento, pois ouvir as confidências que minha mãe fazia de seus amantes me deixava muito perturbada. Tudo aquilo que ela dizia soava como um ataque à minha inocência e à minha pureza. Eu não conseguia entender por que minha mãe fazia tudo aquilo. Aquelas experiências foram extremamente traumatizantes para mim e levaram muitos anos para conseguir superar.

Eu perguntava a mim mesma: Por que ela não se separava do meu pai? Por que ela tinha que me contar sobre seus amantes? Por que não éramos importantes para eles? Essas perguntas devoravam minha mente ainda criança. A dor era tamanha que eu queria esquecer, mas não conseguia. Tudo o que eu podia fazer era pensar nas razões pelas quais minha mãe permanecia com um homem que a maltratava e me permitia ser testemunha de sua infidelidade. Não entendia por que ela nos colocava em uma situação tão difícil.

Toda vez que meu pai agredia fisicamente minha mãe, ele a chamava de vagabunda. Eu sentia muita dor, ficava revoltada e com ódio. Era como se toda a violência que ele infligia a ela, fosse também dirigida a mim. Só conseguia pensar em vingança, naquilo que um dia eu faria para que ele sofresse o mesmo que nós estávamos sofrendo. Tinha uns 10 ou 11 anos quando comecei a defendê-la e foi muito ruim viver tudo isso quando criança. Usava um pau do guarda-roupa para enfrentar meu pai, mas não tinha forças para me confrontar com ele e acabava apanhando junto. Eu tinha 10 anos e era frágil como qualquer criança, e não tinha como proteger minha mãe da violência do meu pai. Tudo isso me deixou muito traumatizada e tinha pesadelos com aqueles momentos.

Aos 4 anos de idade pela primeira vez vi meu pai batendo em minha mãe. Ele deu um soco na boca dela e seus dentes caíram no chão, fiquei paralisada, sem saber o que fazer. Aquela imagem marcou para sempre a minha infância. Eu lembro do medo e da tristeza que senti naquele momento. A antiga geladeira Cônsul branca tinha uma marca daquele dia terrível. Por mais de 15 anos passava pela cozinha e via a cena toda novamente, era um filme de terror. A marca era uma mancha escura que não conseguia sair, nem mesmo com os melhores produtos. Era como se aquela mancha tivesse sido feita para lembrar o dia em que tudo aconteceu.

Eles viviam super mal, eram muitos socos, chutes, tapas na cara, xingamentos e quando ele estava alterado pela bebida jogava o prato de comida na cara dela. Mesmo assim ela não desistia dele, o amava de uma forma tóxica que acreditava que um dia as coisas poderiam melhorar. Eu tentava tapar os ouvidos para não ouvir, mas minha mãe gritava muito, ele a agarrava pelos cabelos e batia até ela não aguentar mais. No outro dia eu olhava para ela machucada e aos beijos com ele, me dava uma profunda raiva e nojo. Eu queria protegê-la daquele homem, mas não sabia como, era impotente diante daquela situação.

Na minha cabeça de criança não entendia por que ao sentir raiva deles, logo a seguir me sentia culpada. Era como se tivesse feito algo errado, apesar de saber que aquela raiva era natural e justificada. Com o tempo me lembrei que ela falava assim: "Um dia irei amanhecer morta e seu pai será o culpado, mas mesmo morta continuarei olhando por você!" Quando estava possessa de raiva dizia: "Estou com ele por causa de vocês e se vocês não tivessem nascido não estaria nessa condição!"

Cresci com ódio do meu pai até minha fase adulta por mais que lutasse sempre acabava odiando-o. Observava a relação de minha irmã mais nova e me sentia desconfortável por não conseguir reconhecer o pai maravilhoso que ela tanto falava. Eu desconhecia aquece homem bom que ela dizia, como assim? O que não conseguia enxergar que ela conseguia? Somente fazendo uma linha do tempo de minha história percebi que ambas tivemos experiências diferentes com nossos genitores.

Minha experiência afetiva com meu pai era um fracasso, e da minha irmã mais nova com nossa mãe também era. Estranhamente, ambas tinham a mesma experiência e só consegui compreendê-la na minha recuperação. Nós nunca nos escutamos na realidade, isso acontece muito nas famílias disfuncionais. Por isso não conseguia entender como e porque ela o amava e nem ela conseguia compreender a adoração que eu nutria por minha mãe.

Nós duas nos esforçamos para amar mesmo odiando, não é fácil amar quem te fere bem lá no seu íntimo. Sentimos culpa por não amar e sentimos culpa por tentar amar. Aprender a gostar do meu pai foi muito difícil para mim, mas consegui. Foi bastante sofrido, foram muitos confrontos e dias de intensa dor física e emocional.

Nosso relacionamento foi marcado por muita violência, eu defendia minha mãe e ia contra meu pai, ele automaticamente batia nas duas. Só comecei a me relacionar de forma mais amigável com meu pai, depois que me afastei de minha família. Abraçá-lo era muito difícil para mim, no fundo, era como se tivesse me traindo ou tentando me conectar a um personagem.

A Dra. Judith Lewis Hermann, psiquiatra, pesquisadora e professora da Harvard University Medical School, diretora de treinamento do Programa de Vítimas de Violência no Departamento de Psiquiatria da Cambridge Health Alliance em Cambridge, Massachusetts, e membro fundadora do Women's

Mental Health Collective. Ela diz em seu livro Trauma and Recovery: “Muitas crianças abusadas se agarram à esperança de que crescer trará fuga e liberdade. Mas a personalidade formada no ambiente de controle coercitivo não está bem adaptada à vida adulta. O sobrevivente fica com problemas fundamentais de confiança básica, autonomia e iniciativa. Ela aborda a tarefa do início da idade adulta estabelecer independência e intimidade, sobrecarregada por grandes prejuízos no autocuidado, na cognição e na memória, na identidade e na capacidade de formar relacionamentos estáveis. Ela ainda é prisioneira de sua infância; tentando criar uma vida, ela reencontra o trauma.”

O meu sonho era crescer rápido, na minha mente crescer era algo maravilhoso e que não precisaria mais viver aquele drama com meus pais, mas estava enganada. Eu era prisioneira de uma infância traumática. Por mais que eu tentasse nadar, sempre morria na praia. Ainda era muito nova e inocente, os traumas não se curam da noite para o dia. Reencontrava o trauma inúmeras vezes, dia, noite e em qualquer lugar onde eu estivesse. Era como se ele estivesse me perseguindo. Não conseguia enxergar escapatória para mim.

Um pouco da história de minha mãe

Minha mãe foi colocada na rua aos oito anos de idade por ter beijado um primo. O destino dela foi rolar na casa de estranhos e ser molestada por inúmeros pedófilos, isso destruiu sua psique. Hoje como profissional da saúde mental sei o agravante de um trauma infantil quando não tratado. Embora cuidadosa com nossas roupas e alimentação, nos faltou inúmeras coisas. No entanto, como dar amor genuíno se ela nunca teve? Ela fez o melhor com tão pouco já que não teve uma mãe presente, apenas na certidão de nascimento. Eu tive uma mãe em corpo presente, mas ausente emocionalmente. Sua dor se tornou minha dor, os traumas transgeracionais estavam se movendo de geração em geração. Seu enorme vazio se tornou meu vazio, sua tristeza minha tristeza, seus vícios foram acentuados em mim e sua intensa dificuldade em se amar repercutiu em trinta e nove anos de minha vida.

Fui sua mãe inconscientemente por trinta e nove anos até que minha vida entrou numa grande destruição, minha mente colapsou e precisei encarar que meu comportamento e minha mente estavam me matando.

Sermos criados por pais emocionalmente indisponíveis pode nos levar a ter uma vida de amizades instáveis, sequências de relacionamentos fracassados, carência afetiva e incapacidade de autorregulação das emoções. Tudo isso pode nos levar à confusão de identidade. Sem um guia emocional para o mundo, podemos nos sentir perdidos e solitários, lutando para encontrar um lugar onde possamos ser aceitos e amados. Isso também pode criar uma ferida central por não ser capaz de expressar construtivamente suas necessidades. Quando há negligência das necessidades emocionais na primeira infância, é conhecido como trauma de desenvolvimento, que pode levar a efeitos a longo prazo se não for tratado de forma adequada.

Trauma de desenvolvimento é o termo usado para descrever o impacto negativo que experiências ruins, como negligência ou abuso, podem ter na primeira infância. Esse tipo de trauma pode levar às pessoas se sentirem inseguras e desamparadas, afetando sua capacidade de se relacionar com outros indivíduos e criar vínculos saudáveis. O trauma também é capaz de causar problemas de saúde mental e física que duram a vida toda. Felizmente, existem muitos recursos disponíveis para ajudar as pessoas que sofreram trauma de desenvolvimento a lidar com seus sintomas e levar uma vida mais satisfatória.

Alguns sintomas do trauma do desenvolvimento:

Rigidez

Baixa tolerância a frustração

Instabilidade emocional com agressão

Limites Pobres

Relações instáveis

Procura atenção obsessivamente.

Efeitos a longo prazo de ser criado por pais emocionalmente indisponíveis nos filhos

Essas crianças podem desenvolver problemas de autoestima, ansiedade e depressão. Além disso, podem ter dificuldades para se relacionar com os outros e estabelecer vínculos afetivos saudáveis. Tudo isso pode afetar negativamente o seu desenvolvimento psicológico e social, prejudicando a sua capacidade de ser feliz e bem-sucedido na vida.

Nossos relacionamentos na fase adulta são modelados pelos exemplos com os quais crescemos na infância. Se tivemos um relacionamento disfuncional com nossos pais ou cuidadores, é provável que reproduzamos esse padrão de comportamento em nossas próprias relações.

FCW - #0211 - 061026 - C0 - 297/210/22 - PB - 9786500653557 - Mat

Isso pode se manifestar de diversas maneiras, incluindo dificuldades em se comunicar e resolver conflitos, tendências à violência ou abuso, entre outros. No entanto, é importante lembrar que esses padrões podem ser quebrados e que podemos aprender a ter relacionamentos saudáveis e funcionais.

Medo do abandono no amor: As crianças que crescem em um ambiente onde há um déficit de amor e afeição podem se tornar emocionalmente retraídas na adolescência. Essa falta de afeto pode ser um resultado de pais emocionalmente distantes ou de outros fatores, mas leva à insegurança e ao medo do abandono. Isso é capaz de afetar de forma negativa as relações futuras da pessoa, bem como sua capacidade de lidar com as adversidades da vida. Em alguns casos, esse medo consegue ser tão intenso que leva à agressividade ou à depressão. Se você sofre com esse medo, é importante procurar ajuda para lidar com ele e superar essa dificuldade.

Personalidade Borderline e Traços Narcisistas: Pode ser o caso, mas nem sempre que aqueles criados por pais emocionalmente frios, sejam submetidos a traços narcisistas ou borderline. Às vezes, os filhos de pais frios podem desenvolver suas próprias formas de lidar com a dor e o estresse, como se isolar socialmente ou se fecharem emocionalmente. No entanto, é importante notar que esses comportamentos são apenas uma forma de cópia e não significam que a pessoa tem uma personalidade borderline ou narcisista. Ambos os distúrbios tornam a conexão com os outros bastante difícil.

O estilo egocêntrico e arrogante do narcisista pode fazer com que as crianças se sintam afastadas de seus pais. Enquanto as características do TPB podem levar a discussões frequentes, devido às explosões emocionais, o que também é capaz de levar à agressão verbal ou física. A vida familiar pode ser um caos emocional para todos os envolvidos. Nesses casos, a terapia será extremamente útil para ajudar as pessoas a lidarem com essas condições e melhorarem sua qualidade de vida.

Egoísmo: Pode se manifestar de várias maneiras. Os pais emocionalmente vazios muitas vezes impõem regras, fronteiras e limites a seus filhos para evitar que desfrutem das mesmas coisas que eles não tiveram quando cresciam. No entanto, este comportamento tem o potencial de prejudicar o desenvolvimento da criança, causando problemas de autoestima e de relacionamento. Por isso, é importante que os Genitores trabalhem em suas próprias necessidades emocionais para que consigam oferecer um ambiente seguro e amoroso para seus descendentes. Como a maioria dos pais emocionalmente indisponíveis são vítimas de sua própria educação, eles trazem suas projeções para o relacionamento com seus filhos. Infelizmente, isso pode levar a crianças que crescem sem o amor e o cuidado de que precisam para serem saudáveis e felizes.

Abuso de Substâncias e Dependência: À medida que o filho de um pai emocionalmente distante entra na idade adulta, um novo conjunto de escolhas se torna disponível. A essa altura, eles estarão com tanta dor e angústia por não terem suas necessidades emocionais atendidas, que pode levar ao uso de drogas ilícitas ou prescritas. Isso pode iniciar um ciclo de problemas baseados em vícios que geralmente duram até que as feridas principais da negligência emocional sejam abordadas.

Falta de Identidade e Direção: Um dos principais problemas enfrentados por muitos adultos que sobreviveram a uma criação de pais emocionalmente distantes é a ideia de identidade. Uma vez que faltam valores centrais reais, não há nada para se ancorar como um código moral ou senso de integridade. Isso resulta em não haver um plano para relacionamentos futuros. E assim, esses modelos devem ser encontrados em outro lugar em um formato substituto para compensar a falta de orientação emocional durante o estágio de desenvolvimento do crescimento.

Perda de esperança, fé e alegria: Uma das coisas mais desanimadoras que podem acontecer a uma criança que sobreviveu a uma educação emocionalmente distante é perder toda a esperança. Como seus pais não foram capazes de se expressar emocionalmente, muitas vezes houve um enorme déficit de apoio. Isso pode ser especialmente difícil quando você sente a perda do pai que ainda está fisicamente presente, mas está emocionalmente reprimido a tal ponto que é difícil se conectar com eles de qualquer maneira significativa.

Sinais De Pais Emocionalmente Indisponíveis

Eles não te ouvem. Quando você os procura para conversar, eles estão sempre ocupados ou distraídos com outras coisas. Quando finalmente consegue contato, eles parecem não estar realmente interessados no que você tem a dizer. É como se você não fosse importante para eles. Deixa você se sentindo sozinho e isolado. Você se pergunta o que está errado com você e se eles realmente te amam.

Eles não perguntam sobre sua vida, não demonstram interesse pelo que os preocupa e se recusam a ter uma conversa aberta e honesta. Isso pode ser muito doloroso para os filhos, que acabam se sentindo invisíveis e sem importância. Talvez você até tente se aproximar, mas é sempre rebaixado ou ignorado.

Eles não validam ou celebram suas conquistas. Eles geralmente são frios, críticos e exigentes, o que pode ser muito difícil para os filhos lidarem. Esse tipo de pais pode causar muito sofrimento aos seus filhos, pois eles crescem sem o apoio necessário para serem bem-sucedidos na vida.

Eles não estão dispostos a se envolver em atividades com você. Eles podem ser fisicamente presentes, mas não estão mentalmente ou emocionalmente disponíveis para o que você precisa. Isso pode causar sentimentos de abandono e rejeição, além de dificuldades em relacionamentos no futuro.

Eles nunca dão elogios, são muito críticos e sempre apontam os defeitos. Essa forma de tratar os filhos acaba por afetar significativamente a autoestima das crianças e o seu desempenho escolar e social. Além disso, esses pais costumam ser muito exigentes e controladores, impossibilitando que os filhos explorem suas próprias habilidades e potencialidades.

Eles nunca passam um tempo sozinho com você. Sempre estão ocupados com seus próprios afazeres ou distrações e, quando finalmente se concentram em você, parece que não conseguem dar-lhe toda a atenção que você precisa. É frustrante sentir que nunca é o foco da atenção deles e que eles sempre estão mais interessados em outras coisas do que você. Isso pode causar muita tristeza e insegurança.

Eles se concentram em sua própria felicidade mais do que na sua. Isso pode ser extremamente doloroso para os filhos, que acabam se sentindo abandonados e sem valor. Esses pais podem não ser conscientes do impacto negativo que estão causando, mas é importante lembrar que os filhos são seres humanos e precisam de amor e atenção para se desenvolverem de forma saudável.

Eles não expressam que te amam. Isso pode ser extremamente difícil para os filhos, que muitas vezes se sentem sozinhos e desamparados. É importante entender que este tipo de frieza é resultado de problemas ou traumas pessoais dos pais, e não um sinal de que eles não gostam de você.

Eles não te demonstram carinho. Eles podem ser fisicamente presentes, mas não conseguem estabelecer uma conexão emotiva com seus filhos. Essa falta de afeto é capaz de causar diversos problemas na vida dos filhos, como baixa autoestima, depressão e ansiedade. Muitas vezes, esses pais não estão conscientes do impacto que sua falta de afeto pode causar e acabam criando um laço muito frágil com seus filhos.

Sinais de que seus pais estavam emocionalmente indisponíveis

Não há uma maneira singular pela qual os pais possam estar indisponíveis sem emoção. Tal como acontece com todas as condições dentro do cenário da saúde mental, existem múltiplas expressões que cada uma tem seus próprios espectros de intensidade. Aqui estão alguns dos temas centrais.

Distância Emocional

A Distância emocional é um termo usado para descrever a sensação de estar separado dos seus sentimentos. Pode ser causada por diversos fatores, como trauma, ansiedade ou depressão. A distância emocional consegue afetar a sua capacidade de se relacionar com os outros, bem como a sua capacidade de se expressar emocionalmente. Se você sentir que está tendo dificuldades para se conectar com os seus sentimentos, ou que eles estão fora do seu controle, procurar ajuda profissional pode ser uma boa opção.

Os pais não são capazes ou não estão dispostos a expressar empatia, ou consciência emocional na relação com seus filhos. A habilidade de expressar e compreender as emoções é fundamental para um bom relacionamento, mas infelizmente nem todos os pais conseguem ter esse tipo de diálogo com seus filhos. Muitas vezes isso acontece porque os genitores não tiveram a mesma experiência emocional na sua vida e, portanto, não sabem como lidar com essas situações. Outras vezes, a falta de compreensão pode ser devido à dificuldade que alguns pais têm de expressar suas próprias emoções. Seja qual for o motivo, este é um problema sério que afeta de forma negativa a relação entre pais e filhos. A falta de diálogo sobre as emoções leva à distância emotiva entre pais e filhos e dificulta a criação de um vínculo significativo. Sem uma base sólida para se relacionarem, fica mais difícil resolver conflitos e lidar com as diferenças que inevitavelmente surgem no decorrer da vida.

Os pais não são capazes ou dispostos a dar espaço para a vulnerabilidade emocional de seu filho. Isso significa que eles não estão abertos para ouvir sobre os sentimentos tristes, ansiosos ou angustiados de seu filho. Em vez disso, eles no geral ignoram essas emoções ou as minimizam, dizendo à criança que elas precisam ser fortes e superar. Isso pode levar às crianças se sentirem inseguras e confusas sobre suas próprias emoções, pois aprendem que é inaceitável expressá-las abertamente. Como resultado, muitas vezes acabam guardando seus sentimentos dentro de si mesmas, o que pode levar a problemas mais graves como depressão e ansiedade na vida adulta.

Os pais não podem ou não estão dispostos a oferecer atenção à criança, exceto em caso de doença ou emergência. A falta de atenção dos pais pode causar problemas graves na criança, como baixa autoestima e comportamento antissocial.

Instabilidade Emocional

Instabilidade Emocional pode ser definida como um quadro clinicamente significativo de alterações emotivas, que se manifestam como uma tendência para aumentar ou diminuir o nível de excitação de forma brusca e imprevisível. A instabilidade emocional está relacionada a um funcionamento anormal do sistema nervoso, que afeta a capacidade de regulação da impulsividade e dos sentimentos. Pessoas com instabilidade emocional podem apresentar sintomas como irritabilidade, ansiedade, depressão, comportamentos impulsivos e descoordenação motora. Algumas vezes, esses sintomas podem levar à violência e até mesmo ao suicídio.

Os pais são propensos a reações exageradas a pequenos erros/inconveniências. Pais com o emocional instável tendem a ter reações exageradas a pequenos erros ou inconveniências. Isso pode ser devido a uma sensibilidade excessiva às críticas, à ansiedade ou a outras emoções negativas. Essas reações podem afetar negativamente os relacionamentos dos pais com seus filhos, causando estresse e conflito.

Os pais podem ser temperamentais, às vezes justos e gentis, outras vezes irracionais. Esses pais não são sempre consistentes nas suas ações ou nas suas emoções, o que pode tornar difícil para os filhos saberem o que esperar. Às vezes esses pais são carinhosos e atenciosos, mas outras vezes se mostram irritados e impacientes. Os pais emocionalmente instáveis podem ter dificuldade de lidar com as mudanças e os problemas da vida, o que significa que os seus filhos também podem enfrentar essas dificuldades.

FCW - #0211 - 061026 - C0 - 297/210/22 - PB - 9786500653557 - Matt Lamina

Os pais podem ficar zangados ou antagônicos em relação aos filhos em momentos de angústia emocional. Pais que sofrem de instabilidade emocional podem se sentir zangados ou hostis em relação aos filhos em momentos de angústia. Esses pais geralmente têm dificuldades para lidar com as suas próprias emoções, o que pode levar às suas reações exageradas e inapropriadas. Quando os pais estão passando por um período de stress ou ansiedade, é importante procurar ajuda profissional para garantir que possam lidar de forma adequada com os filhos.

Inflexibilidade Psicológica

Inflexibilidade psicológica é a incapacidade de lidar com mudanças ou situações novas de forma saudável. Alguém que sofre de inflexibilidade psicológica tende a se apegar às suas crenças e opiniões, mesmo quando elas não são mais relevantes ou adequadas. Isso pode levar à rigidez mental, ansiedade e estresse. A inflexibilidade psicológica também pode afetar negativamente as relações interpessoais, uma vez que dificulta a adaptação às perspectivas e comportamentos dos outros.

Os pais podem ser defensivos e relutantes em aceitar pontos de vista diferentes dos seus. Isso significa que eles tendem a se apegar às suas próprias opiniões e ideias, mesmo quando está claro que outras pessoas têm pontos de vista diferentes. Essa inflexibilidade pode levar os pais a serem menos capazes de ouvir o que os filhos têm a dizer, o que por sua vez pode criar problemas na relação pais-filhos.

Os pais podem não estar dispostos a aceitar fatos que contradizem suas opiniões. Isso significa que eles podem se recusar a ver a realidade, mesmo quando os fatos são claros. Eles tendem a se apegar às suas convicções, por mais absurdas que possam ser, e com isso levar à polarização das opiniões e à falta de diálogo.

Os pais podem não estar dispostos a refletir ou a olhar para o impacto de suas ações. Isso pode levar à tomada de decisões impulsivas, que tem potencial de causar danos irreversíveis às crianças. Esses pais podem se recusar a ouvir os conselhos dos outros, incluindo profissionais da área da saúde mental. Isso é capaz de prejudicar gravemente, as chances de uma criança receber o tratamento necessário, para lidar com qualquer problema de saúde mental que possa estar enfrentando.

Os pais podem ser muito rígidos e enraizados no pensamento preto e branco incapazes de aceitar novas ideias. Essas pessoas geralmente têm dificuldade em aceitar novas ideias, pois elas podem ameaçar sua visão do mundo. Inflexibilidade psicológica costuma estar relacionada a um rigor moral inflexível, o que significa que esses pais podem ter problemas para lidar com as nuances da vida. Em vez de ver as situações em termos de gradações de cinza, eles tendem a usar uma lente binária que os impede de ver qualquer outra coisa além do bem ou do mal.

Egoísmo

O egoísmo é uma tendência a pensar, a agir e a ter os seus próprios interesses em mente antes de qualquer outra pessoa. Os indivíduos egoístas podem ser vistos como aqueles que sempre querem o melhor para si mesmos e estão dispostos a fazer qualquer coisa para alcançar seus objetivos. Eles podem ser muito exigentes e controladores, às vezes até manipuladores. Podem ter dificuldades em lidar com as opiniões divergentes das outras pessoas e costumam ser egocêntricos.

Os pais podem usar seu filho como confidente, mas podem não ser capazes de cumprir esse papel para seu filho. Eles podem ter dificuldade em ouvir os problemas dos filhos e dar-lhes conselhos úteis, porque estão sempre focados nas suas próprias necessidades. Além disso, os pais egoístas costumam ser muito críticos e exigentes, o que pode deixar os filhos se sentindo inseguros e inadequados.

Os pais costumam dizer e fazer coisas sem pensar nos sentimentos dos outros. Isso pode machucar os sentimentos dos filhos, especialmente se eles são muito sensíveis. Quando os pais são egocêntricos, estão sempre se concentrando neles mesmos e esquecem de olhar para o lado. A vida é feita de relacionamentos e, se não estivermos dispostos a considerar os sentimentos dos nossos filhos, eles podem sofrer.

Os pais podem planejar conversas para girar principalmente em torno de seus interesses. Isso pode incluir ignorar ou minimizar as opiniões e os sentimentos dos filhos, bem como manipular a conversa para abordar apenas assuntos que lhes sejam favoráveis. Dessa forma, os pais egoístas estão impondo sua vontade sobre os outros e garantindo que as conversas façam sentido apenas para eles. Isso pode prejudicar gravemente o relacionamento entre pais e filhos, além de criar uma atmosfera de tensão e incerteza nas interações familiares.

Os pais podem ignorar ou não reconhecer o sucesso de seu filho levando à invalidação. Isso pode acontecer por diversos motivos: Talvez os pais estejam inseguros sobre sua própria capacidade de criar um bom vínculo com o filho, então preferiram não se envolverem. Ou talvez eles estejam tão concentrados em si mesmos, que simplesmente não percebam o progresso do filho. De qualquer forma, esses comportamentos podem ser bastante prejudiciais para a autoestima do jovem e minar a confiança dele no futuro.

Tipos de pais emocionalmente indisponíveis ou imaturos

Não existe apenas um tipo de pais com emocional indisponível ou imaturos. Na verdade, é difícil categorizá-los completamente em um grupo de arquétipos, pois sempre haverá algum cruzamento entre os diferentes conjuntos de comportamentos. Mas o modelo a seguir fornece uma base sólida para ser capaz de identificar por qual tipo de pais emocionalmente indisponíveis você pode ter sido criado e tentar se curar a partir de agora.

Os pais emocionais: Essa expressão está enraizada principalmente em sentimentos de instabilidade emocional, que resultam de uma sensação de ansiedade e nervosismo contínuos para aqueles que têm que interagir com eles. Seus humores podem ser intensificados ainda mais por serem desencadeados tanto por aqueles ao seu redor quanto pelos desafios gerais da vida. Este tipo de pais pode ser altamente impulsivos e agressivos.

Os pais motivados: Os pais motivados estão em constante estado de movimento perpétuo, tentando fazer com que tudo e todos estejam em conformidade com seus padrões.

Eles são propensos a projetar e imprimir seu(s) sistema(s) de crença nos outros por meio de conselhos, e acreditar que seu caminho é o único caminho. Eles podem parecer apoiar o sucesso, mas tentarão empurrar suas próprias ideias como uma forma de tentar viver indiretamente através de seu filho devido à sua própria educação.

Os pais passivos:

Esses pais podem ser considerados como tendo um estilo de apego evitativo. Eles tentarão evitar o confronto a todo custo e ter que lidar com emoções desagradáveis. No lado oposto do espectro, eles podem estar presentes em um sentido lúdico. Mas quando se trata de fornecer apoio emocional, eles podem se retrair e deixar de dar espaço para os problemas de seus filhos. Os pais passivos também são propensos a fornecer amor para se sentirem queridos e para satisfazer suas próprias necessidades emocionais.

Os pais rejeitados:

O tipo de rejeição é um dos mais abrasivos de todos os pais emocionalmente imaturos. Seu comportamento pode causar danos reais a seus filhos, resultando em muitos ferimentos centrais. Eles são propensos a serem retraídos, desdenhosos, condescendentes e antagônicos. Eles rejeitarão abertamente o desejo de atenção e afeto de seus filhos. Essa atitude faz com que pareçam ter fortes barreiras energéticas, o que também pode fazê-los se sentirem intimidados e distantes. Em casos mais extremos, esse tipo também pode ser fisicamente abusivo.

Como você reage a pais emocionalmente Imaturos?

Existem duas reações principais para pais emocionalmente imaturos, dependendo da personalidade da criança. Estes são internalização e externalização. Em termos simples, isso significa que, quando as coisas dão errado, os externalizadores culpam os outros pelo que está acontecendo, enquanto os internalizadores normalmente se culpam pelo que está acontecendo. No entanto, você pode experimentar respostas mistas, pois esse modelo de processamento mental existe em um espectro e não em um modelo dualista.

Respostas ao Trauma causadas por pais emocionalmente indisponíveis

Relacionamentos abusivos: Como alguém criado por pais emocionalmente indisponíveis, não tem o ponto de referência para o que é um relacionamento saudável, ele pode cair em padrões de relações disfuncionais em que é o agressor e a vítima, dependendo de sua criação e de sua capacidade de curar de sua negligência.

Incapacidade de declarar as necessidades: Como as necessidades básicas de um adulto sobrevivente de pais emocionalmente indisponíveis, não foram atendidas por tanto tempo como criança, além de serem rejeitadas quando solicitadas, pode haver um caso de não sentir que suas necessidades vão ser atendidas na idade adulta. Isso muitas vezes leva à retirada, desvalorização e não poder pedir aos outros que respeitem seus limites.

Necessidade: Este pode ser outro grande bloqueio. Como as necessidades da criança não foram atendidas por tanto tempo, o adulto sobrevivente de pais emocionalmente distantes está literalmente carente de atenção e afeto. Isso pode levar a uma super compensação, pois eles buscam suprir suas necessidades, que nunca foram atendidas antes, tornando sua dinâmica de relacionamento muito desigual e muitas vezes insalubre.

Transtornos de apego: Ser criado por pais emocionalmente ausentes ou imaturos também pode semear transtornos de apego, como apego ansioso, apego evitativo e evitativo com medo (apego desorganizado).

Codependência: Este pode ser outro padrão comum. Como não houve uma figura parental real, para modelar comportamentos positivos durante os anos de desenvolvimento, pode haver uma sensação de projeção em futuros amigos e parceiros, o que é capaz de levar a uma maior dissolução dos limites.

Agradar às pessoas: Muitos filhos de pais emocionalmente indisponíveis também recorrerão a agradar às pessoas como forma de satisfazer suas necessidades. Por estarem tão famintos de suas necessidades essenciais por tanto tempo, eles farão qualquer coisa para preencher o vazio deixado por sua criação.

Promiscuidade: Outra maneira pela qual as pessoas criadas por pais emocionalmente distantes descobrem que podem satisfazer algumas de suas necessidades é através do sexo. Isso pode criar tendências compulsivas, o que os leva a se inclinar para a gratificação instantânea porque nunca sabem quando suas necessidades serão atendidas de novo. Essa busca constante de imediatismo também pode levar ao vício em sexo.

Ciúme e Possessividade: Isso pode se desenvolver em relacionamentos platônicos e românticos. Como o filho de pais emocionalmente indisponíveis, finalmente cria uma conexão com alguém na idade adulta e parece ser estável, eles podem não estar dispostos a deixar essa pessoa por medo de serem abandonados.

Questões de autoestima: Também pode haver um senso de dignidade que decorre de nunca receber atenção ou afeto adequado de pais emocionalmente distantes. Se o amor nunca foi recebido durante os anos de desenvolvimento, isso cria o padrão de não ser amado, o que afeta muito a autoestima.

Como lidar com pais emocionalmente indisponíveis?

Primeiro, é necessário entender sua situação para ancorar que você é uma vítima das circunstâncias e que o tratamento ou não-tratamento que você recebeu de seus pais não é culpa sua. É importante se desapegar do condicionamento da vergonha de não ser amado ou indesejado. Então, a partir daí, você vê a situação de um ponto de vista mais objetivo sem que a carga de suas próprias emoções atrapalhe a ver por que você foi tratado e ainda é tratado do jeito que é.

O próximo passo é o reconhecimento de padrões, que exige conhecer o estilo de comunicação e a capacidade de seus pais. Uma vez que você pode ancorar na sua falta de presença, devido à sua falta de capacidade graças ao seu próprio trauma, fica muito mais fácil navegar no relacionamento e encontrar uma sensação de fechamento. Obter essa compreensão da situação de seus pais, embora não seja algo que você possa fazer na infância, torna-se muito mais fácil de realizar como parte de um processo construtivo de cura mais tarde na idade adulta. Não é sua culpa não ver isso na infância.

A chave para lidar e curar-se de uma criação de pais emocionalmente distantes é estar presente com o que está sendo compartilhado. Isso pode significar passar por um processo de luto, pois você percebe que seus pais nunca terão a capacidade de orientá-lo da maneira que você precisa. Mas o que é pior do que isso é viver na expectativa de que você consegue mudá-los. Infelizmente, você não pode e não deve querer mudar outras pessoas. Mas você pode mudar sua percepção deles entendendo sua história e como ela informa suas ações. Essa é a essência do processo de cura.

Foi isso que fiz com minha vida. Na minha "Jornada" precisei aceitar os pais que tinha, que eles eram dessa forma e que não iriam mudar. Foi um processo doloroso, mas que por não ter interrompido, consegui passar por ele e hoje estou liberta de ficar tentando mudá-los ou esperando que eles mudem. Por muito tempo chorei pelos pais que não tinha. Hoje agradeço a oportunidade de ter aprendido a ser um referencial diferente para minhas filhas. Como Alice Miller diz em seu livro O drama da criança bem-dotada: “A experiência nos ensinou que temos apenas uma arma duradoura em nossa luta contra a doença mental: a descoberta emocional e a aceitação emocional da verdade na história individual e única de nossa infância.”

O maior aprendizado que tive na minha jornada foi desaprender o que e quem me ensinaram a ser. Fui fazer terapia por um ato de imposição médica e graças ao Poder Superior por isso. Aprendi no processo terapêutico que precisava questionar as verdades absolutas e os dogmas que me haviam sido impostos. Foi assim que pude caminhar por um novo caminho, fora do padrão, e descobrir o meu verdadeiro potencial. Aprendi a pensar de forma independente e a tomar decisões baseadas em princípios, não em opiniões. Essa jornada foi extremamente difícil, mas valeu a pena.

Você merece o melhor

Você merece o melhor e não está errada em querer um amor que te olhe além de sua aparência física. Um amor que te veja como realmente é, por dentro e por fora. Que te valorize pelo seu caráter, personalidade e qualidades. Um amor que esteja disposto a enfrentar os desafios da vida ao seu lado. Esse é o tipo de amor que você merece e esse é o tipo de amor que você deve buscar. Você merece alguém que te perceba e que te valorize, alguém que esteja disposto a te compreender. Que esteja presente em sua vida para compartilhar bons momentos e apoiá-la nos mais difíceis. Alguém que te ame e esteja disposto a lutar pelo seu amor. Nunca aceite menos do que o seu coração deseja, pois o que está no seu caminho sempre achará um jeito de te encontrar. A vida é curta demais para perder tempo com coisas que não nos fazem felizes. Seja paciente e espere pelo que realmente merece, pois você merece o melhor!

Ele era obcecado pelo corpo

Frustrada com o encontro com Caíque, tentei me distanciar por cinco meses do chat da TIM, mas para quem tem o vício em conversar na internet, a abstinência é insuperável e suplicante. Embora tenha cometido erros ao frequentar esses bate-papos novamente, não resisti à compulsão e retornei com tudo. Porém, não tinha consciência de que minhas escolhas eram ruins e potencialmente perigosas, continuei me envolvendo em encontros impulsivos sem qualquer lucro para mim.

Às vezes eu implorava para que as meninas da república que morava guardassem o celular para mim. A minha obsessão era tão grande, que por muitas vezes desatava em uma crise. Mas elas não ficavam ali aguentando uma chorona dando surtos, então me devolviam o aparelho e a sensação de alívio era tão única que eu quase ficava enlouquecida. Meus pensamentos seguiam bem rápido para uma ilusória previsão: minha mente falava que eu talvez encontrasse um cara maravilhoso, que se apaixonasse por mim loucamente e isso me trouxesse a felicidade que tanto desejava. Na verdade, esses eram todos sonhos vãos! O único prazer real naquele momento era a chance de viver meu conto de fadas. Afinal, mais do que qualquer coisa na vida, sentia uma necessidade surreal em ficar conectada com aqueles homens que nunca tinha visto.

Ao regressar ao bate-papo, vi Maurício, que parecia ser uma pessoa gentil, divertida, educada e, após o drama vivido em Saquarema, não hesitei em inquirir se ele gostava de mulheres. Sua resposta veio rápido e com certeza: ele adorava! Pensei para mim mesma que seriam grandes as chances de me aproximar desse rapaz. Após toda essa experiência turbulenta, era claro que encontrar alguém tão incrível como Maurício era extremamente gratificante. As conversas entre mim e Maurício eram incríveis! Eu estava tão animada de passar os dias com ele, que a gente não conseguia parar de se falar. Ele ligava para mim todo dia, me convidando para nos encontrar e assumirmos um namoro. Eu sabia que tinha marcado minha sorte na loteria. As perspectivas eram tão coloridas que eu só queria me jogar de cabeça nessa relação incrível! A sensação era como ter acertado todos os números da loteria: ilimitadas chances para o sucesso!

Maurício tinha 30 anos e era um educador físico de mão cheia. Era dono de uma academia no RJ, um local que despertou em mim aquele medinho de quem odeia praticar exercícios, mas então decidi me colocar realista com relação as minhas imperfeições: estrias, celulite e flacidez — havia feito minha parte. Porém, como você não vai transar nem namorar com elas, tudo bem. Minha mente traduzia o tempo inteiro de que éramos perfeitos um para o outro.

Ele adorava conversar comigo, pois dizia que eu conseguia lhe animar e que precisava sair da armadilha do universo feminino das academias. Fiquei matutando se Deus estaria prestando atenção em mim e me traria alguém disposto a me amar dia a noite.

A minha mente começou a traduzir que eu e Maurício estávamos destinados um ao outro. Eu imaginava nos jogando na cama, embarcando numa jornada de rolar entre lençóis, me casando com ele, tendo nossos filhos e ele ainda me desejando depois de muitos anos. Porém, às vezes minha mente me mostrava a realidade e isso me enfurecia, mas dessa vez tinha certeza absoluta que havia algo especial entre nós; algo que transcendia o tempo e o espaço. Estávamos unidos pela paixão, uma ligação intensa que me fazia perder o ar. Acreditava firmemente que era exatamente assim: nosso destino seria selado em nosso encontro.

Passamos três meses conversando, eu me sentia extasiada de felicidade. Estava ouvindo a rádio quando a música “Eva” começou a tocar! Meu coração se apertou, comecei a chorar. Pensei para mim mesma: "Não é possível que ele também tenha algum problema. Não acredito, Deus! Se você pudesse pelo menos dessa vez fazer com que tudo dê certo... As coisas aqui estão bem complicadas para mim, não preciso contar toda minha história porque você já sabe que ela não é boa". Fiquei paranoica e andei de um lado para o outro sem parar. As garotas com quem morava ficaram apavoradas. Acendi um cigarro atrás do outro enquanto pensava: ele é perfeito! Gostará de mim? Vai me namorar? Será que nos amaremos e seremos felizes? Esperança era o que eu tinha dentro de mim naquele instante, mas tudo podia mudar num abrir e fechar de olhos porque a música “Eva” havia tocado. Sempre que ouvia essa música, sentia que algo terrível ia acontecer. Por isso, passava o tempo em casa e não saía para lugar algum quando estava tocando. Essa crença se desenvolveu a partir de uma pessoa que conheci um dia. Quando escutávamos juntas, ficávamos tensas e apreensivas. Depois disso, absorvi os medos dela e isso me atormentou durante muito tempo.

Eu estava extremamente ansiosa, quando minha amiga Elis chegou. Ela percebeu que eu estava nervosa e me abraçou. "Calma, mulher", disse ela. "Mas por que ficar assim tão aflita por alguém que você nem conhece?"

Respondi: "Vou pirar amiga, meu coração esta batendo fora do meu corpo!" Ela começou a rir e respondeu: “Não vai pirar nada, você só está ansiosa. No entanto, teria que estar com medo, afinal de contas, você decidiu sair sozinha para encontrar alguém desconhecido e sem saber se é mesmo ele quem está falando. Minha querida, isso é completamente insano! Você tem plena consciência dos riscos?" Elis me perguntou. Fiquei pensativa diante daquela observação. Aquilo fez todo o sentido do mundo. Eu sabia que tinha tomado uma atitude imprudente, mas não havia me dado conta de suas consequências reais naquele momento.

Respondi a Elis: "Não é que eu não sinta medo de nada, mas se eu arriscar, ele também arrisca. Eu poderia até mesmo ser considerada uma psicopata! Tirei minha navalha da bolsa para mostrar a ela e disse que se ele quisesse vir de graça, eu mal pensaria duas vezes antes de cortar o membro dele e sair correndo. Ela arregalou os olhos em espanto e exclamou: "Como já disse você está pirada! Precisa procurar tratamento com urgência". Com raiva lhe respondi: "Vamos ao shopping comigo comprar um vestido novo?". Ela me olhou incrédula e disse: "Meu Deus, mulher, você tem muitas roupas já! Ainda assim quer comprar outras?".

Eu respondi, com ódio: "Vamos aproveitar o dia e não vou ficar aqui discutindo. Se você não quer ir, eu vou sozinha, sem problemas. Não estou com disposição de discutir mais e você não tem autoridade para falar desse jeito comigo. Engraçado que quem está enrolando dois homens ao mesmo tempo é você, onde está sua moral?" Então Elis segurou sua língua e nós partimos para o shopping. Lá comprei um lindo vestido azul que combinava perfeitamente com uma sandália que já tinha em casa. No dia seguinte acordei bem animada, mas quando me veio à mente aquela música maldita, senti um aperto no coração. Mas agora era hora de me arrumar para sair: cabelo feito, unhas feitas... Coloquei o belo vestido azul e fui para nosso encontro no centro do Rio de Janeiro.

Maurício me ligou comunicando sobre seu carro um XSARA prata e que, segundo ele, seu coração estava disparado. Eu ri e disse que também sentia a mesma coisa. De longe pude ver o veículo chegando e aquela sensação de ansiedade me tomou por inteira. Quando o carro parou, saiu dele um homem muito bonito — eu quase desmaiei! Revirei os olhos pensando: "Deus, o senhor está de brincadeira comigo? Não pode ser Maurício!", mas ele sorriu e caminhou em minha direção; automaticamente exclamei "Uau, você é lindo!" Ele sorriu mais uma vez, deu um giro e disse: "Tudo seu!". Neste instante milhões de pensamentos cruzaram minha mente. Embora tenha achado a atitude dele rodar estranha, decidi não dar importância. Era óbvio que talvez ele tivesse algum defeito ninguém é perfeito!

Maurício era moreno e estava divinamente bronzeado pela exposição ao sol. Seus membros eram como se tivessem sido esculpidos, suas extremidades possuíam músculos bem definidos, mas nada extravagante. Seu torso estava marcado através da blusa, de forma que qualquer mulher no meu lugar ficaria boquiaberta com aquilo. Possuía barriga chapada e olhos castanhos claros, além dos cabelos negros e um sorriso colgate que o fazia parecer simpático e extremamente atraente sem exagerar. Foi então que eu me peguei pensando: “Meu Deus me dê força para admirá-lo sem me sentir mal!”. A única forma de descobrir o restante era tirando aquelas roupas para ver o que se escondia embaixo. Maurício me beijou e abraçou, e disse: “Vamos para Gávea” franzi a testa, porém não protestei. Ele falou comigo animadamente sobre diversos assuntos interessantes durante todo o percurso, tornando a conversa bastante alegre e agradável. Foi neste momento em que percebi: desta vez acertei! Graças a Deus!

Ele chegou lá na Gávea e, assim que parou o carro, me deixou um pouco tensa. Ele olhou para mim e disse: "Florinha, por que não tenta relaxar?". Ele pegou minha mão direita e colocou suavemente sobre sua barriga. Então, começou a me guiar em como falar com o seu corpo. Levando minhas mãos para baixo, ele pediu para que eu dissesse: "Ah, você é adorável, incrível! Que músculos maravilhosos! Uau, estou tão excitada com sua barriga tanquinho! Seus bíceps são de tirar o fôlego! As suas coxas torneadas me enchem de desejo! Ai, como você é perfeito!" Logo depois, ele pediu para eu dizer algo sobre sua barriga ser maravilhosa. Ao retirar a blusa do corpo que era exuberante e lindo, ele ordenou que eu dissesse que ele era incrível. Por fim, ele tirou a bermuda e ficou nu diante de mim. Eu fiquei paralisada!

Nesse momento, só a horrenda música entrava em minha mente e o desejo de ter uma lupa para enxergar o que não se podia ver com os olhos. Ele cuidadosamente agarrou seu mini membro e, a cada vez que eu repetia tudo o que ele mandou — que seus peitorais me excitavam, que sua barriga era magnífica — ele ficava cada vez mais estimulado. Eu ali parada, com cara de trouxa, observando aquela criatura nuazinha realizando aquilo comigo e eu servindo de locutora. Logo após gozar, ele tomou as minhas mãos e passou-as por todo seu corpo enquanto eu tinha que recitar todas aquelas frases novamente. A situação parecia saída do próprio inferno, gélido misto de nojo e desconforto eram sentidos por mim durante toda essa experiência horrível.

Quando sua apresentação chegou ao fim, ele se vestiu tranquilamente e disse que eu era o tipo de mulher que ele gostaria de ter. Eu fiquei em estado de choque e não conseguia pronunciar uma palavra sequer, mesmo tentando desesperadamente. Me deu uma enorme vontade de pegar minha navalha e cortar o pouco daquilo que ele tinha no centro das pernas. Contudo, eu simplesmente fiquei paralisada sem saber como reagir. Só queria sair dali correndo, me afastar daqueles pensamentos horríveis que passavam por minha mente. Desejava nem falar algo a respeito, sentia tanto nojo dentro de mim que tive que pedir para ele parar o carro para que eu pudesse vomitar.

Ele tentou me contatar inúmeras vezes, mas eu não atendi nenhum de seus telefonemas e também não quis mais conversar com ele. Quando lembrava dele me pegando pelas mãos e passando por todo seu corpo, sentia nojo e meu estômago se revirava. Minha amiga Elis veio conversar comigo para saber o que estava acontecendo. Resolvi desabafar tudo o que tinha preservado dentro de mim durante tanto tempo. Falei que meu destino era viver sozinha, pois apenas pessoas loucas cruzavam o meu caminho. Disse a ela que eu era bonita, legal e às vezes falava bobagens, mas todos possuíam defeitos. O que realmente desejava para mim mesma era conseguir ser feliz ao lado de alguém, amá-lo e ser amada da mesma maneira. Entretanto, nem tudo saia como tinha em mente, por isso eu me encontrava decepcionada por ter sonhado demais. Enquanto Elis enxugava minhas lágrimas e passava a mão em minha cabeça para acalmar minha tristeza, refletia sobre as razões de tantos sofrimentos na minha vida. Por que isso acontece comigo? Será que mereço conhecer pessoas complicadas? Ela então disse: "Você precisa se acalmar, você só está aborrecida por causa dos seus planos não darem certo". Fiquei ali com meus pensamentos chorando e tentando entender o porquê fazia aquilo comigo, porque eu me colocava tanto a mercê de pessoas desequilibradas.

Experiências repetitivas é sinal de lições que recusamos a aprender. Aprender com as experiências vividas, sejam elas boas ou más, é uma das formas mais eficazes de nos desenvolvermos. Porém, em alguns casos, acabamos por não aproveitar aquilo que se nos oferece e acabamos por cometer os mesmos erros. Esta recorrência de circunstâncias pode significar que há lições que precisam ser aprendidas. Então, ao nos depararmos com situações similares em momentos distintos da vida, é importante refletir sobre o motivo pelo qual estamos passando por aquela experiência novamente e se necessitamos mudar algum comportamento para evitarmos tal episódio. Aprender com os erros do passado é a melhor maneira de não repetirmos tais condutas no futuro. Além disso, essa recorrência constante também pode nos trazer respostas para questões fundamentais sobre nossa existência. Logo, qualquer experiência nos ensina algo novo sobre nós mesmos e sobre a vida a cada momento. É fundamental vivenciarmos cada instância do nosso dia a dia, para crescermos enquanto seres humanos e atingirmos um equilíbrio dentro de toda essa jornada chamada vida.

Nessa época, eu não conseguia aprender nenhuma lição útil, era como se tivesse que me deprimir cada vez mais. Meus desejos me puxavam para a escuridão da tristeza profunda a cada experiência vivida. Minha codependência emocional vinha se tornando mais severa a cada dia que passava. Não resistindo às tentações, volta e meia eu caía em abismos ainda mais profundos, com minhas compulsões indo acima de minha própria compreensão. A dependência afetiva ia se tornando cada vez mais intensa, sem nenhuma possibilidade de resolver os embaraços encontrados nas complexidades vazias que existiam dentro do meu interior. À medida que o tempo passava, minha dependência emocional aumentava e a consciência de um abismo indescritível crescia no meu âmago. Tentei fugir desse infinito vale de lágrimas entre mim e meu objeto de desejo, mas não tive sucesso, pois havia um poço profundo sendo construído ali há muito tempo.

Estava aterrorizada e me sentia desamparada. Foi necessário um grande esforço dos profissionais que cuidaram de mim e da forma como enfrentei todas as circunstâncias. Precisei lutar contra minhas obsessões, particularmente contra o forte anseio de ser amada a qualquer custo. O trabalho dos terapeutas foi significativo: me permitiram olhar para dentro de mim mesma, compreender que existiam outras opções além de buscar o amor por qualquer custo. Isso contribuiu para que eu encontrasse segurança em minha própria essência, em vez de procurar pela estabilidade nos relacionamentos externos. Mudanças internas reais dependem do empenho para abandonar os padrões destrutivos e adaptar-se a novas perspectivas.

ECW - #0211 - 061025 - C0 - 297/210/22 - PB - 9786500653557 - Mat

Pulsão de vida e Pulsão de morte

Nosso comportamento e atitudes são influenciados por dois princípios psicológicos básicos: a pulsão de vida (Eros) e a pulsão de morte (Thanatos). Esses princípios, descobertos pelo psicanalista Sigmund Freud, podem explicar, de forma simples, por que muitas vezes nos comportamos de maneira diferente, mesmo quando nossas intenções são boas.

Aplicações Práticas da Pulsão de Vida (Eros) e Pulsão de Morte (Thanatos)

A Pulsão de Vida (Eros) e a Pulsão de Morte (Thanatos) são dois dos principais instintos que influenciam o comportamento humano. Ambos estão sempre em jogo e podem ser vistos em todos os aspectos da vida, desde as relações interpessoais até as mais profundas questões existenciais. Enquanto a Pulsão de Vida pode ser percebida como aquela que nos impulsiona para buscar o amor, a felicidade, o desejo e a ligação com o outro, a Pulsão de Morte é aquela que nos força a buscar padrões de segurança, proteção e estabilidade. Assim, para ter sucesso na vida, é importante encontrar um equilíbrio entre essas duas forças. O Eros nos fornece a energia necessária para a criatividade, a inovação e a expansão, enquanto o Thanatos nos impede de avançar sem planejamento e proteção. Ao usar essas duas pulsões em conjunto, podemos alcançar um ótimo resultado na vida diária.

Descobertas de Sigmund Freud sobre Eros e Thanatos

Eros representa o instinto de vida e as forças do amor, enquanto Thanatos representa o instinto de morte e as forças da destruição. Freud acreditava que esses dois instintos estavam em constante luta dentro de nós. Eros buscando satisfazer nossos desejos, enquanto Thanatos buscando reprimi-los.

Embora esses instintos possam ser difíceis de controlar, a descoberta de Freud sobre Eros e Thanatos incentiva as pessoas a tomar consciência desses impulsos e encontrar formas de equilibrá-los. É importante reconhecer que esses instintos são fundamentais para a saúde mental, pois são responsáveis por nos motivar para buscar o que queremos na vida e nos dão os meios para alcançá-los.

O Significado de Eros e Thanatos

Eros e Thanatos são dois conceitos filosóficos antigos que ainda nos ajudam a entender melhor o significado da vida. Eros é a força vital da vida, responsável por nossa energia criativa, paixão e amor. É a força que nos motiva a querer as coisas mais profundas da vida. Por outro lado, Thanatos é a força da morte, responsável por nossas necessidades de destruição, desespero e tristeza.

Essas duas forças são necessárias para nosso equilíbrio emocional. Sem Eros, não teríamos energia criativa ou o desejo de viver uma vida plena. Sem Thanatos, não teríamos o poder de enfrentar as dificuldades que vêm com a vida e aceitar nossa própria mortalidade.

Apesar de serem opostos, Eros e Thanatos trabalham juntos para formar um equilíbrio emocional saudável. O equilíbrio entre essas duas forças leva a um profundo entendimento do significado da vida e do nosso lugar no mundo. Quando esses dois lados são compreendidos, somos capazes de encontrar significado e satisfação na vida, mesmo nas mais difíceis das circunstâncias.

Como os dois princípios psicológicos nos influenciam?

Os princípios da psicologia são fundamentais para entendermos como nosso comportamento é influenciado. O primeiro princípio é o da motivação, que diz que todas as ações que fazemos são guiadas por nossas necessidades, desejos e objetivos. O segundo princípio é o da percepção social, que diz que somos influenciados pelo que vemos e ouvimos ao nosso redor.

Ambos os princípios têm um impacto profundo em nossas decisões e atitudes. Por exemplo, quando somos motivados por uma necessidade, tendemos a procurar soluções para satisfazê-la. Da mesma forma, quando somos expostos a opiniões ou comportamentos de outras pessoas, isso também pode influenciar nossas decisões e atitudes. Além disso, os dois princípios estão intimamente relacionados. A motivação tem um impacto na percepção social, pois influencia o que prestamos atenção e como interpretamos as informações à nossa volta. Por outro lado, a percepção social também afeta a motivação, pois nos influência a desenvolver novos desejos e necessidades.

Portanto, é importante entender como os dois princípios da psicologia afetam nosso comportamento. Reconhecer esses princípios nos ajudará a tomar melhores decisões e ter uma vida mais saudável e equilibrada.

Equilibrando as Forças Vida-Morte: Harmonia das Dinâmicas

A vida e a morte são duas forças inabaláveis, inseparáveis. Elas formam um ciclo contínuo de renascimento, mas com a crescente urbanização e industrialização, temos visto um desequilíbrio entre essas forças cósmicas. É preciso entender que não podemos separar esses dois extremos — eles são parte de uma dinâmica harmonia.

Se quisermos manter o equilíbrio dessa dinâmica, é necessário reconhecer que o nosso papel na Terra é manter a harmonia entre esses dois extremos. A vida e a morte são parte de uma grande conexão que mantém o mundo vivo. Não é possível separar a luz da escuridão, a lua da manhã, ou a noite da tarde. Para que haja equilíbrio, precisamos entender que todas essas forças estão conectadas.

É possível alcançar esse equilíbrio através de práticas como meditação, mindfulness, yoga e outras formas de autoconsciência, podemos nos conectar às nossas próprias energias e buscar o equilíbrio entre as forças vida-morte. Esta conexão nos permite compreender como as nossas vidas se relacionam com os outros seres vivos e como podemos ser responsáveis por nossas escolhas e ações na Terra.

O equilíbrio dessas forças é fundamental para alcançarmos uma verdadeira harmonia na Terra. Aprendendo a aceitar as mudanças de vida e morte como parte de um todo maior, poderemos encontrar nosso caminho para um futuro mais saudável e sustentável.

Portanto, Eros e Thanatos são dois princípios psicológicos básicos que nos ajudam a compreender por que muitas vezes reagimos de maneira diferente. Em última análise, é importante encontrar um equilíbrio entre os dois princípios para obter harmonia em nossa vida. É aqui que entram as descobertas de Sigmund Freud sobre esses princípios psicológicos, pois ele forneceu uma base teórica para melhorar nossa consciência deles. Como resultado, temos uma grande variedade de aplicações práticas da pulsão de vida (Eros) e da pulsão de morte (Thanatos). Se você quiser se beneficiar destes princípios e tornar sua vida mais equilibrada, recomendamos o uso da técnica conhecida como “Mindfulness”. Esta técnica tem sido amplamente utilizada para disciplinar as mentes humanas e permitir-nos controlar melhor nossas reações às situações estressantes. Por isso, comece hoje mesmo a colocar em prática essa ideia!

Aprenda que o amor não dói

Aprenda que o amor não dói, não te humilha, não te faz ser menos como mulher e ser humano, mas sim traz à tona sua melhor versão. É uma libertação poder ser você mesma, sem medo de julgamentos ou preconceitos. Amor é um sentimento abrangente e poderoso que transcende a relações românticas. O amor é generoso, compassivo e incondicional, ele nos eleva acima de nossas limitações e nos permite ver o mundo através de novos olhos. O amor nos dá força para enfrentar os desafios da vida com coragem e determinação, ele cura as feridas do passado e nos dá esperança para um futuro melhor. O amor é a chave para a felicidade e a realização plena em todas as áreas da nossa vida.

Em quarenta e dois anos de vida, nunca havia amado de forma saudável. Quase todos os meus relacionamentos foram imersos numa grande fúria passional. O relacionamento me matava por dentro, mas eu continuava ali, me destruindo. Eu sempre achei que o amor era suposto ser assim: uma paixão avassaladora que nos consumia por completo. Era quase como se o amor fosse uma doença, algo que nos dominava e nos controlava. Não importava quantas vezes eu me machucasse, eu sempre voltava para mais um pouco daquela dor insana. Até que um dia, finalmente compreendi que estava errada.

O amor não precisa ser tão complicado ou intensamente emotivo. Pode simplesmente ser saudável, feliz, tranquilo, uma coisa boa que enriquece a nossa vida a cada dia, em vez de nos destruir lentamente por dentro. Agora entendo que é possível ter um relacionamento cheio de respeito, consideração e cuidado mútuo — algo em que as duas pessoas se elevam mutuamente em vez de se despedaçarem. É isso o que todos merecemos, independentemente de onde estejamos na nossa jornada até encontrar esse tipo de amor verdadeiro.

Foram quatro décadas de minha vida aprendendo que o amor bate, espanca, traí, mente, machuca e é capaz de matar. Na maioria das vezes estava morrendo por dentro e afirmando que estava tudo bem, mas não estava. Sobrevivi aos abusos físicos e psicológicos pelo qual passei na infância e adolescência; sobrevivi às relações tóxicas em que me envolvi depois disso; sobrevivi a um relacionamento abusivo que durou anos e me deixou com cicatrizes profundas. Aprendi a me amar no processo. Aprendi a me cuidar. Aprendi a dizer “não”. Aprendi a ser forte. Aprendi que sou merecedora de amor verdadeiro, respeito e consideração. E agora vou passar o resto da minha vida buscando essas coisas — para mim mesma e para as mulheres com as quais divido este mundo.

Amor para mim nunca foi escolha, era uma necessidade que doía dentro de mim. Você tem ideia do que é não saber se colocar como prioridade? Não sabia como me escolher, me amar, me respeitar, me direcionar, me acolher e me valorizar, a única linguagem que conhecia se chamava sofrimento. Tudo porque ninguém nunca teve esse cuidado comigo, nunca tive um modelo de amor saudável para seguir e acabava sempre atraindo pessoas tóxicas para perto de mim. Quantas vezes chorei, me senti triste, humilhada e perdida. Parecia que não havia chão para mim. Perdi as contas de quantas vezes me senti abandonada e fiz de tudo para não sentir a dor do abandono. Não queria admitir que estava sozinha, mas a solidão parecia inescapável. Tentei preencher o vazio com atividades, colegas, bebidas e namorados, mas nenhuma coisa conseguia tirar aquela sensação de completo desamparo.

Quantas vezes cedi a pressão para ter uma relação sexual apenas para agradar o outro, em vez de realmente desejar o ato? Seria muito mais gratificante se pudéssemos ter relações sexuais somente quando ambos estamos de acordo, certo? Além disso, quantas vezes tentei suprimir meus verdadeiros pensamentos e sentimentos só para manter a paz? Eu sei que às vezes é difícil falar sobre nossos verdadeiros medos e preocupações, mas no final das contas acabamos nos machucando mais se os suprimimos. Seria melhor se pudéssemos expressar abertamente nossos sentimentos uns com os outros, mesmo que haja algum dissabor no início.

No entanto, quem me olhasse de fora jamais imaginaria que dentro de mim, existia tanta dor e desespero. Ninguém percebia a luta que travava diariamente para manter a aparência impecável e esconder minha verdadeira natureza. Tentando sorrir sempre, fingindo ser feliz, mas na verdade estava à beira do abismo. A vida não era fácil para mim, tudo parecia estar cada dia mais difícil e pesado. Sentia-me sozinha no meio de uma multidão e às vezes tinha vontade de sumir do mundo. Ninguém entendia como me sentia e isso só tornava as coisas ainda mais difíceis para lidar.

Era uma ótima conselheira para as colegas, mas era minha pior inimiga. Na verdade, não me achava merecedora de nada, a voz incessante do meu pai "você é uma infeliz" me torturou por anos. Sempre procurei o consolo nas palavras das outras pessoas, mas nunca consegui encontrar naquelas palavras o que realmente precisava. Apenas ouvir aquela frase ecoando na minha mente sem parar me fazia sentir um profundo desespero e tristeza. Essa voz incessante do meu pai se tornou uma crença limitante na minha vida. Sempre que ouvia aquela voz, lembrava-me de todas as vezes em que fracassara, era como se aquele som fosse um sinal de advertência, dizendo-me para não tentar algo novo ou para não sonhar muito alto. Isso me fez perder a confiança em mim mesmo e acabou por afetar negativamente a forma como conduzi a minha vida.

A codependência emocional é baseada em crenças falsas e disfuncionais que são aprendidas com nossos pais e nosso ambiente. Ela nos impede de ter relacionamentos saudáveis e nos faz sentir ansiosos, inseguros e inadequados. Essa programação que tinha esmagava meu ser. A vergonha tóxica que sentia só aumentava meu sentimento de inadequação e incompletude.

É fundamental para a recuperação da codependência que separemos a realidade e do que é a verdade que achamos. Isso significa que precisamos aprender a distinguir o que é verdadeiro e bom para nós, do que é falso e prejudicial. Infelizmente, na vida, nem sempre é fácil fazer essa distinção. Muitas vezes acreditamos em coisas que nos causam danos, porque nos foram ensinados desde pequenos ou porque são repetidas pelo mundo à nossa volta. No entanto, se queremos sarar e crescer como pessoas, temos de abrir os olhos para as verdades reais e deixar de lado as crenças falsas e daninhas. As crenças desempenham um papel importante na forma como pensamos, nos sentimos e agimos. Crenças geram pensamentos, que geram sentimentos e logo a seguir ações.

Elas podem ser positivas (por exemplo, “Eu sei que posso conseguir isso”) ou negativas (“Não sou merecedora de amor”). As crenças também podem ser flexíveis (podemos mudá-las se precisarmos) ou rígidas (nos sentimos incomodados quando algo vai contra elas).

Nossos pensamentos e sentimentos são importantes pistas para as crenças subjacentes que nutrimos. Por isso, é sempre válido examiná-las com atenção. Certas crenças podem nos limitar ou até mesmo causar sofrimento, e essa autoanálise pode ajudar-nos a identificá-las e trabalhar para modificá-las.

Outra maneira de ganhar autoconsciência é perceber como você julga as pessoas. Você pode começar a notar padrões em seus pensamentos e sentimentos quando você está vendo os outros, especialmente aqueles que são diferentes de você. Isso pode incluir coisas como julgamento moral, físico ou intelectual. Pode ser útil questionar esses julgamentos para entender melhor por que você os tem. Talvez você possa descobrir que eles estão baseados em crenças ou experiências antigas que não fazem mais sentido para você. Ou talvez seja apenas uma forma de autoproteção, para manter sua própria insegurança escondida. De qualquer forma, tomar consciência dos seus próprios padrões de pensamento e questioná-los pode ajudá-lo a se tornar mais consciente de si mesmo e da maneira como você percebe o mundo ao seu redor.

As críticas e declarações que desvalorizam as crianças podem afetar profundamente o seu senso de identidade e valor. Essas crianças podem começar a questionar se são suficientemente boas ou capazes, e isso pode ter um impacto significativo na sua autoestima. Além disso, esses ataques podem minar a confiança que elas têm em si mesmas e nos outros, o que pode levar a problemas de comportamento e socialização no futuro.

As crianças lidam com muitas críticas ao longo de sua vida, desde os pais e familiares até os amigos e colegas. A maioria dessas críticas é construtiva e visa ajudar a criança a se tornar uma pessoa melhor, mas às vezes as pessoas podem ser muito duras e as desvalorizarem por qualquer coisa. As frases abaixo são alguns exemplos de críticas que podem ser extremamente prejudiciais para o ego de uma criança:

— "Você não faz nada direito".

— "Você é muito fresca".

— "Você não serve para nada".

— "Você é feia e gorda".

— "Você é burra".

— "Quem você pensa que é para falar comigo assim?"

O que você aprende com seus irmãos e colegas pode ter um grande impacto em sua formação de crenças. As experiências que você tem com figuras de autoridade também podem moldar sua visão do mundo. Além disso, as mensagens que recebe da cultura, da sociedade e das religiões a qual pertence também podem influenciar fortemente suas crenças.

Quando reagimos de forma exagerada podemos questionar por que estamos nos comportando de forma tão intensa e se há alguma verdade em nossas percepções. Talvez estejamos interpretando mal a situação ou as intenções da outra pessoa. Ou talvez estejamos reagindo a uma crença (uma palavra ou ação que lembre de algo ruim que já aconteceu no passado). Se conseguirmos identificar esses gatilhos, podemos trabalhar para processar e superar o trauma subjacente, o que nos permitirá responder de maneira mais saudável às situações presentes. Por exemplo, se alguém desmarcar um encontro com você, você pode se sentir magoado ou envergonhado. Você pode achar que eles não gostam de você ou que você fez algo errado. Talvez você sinta raiva porque eles não tiveram consideração para com os seus sentimentos.

As crenças que codependentes emocionais tem são comuns e podem ser muito difíceis de lidar. Uma dessas crenças é: que as críticas de outras pessoas são verdadeiras. Isso pode ser especialmente difícil se você está constantemente sendo criticado pelos outros. Você pode começar a acreditar que não é bom o bastante, ou que sempre faz tudo errado.

As pessoas não vão gostar de mim se eu cometer um erro. Eu sou responsável pelos sentimentos dos outros. Se as pessoas me criticarem, é porque há algo errado comigo. Preciso da aprovação dos outros para ser feliz.

O amor é algo que precisa ser conquistado. Isso significa que as pessoas com este tipo de dependência emocional acreditam que precisam fazer algo para merecer o amor e atenção dos outros. Essa crença pode levar a um comportamento extremamente manipulador, já que as pessoas irão sempre buscar maneiras de obter o afeto dos outros.

Eu não mereço amor e sucesso. Essa crença é muito limitante e pode impedir que a pessoa se relacione de forma saudável com os outros. Isso acontece porque ela acaba se afastando daqueles que ama, pois acredita que não merece o amor delas. Além disso, essa crença também pode levar a pessoa a buscar constantemente o reconhecimento dos outros, o que pode ser muito cansativo para todas as partes envolvidas.

Meus desejos e necessidades devem ser sacrificados pelos outros. Sou responsável pela felicidade e bem-estar dos outros. Não sou capaz de cuidar de mim mesmo/a minha vida é incontrolável. Preciso da aprovação dos outros para me sentir valorizado/a. Devo controlar os outros para me sentir seguro/a.

Preciso ser amado e aprovado pelos outros para me sentir bem. Isso faz com que esses indivíduos sejam extremamente dependentes dos outros, o que pode causar problemas em sua vida. Além disso, as pessoas com codependência emocional tendem a ser muito sensíveis às críticas e às opiniões alheias. Isso pode fazer com que elas se sintam facilmente feridas e maltratadas.

A opinião de outras pessoas tem mais peso do que a minha. Eu tenho que ser perfeito para todos. Todos os outros são melhores do que eu sou. Ninguém nunca vai me amar de verdade. Sempre vou ficar sozinho (a). Sou responsável pelas ações dos outros. Tenho que controlar o comportamento de todos para não fazerem nada errado. As pessoas vão me abandonar se eu não estiver sempre perto delas e disponível para elas.

Eu só sou adorável se um parceiro me ama. Isso significa que eu devo estar sempre à procura de um relacionamento para me sentir adorável, ou então vou me sentir muito sozinho e triste. Também significa que devo fazer tudo o possível para manter esse relacionamento, mesmo se isso sacrificar minhas necessidades ou colocar a outra pessoa acima de mim.

Uma grande parte dos codependentes são perfeccionistas. Eles podem desenvolver padrões elevados para si mesmos e para os outros, na tentativa de evitar a sensação de inadequação. No entanto, esses padrões raramente são alcançados, o que leva a um sentimento constante de insatisfação. Os codependentes também tendem a ser muito críticos, tanto consigo mesmos quanto com os outros. Acreditam que sempre precisam estar no controle e ter tudo sob controle. Isso pode causar estresse e ansiedade excessivos, além de dificuldades em relacionamentos interpessoais saudáveis.

Vamos praticar a recuperação?

Não basta somente ler ou frequentar grupos de codependentes emocionais. A mudança real exige que você se arrisque a se comportar de maneira diferente. Isso pode significar assumir riscos, enfrentar medos e inseguranças, lidar com a rejeição e o fracasso, e aprender a viver de maneira mais autêntica. Para muitas pessoas, isso significa passar por um processo de terapia ou outro tipo de tratamento para confrontar os problemas subjacentes à codependência. No entanto, também é possível fazer alguns pequenos ajustes no seu comportamento para começar a melhorar as relações com os outros e minimizar o drama e o conflito em sua vida.

Mude a forma de pensar e falar sobre si mesmo. Esteja sempre atento aos seus pensamentos e à forma como fala de si mesmo. Se notar que está tendo pensamentos negativos ou que está sendo duro consigo mesmo, pare imediatamente e mude para pensamentos e palavras mais positivos. Lembre-se de que, o que você pensa e diz de si mesmo tem um grande impacto em como se sente e no tipo de vida que leva. Então, encha sua mente com pensamentos bons e construtivos sobre si mesmo para ter uma vida melhor.

Atenda suas necessidades. Você pode não ser capaz de resolver todos os seus problemas sozinho, mas há sempre algo que você pode fazer para melhorar a situação. Seja proativo e busque ajuda quando precisar. Procure aconselhamento de um profissional para tratar das questões que estão afetando sua vida. Cuidar de si mesmo é importante, então tome as medidas necessárias para atender às suas necessidades.

Seja autêntico. Se você expressar quem realmente é, isso será uma ótima maneira de lidar com a vergonha. Você não precisa se esconder atrás de uma máscara ou fingir ser algo que não é. A autenticidade é a chave para superar a vergonha e mostrar sua verdadeira essência.

Tome medidas para fazer o que você realmente quer. Não deixe os obstáculos ou as dúvidas dos outros te impedirem de alcançar seus objetivos. Acredite em si mesmo e lute pelo que deseja conquistar. Seja corajoso e enfrente todos os problemas com determinação. Nunca perca a esperança de dias melhores e continue sempre em frente, persistindo até o final. Tenha uma mentalidade vencedora e não permita que nada nem ninguém interfira no seu caminho para o sucesso.

A chave para melhorar e aprender é a prática. Com a prática, você pode abrir muitas portas que de outra forma permaneceriam fechadas. Aprender através da prática significa ter a oportunidade de experimentar as coisas por si mesmo e descobrir como funcionam. Quando você pratica, tem a chance de testar suas habilidades e ver o que funciona melhor para você. Também é importante lembrar que a prática não faz perfeito — tudo o que podemos esperar é constantemente nos tornarmos um pouco melhores do que éramos antes.

Manter-se em movimento te empodera. A constância é uma virtude que nos dá força. Ela nos mantém firmes em nossos propósitos, nos ajuda a vencer os obstáculos e nos torna mais resistentes às adversidades da vida. A constância é o segredo do sucesso de todas as grandes conquistas. Sem ela, não seríamos capazes de alcançar nossas metas nem de realizar nossos sonhos.

Viva Intensamente

Foram vários ensaios tentando me matar, agradeço todos os dias por nenhum deles terem dado certo. Esse texto é para você que perdeu a esperança de viver intensamente.

Hoje sinto um forte desejo de ir embora, mas cai num profundo sono e acordei em lugar onde existia uma profunda dor, com muita dificuldade de andar senti o cheiro de jasmim invadir aquele lugar escuro e frio. Como num piscar de olhos alguém havia me levado para meu futuro e ele era lindo, porém aquela menina que cheirava jasmim me entregou uma flor e me disse: Volta, não chegou sua hora aprenda com tudo que te aconteceu e compartilhe com quantas pessoas for necessário. Você é luz, todos vocês são!

Nesse dia estava planejando matar meu ex-marido, pois achava que tudo que estava acontecendo seria diferente se ele não existisse, tomei vários comprimidos para não sentir a dor que cortava minha alma e tive esse sonho, voltei sentindo um forte desejo de mudar minha vida.

Para te ajudar a viver intensamente leia todos os dias essas palavras de transformação, movimento, esperança e entrega. Se possível compre óleo aromático de jasmim e gerânio. Sempre que for ler, passe o jasmim no alto da sua cabeça, seu estômago, na planta dos seus pés, o gerânio passe no seu coração, na sua nuca e no seu umbigo e no seu terceiro olho.

Fale em voz alta e depois repita silenciosamente: Saberei tudo no tempo certo, respeitarei meu processo, você pode começar visualizando como quer se sentir por mais confuso que seja, reflita sobre qual caminho seguir, tudo bem se você ainda não tiver a resposta.

Sinta seu corpo, pense em como é maravilhoso ver um pássaro livre e seja ele, se veja voando nos céus, sinta a alegria de voar, sinta sua mente expandir, sinta a conexão com algo maior que você. Deixe o vento bater em seu rosto e liberar a pressão das expectativas e comece a pensar como é bom sentir esse vento trazendo mudanças. Continue voando nesse céu azul, agora respire profundamente e solte o ar pela boca calmamente e nesse momento todos os rótulos caem, você permite que a energia da descoberta ocupe espaço dentro de você e na sua vida.

Abrace o desconhecido e se aproxime de quem você é de verdade. Viver é um constante desafio de abraçar o que é desconhecido e se aproximar de quem você realmente é. É natural ter medo do que é diferente, especialmente quando não sabemos muito sobre isso. Mas às vezes, temos que nos forçar a sair da zona de conforto para crescermos como pessoas. Isso significa experimentar novas coisas, conhecer novas pessoas e aprender sobre outras culturas. No final, Só podemos chegar perto da verdadeira essência das coisas se estivermos dispostos a enfrentar o desconhecido.

A cada respiração repita:

Eu sou amor, nesse momento estou fazendo o melhor com a consciência que tenho.

Eu deixo de lado o que eu acho e o que todas as pessoas acham. Eu deixo ser o que é.

Estou disposta a ver as coisas sob uma nova percepção.

Ouço as batidas do meu coração e ele diz que quer saborear a vida intensamente, eu confio no conselho desse grande amigo.

A alegria que vejo nas pessoas é possível para mim.

Estou totalmente aberta à magia que cada novo começo traz para minha alma.

Estou conectada nesse instante com a pessoa que quero ser e com a vida que quero viver.

Celebro todo esse apoio, de onde quer que ele venha, estou profundamente receptiva a todas as fontes de inspiração.

Tudo que preciso está dentro de mim, dentro deste momento único sendo sustentado por minha respiração.

Minha jornada é meu direito de nascença, respeito tudo que consegui ser até agora e tudo que ainda vou cumprir com orgulho.

Eu estendo meus braços para ti completamente, descanse, a vida te espera de braços abertos.

É nas pausas que os milagres acontecem, eu confio no que vem a seguir.

A partir de agora: Quero fazer mais do que sobreviver, estou aprendendo que tenho o lindo dom da escolha.

Eu importo sim, o que penso importa e muitas coisas começam a desenrolar a partir daí.

Eu posso escolher como enfrentar a minha vida, eu escolho o amor ao invés do medo.

Estou autorizada a muda de ideia, estou disposta a tentar novamente, minha vida importa sim.

Eu sou minha própria guardiã, como me sinto e faço as outras pessoas sentirem importa sim.

Tudo faz sentido agora, estou totalmente aqui.

Trauma Transgeracional

Herdamos nossas condições genéticas através de nossas famílias. A aparência física é um dos aspectos que podemos herdar, assim como certos traumas psicológicos. É por isso que muitas vezes nos vemos obrigados a decifrar nossa árvore genealógica para compreender de onde vêm esses traumas e quais são os fatores que influenciaram a formação da personalidade de cada um.

Alguns eventos vividos são passados em silêncio e isso me lembra de um filme da Disney, a história da família de Maribel no filme "Encanto". Essa família tinha uma regra de não falar sobre um membro chamado Bruno. Me identifiquei bastante com ele numa certa época de minha história. Embora a família tente esconder as situações elas se infiltram no inconsciente coletivo do sistema familiar. Vivemos a dor passada por gerações muitas vezes sem saber, carregamos décadas e décadas de imensas dores.

Um dos primeiros documentos a reconhecer esse fenômeno foi em 1966 pelo psiquiatra canadense Vivian M. Rakoff, MD, quando ele e sua equipe observaram altos níveis de estresse mental em crianças que sobreviveram ao Holocausto. As descendências desses sobreviventes que estavam em estados psicológicos perfeitamente salubres, tinham uma vulnerabilidade aparentemente incompreensível ampliada para dor emocional, autoestima prejudicada, problemas de limite comportamental e problemas de agressão, que também foram notados mais tarde nos netos dos sobreviventes. Mesmo na terceira geração, essas pessoas descrevem sentimentos de pânico, de serem seguidos, de serem divididos dos outros, de problemas de evitação e de pesadelos como seus pais e avós, mesmo que nunca tenham tido que sobreviver a nada.

Qualquer pessoa pode ser afetada pelo trauma transgeracional e é significativo levar isso em consideração e transformá-lo positivamente para evitá-lo na próxima geração. Mas como podem ser achados vestígios de danos hereditários? Não é essencial realizar sua árvore genealógica. Esta é uma herança por isso deve ser visível em sua vida. Portanto, pergunte a si mesmo quais são as debilidades específicas de sua família, conflitos recorrentes e doenças especialmente costumeiros. Existem desafios existenciais em sua vida que são pesados, mais árduos de superar do que outros e não podem ser explanados por sua própria experiência? Em um nível biológico, se pergunte como você lida com seu estresse?

Você é uma pessoa cujo nível combina estresse com o que está acontecendo, tem hiperatividade, tem tendência a ansiedade ou pânico, é hiper vigilante ou depressivo? Ver como você funciona pode falar muito sobre sua forma de vida. Como todo mundo, herdei as partes boas e as ruins. Aceite-as como elas realmente são, a partir daí precisaremos ver o que se pode fazer a respeito. Há um papel positivo nessa transferência de trauma, você pode herdar isso como uma comunicação com seus antepassados. Depende de você como você pensa que certas transmissões familiares fazem você vivenciar conflitos existenciais, ou problemas metabólicos e somáticas que se repetem.

Inicie concentrando-se em tranquilizar seu sistema nervoso, porque entendemos do ponto de vista metabólico que a epigenética é a prova de que podemos modificar a sensibilidade do nosso corpo ao estresse para se ajustar ao nosso ambiente.

Nossa tarefa na terapia é fazer com que as pessoas falem honestamente sobre suas vidas, fazer notas de tudo e solicitamos detalhes. Por fim, é construído um livro desde o nascimento do paciente até os dias atuais. O que mostra partes significantes de sua vida que ele mesmo pode ter esquecido.

Um dos muitos ganhos da terapia é que ela auxilia o indivíduo a reescrever sua própria narrativa para que possa se melhorar. Memórias de incidentes traumáticos são reescritos e transformadas em memórias coerentes e não estressantes. No entanto, para que esse trabalho seja realizado, o paciente terá que caminhar de mãos dadas com seu terapeuta. Alguns terapeutas me trataram assim, mas nem todos são adeptos desse tipo de trabalho. A maneira como trabalho com meus pacientes inicialmente é pesquisar suas vidas e ajudá-los a ter uma narrativa melhor.

O Despertar

Experimentei o caos dentro de mim, eu não acreditava que poderia mudar, constantemente era chamada de doida, louca, 22, acolhi tanto essas palavras que não enxergava solução para meu caso, sentia minha alma presa a ideias que não eram minhas, não via futuro para a mulher que eu havia me tornado. Acredito que qualquer pessoa que já ficou muito mal tem a sensação de que sua alma está sendo destruída.

A dor provocou em mim o nascimento de uma nova consciência, comecei a enxergar que precisaria mudar com urgência padrões de comportamentos que vinham governando minha vida para a destruição. Era como se estivesse sempre caminhando em um labirinto, sem saber qual seria a próxima virada ou se chegaria a algum lugar. As paredes eram altas e imponentes e eu não tinha forças para escalá-las, tudo o que eu via era escuridão e solidão. Tentei durante muito tempo abrir os olhos para ver além da dor, mas parecia impossível.

Romper com minha parte tóxica foi como perder alguém muito precioso afinal, estava desconstruindo uma pessoa para que outra pudesse nascer. Foi doloroso e assustador, mas também libertador. Eu me sentia presa em um ciclo de comportamentos e pensamentos negativos que me impediam de ser a pessoa que eu realmente queria me tornar. Por muito tempo, acreditei que essa parte tóxica da minha personalidade era inseparável de mim, mas então percebi que ela não era quem eu realmente era, apenas um produto da forma como tinha sido criada e do ambiente em que vivia.

A angústia, o vazio, a exaustão e a escuridão foram meus companheiros nessa minha travessia até que eu permitisse que essa nova pessoa viesse à tona. Parecia que tinha vivido mil anos naquele buraco negro e frio onde só existia dor e sofrimento. Para que essa mudança acontecesse precisei experimentar o caos, o desespero, a falta de saída e um vazio maior do aquele que existia dentro de mim.

Foi maravilhoso me libertar das velhas estruturas mentais e para que pudesse alcançar um novo nível de consciência. Para isso, precisei vivenciar o movimento de vir para dentro e sentir todo meu caos. Isso foi importante para que eu pudesse enxergar as coisas de uma forma nova e compreender como elas realmente funcionam. Até que um dia, por um chamado da vida, resolvi lutar e finalmente consegui sair daquele abismo. Emergi das trevas e enfrentei o mundo como uma nova mulher e decidida a ser feliz.

Descobri que a felicidade estava dentro de mim mesma e que eu precisava apenas de me amar para ter a vida que sempre quis. A partir daí, tudo mudou, as pessoas, os lugares, as situações... Tudo foi ficando mais colorido e vivo. Eu me sentia mais leve, mais livre e mais feliz do que nunca. Esse processo foi transformador e mudou completamente a maneira como enxergava o mundo. Foi assim que me libertei dos meus antigos padrões e comecei a viver de um modo diferente.

Depois da tempestade vem a bonança, ditado perfeito. Aprendi com tudo a ser mais compreensiva comigo e com os outros. Toda pessoa que encontramos nessa vida poderá estar travando uma guerra dentro de si e você não sabe nada sobre essa luta. Ninguém é obrigado a levantar a bandeira branca, significando o fim da batalha, para que os outros saibam o quanto estão sofrendo. A dor é algo íntimo, silencioso e invisível. Todos temos um lado escuro, mas nem todos conseguem lidar com isso de forma saudável. Aqueles que lutam contra seus demônios internos merecem nosso respeito e compreensão, pois essa batalha jamais será vencida sem a força de vontade e determinação de cada um. Por isso tente compreender, o que é fácil para você resolver ou fazer, para o outro pode ser um grande desafio.

Como Friedrich Nietzsche deixou com maestria: "É preciso ainda ter o caos em si mesmo para poder dar à luz uma estrela dançante". Isto significa que, se quisermos criar algo brilhante e extraordinário, precisamos nos permitir experimentar o caos e a confusão primeiro. Só assim poderemos descobrir o que é verdadeiramente importante para nós, e só assim teremos a chance de criar algo que seja realmente único e especial.

Eu me tornei uma estrela dançante. Derrubei todas as expectativas ruins que existiam sobre mim e me tornei a melhor versão de mim mesma. Aprendi a me amar incondicionalmente e isso fez com que tudo mais fizesse sentido. Eu me senti poderosa e capaz de conquistar qualquer coisa.

Eu acredito que você também é uma estrela dançante! Siga em frente com esperança e coragem! É assim que devemos encarar a vida: Enfrentando os desafios com determinação, mesmo sentindo medo do fracasso. Esperança é a chama que guia o nosso caminho e nos dá forças para continuar, mesmo quando as coisas parecem impossíveis. Coragem é o que nos permite superar os obstáculos e alcançar nossos objetivos. Lembre-se: você é capaz de conquistar qualquer coisa se acreditar firmemente nisso!

A dissociação e o trauma

Foi o mecanismo que minha mente usou para me defender desde criança, perdi as contas de quantas vezes me dissociei. Nos abusos sexuais, era bem sinistro me ver fora do meu corpo. Eu via tudo o que acontecia, mas não sentia nada, era como se eu estivesse assistindo a um filme. Era muito reconfortante naquele instante não sentir o que estava acontecendo, no entanto, meu corpo foi afetado gravemente por inúmeras doenças psicossomáticas que até hoje trato com dedicação e amor.

A dissociação refere-se a um grupo de fenômenos mentais nos quais uma pessoa experiência um desligamento do seu consciente à sua realidade exterior. Isto acontece porque há uma violação na relação entre o pensamento, a memória e a sensação. A dissociação pode ser considerada como um mecanismo de defesa do cérebro que surge perante situações de estresse extremo ou trauma, e consequentemente, é muitas vezes incompreendida dentro da saúde mental. No entanto, ironicamente, todos experimentarão dissociação em alguma parte da sua vida. Quando sonhamos acordados, dissociamo-nos da nossa realidade presente e do que está à nossa frente, mas muitas vezes somos capazes de voltar a um estado de espírito consciente quase em um instante quando nossa presença é necessária. Isso ocorre porque, apesar de dissociarmos da realidade ao nos concentrarmos em um sonho, ainda mantemos uma ligação com o mundo externo.

O que é dissociação no que se refere ao trauma?

A dissociação no contexto da saúde mental e mais especificamente do trauma é um processo no qual um indivíduo se desconecta de seus pensamentos, sentimentos, memórias, comportamentos e sensações físicas. Esse processo pode ser visto como uma forma de defesa do cérebro para lidar com situações estressantes ou assustadoras que são percebidas como ameaçadoras. Essa resposta pode ajudar a pessoa a sobreviver a um evento traumático. No entanto, é importante observar que, embora todos esses sintomas possam se apresentar em um único episódio de dissociação, nem todos são necessários para que um episódio de dissociação seja classificado como tal.

A dissociação é um mecanismo de evitação em que um indivíduo se envolve inconscientemente como forma de se proteger de danos percebidos. Por exemplo, quando alguém experimenta um evento traumático, a memória desse evento será armazenada no corpo. A partir desse ponto, sempre que encontrarem um gatilho específico relacionado a essa experiência, isso pode fazer com que se dissociam em níveis variados de intensidade, dependendo da gravidade do evento.

O que causa a dissociação?

O consenso entre a maioria dos profissionais de saúde mental é que a dissociação é uma maneira do cérebro lidar quando submetido a quantidades excessivas de estresse que a mente humana simplesmente não tem a capacidade de enfrentamento. Como esses sentimentos emergentes não podem ser regulados convenientemente, para minimizar os prejuízos a longo prazo a esse indivíduo, o corpo e a mente se dissociarão para “mitigar” o dor no sentido imediato. Assim sendo a dissociação pode ser vista como um último recurso, como um botão vermelho atrás do vidro que diz “Quebrar apenas em ocorrência de urgência”. A dissociação é uma ferramenta de enfrentamento que, se enraizado em feridas traumatizantes graves ou persistentes, acaba sendo um modelo de como conduzir com problemas no futuro.

Lidando com a dissociação na idade adulta

No entanto, como o corpo está tão preocupado em nos defender de prejuízos, muitas vezes podemos interpretar o perigo em um contexto totalmente diferente e em condições em que surgem indícios ambientais ou interpessoais parecidos. Em suma, seu corpo pode ser picado por causa do seu anseio de protegê-lo de males, mesmo quando não há ameaça. Dessa forma aqueles que se dissociam durante um acontecimento traumático são mais propensos a evoluir para um padrão de dissociação como táctica de enfrentamento no futuro. O desafio de gerenciar apropriadamente a dissociação relacionada ao trauma na época adulta depende de sua habilidade de ficar consigo mesmo. Você precisa ser capaz de identificar seu padrão, o que o ativa e, por fim em que está enraizado.

E é significativo salientar este último ponto. devido à natureza da dissociação e o que ela provoca, você pode não estar informado do trauma que sofreu. Por exemplo, algumas vítimas de abuso sexual infantil têm pouca ou nenhuma memória de suas experiências passadas, porque suas mentes foram suprimidas o suficiente para não ter nenhum resultado em seu consciente, permitindo que o indivíduo viva uma vida relativamente comum e tome resoluções cotidianas no dia a dia, mas debaixo da superfície as coisas não são como deveriam ser.

Como você pode saber se você está se dissociando?

A dissociação pode se mostrar de modo diferente dependendo do trauma ao qual está relacionada, do seu nível geral de bem-estar mental e da gravidade dos gatilhos que estão provocando um episódio. Aqui estão alguns sintomas habituais:

Sentir-se desconectado de si mesmo.

Dificuldade em processar sentimentos fortes.

É árduo intelectualizar a informação à sua frente.

Alterações de humor abruptas e inesperadas.

O desejo de se tirar da raiz dos acontecimentos que são acionados.

Parece que a realidade está distorcida

Problemas de memória e para receber dados com os quais você habitualmente não tinha problemas.

A diferença entre transtornos dissociativos e dissociação isolada?

É extremamente importante que entendamos a diferença entre transtornos dissociativos e dissociação isolada. Embora os dois possam estar relacionados, definitivamente não são sinônimos. A dissociação, em si, pode ser vista como uma reação normal diante de situações de alto estresse ou trauma, enquanto os transtornos dissociativos envolvem vários níveis desta resposta.

A dissociação isolada geralmente acontece quando uma pessoa experimenta sentimentos indesejáveis durante um ambiente desafiador. Nestes casos, elas podem se sentir distraídas ou até mesmo perder a noção da realidade temporariamente. Mas tais episódios de curta duração não indicam o desenvolvimento de um transtorno; em vez disso, elas mostram que existe uma sensibilidade às influências externas sob condições estressantes. Por outro lado, as pessoas afetadas por transtornos dissociativos tendem a ter experiências muito mais profundas e duradouras relacionadas à dissociação. Estes podem incluir amnésia traumática, alterações na identidade e comportamento impulsivo - todos sintomas que persistem por longos períodos e prejudicam a qualidade de vida dos pacientes.

Portanto, se você já teve um diagnóstico de Transtorno de Estresse Pós-Traumático Complexo (TEPT), é provável que seja susceptível à dissociação traumática em resposta a eventos estressantes desencadeados pelo passado. Com isso em mente, é essencial reconhecer quando nossa Dissociação aponta para um diagnóstico maior - e assim procurar ajuda de um psiquiatra.

Cura da dissociação relacionada ao trauma

A dissociação é árdua de entender, e se você não compreender a mecânica do que está ocorrendo, você pode supor que está enlouquecendo quando experimenta os tremores ou reproduções de um acontecimento desagradável, ou traumático que ocorreu com você no passado. Isso é muito útil no tratamento de trauma dissociativo e você vai necessitar da ajuda de um terapeuta profissional. No entanto, se não for uma alternativa de curto prazo ou se alguma outra coisa estiver atrapalhando você de buscar ajuda, existem algumas técnicas de autorregulação que podem auxiliar. Todas essas técnicas eu empreguei e me fizeram reconquistar um nível de melhora significativa.

Técnicas de aterramento

O aterramento envolve retornar à sensação percebida do corpo e do ambiente, o que pode ser mais difícil dependendo da intensidade do gatilho. Aqui estão algumas técnicas que você pode tentar em casa.

Estimulação Sensorial: Você pode tentar isso como achar melhor, mas basicamente a ideia é incentivá-lo a se reconectar com seu corpo por meio de estímulos externos. Dessa forma, você pode usar objetos diferentes para aterrar com um toque. A água corrente pode ser muito útil, assim como objetos familiares que podem ativar memórias. Essencialmente, utilizar qualquer coisa que te isola de seu eu dissociado para lembrá-lo das sensações físicas através do corpo.

Técnicas de respiração:

ECW - #0211 - 061026 - C0 - 297/210/22 - PB - 9786500653557 - Matt Lamin

Há uma ressalva aqui, não é apenas uma antiga técnica de respiração que irá te ajudar. Você pode usar a maioria das práticas de respiração consciente para estresse leve a moderado, mas eles podem não ser tão eficazes com graus intensivos de dissociação. Quando você inclui a respiração como uma estratégia de aterramento, é significativo que você não a descarte após o primeiro esforço, pois pode ser um mecanismo muito eficiente para a autorregulação. Consequentemente, certifique-se de buscar práticas respiratórias notificadas sobre o trauma, porque você respira de um lugar muito diferente em seu sistema nervoso do que a maioria das pessoas.

Sou adepta dessas técnicas que me trouxeram de retorno após anos de intensa agonia com um estresse pós-traumático complexo.

Vínculo de trauma

Vamos falar de algo que acontece com todas as pessoas que vivem situações traumáticas, o vínculo de trauma.

Muitas vezes pensamos em laços de forma positiva, como laços de um casamento. No entanto, o vínculo é neutro ele pode ser positivo ou negativo.

O que é um vínculo de trauma?

Um vínculo com o trauma é uma ligação estreita entre o ofensor e a pessoa que ele abusa. Os altos e baixos nos relacionamentos podem levar a relacionamentos doentios. Os sobreviventes de trauma apresentam uma consciência aguçada de tudo o que seu perpetrador faz, diz e quer. Devido a esse foco aumentado e intensivo no perverso, essas vítimas correm o perigo de se desligar de seu próprio senso de si, desejos, valores e princípios.

O vínculo traumático pode ocorrer em diferentes condições:

Abuso infantil

O trauma pode causar um vínculo emocional forte e duradouro entre a criança e o agressor, deixando a vítima com sentimentos complexos e conflitantes. A criança pode se sentir culpada, envergonhada, medrosa e isolada. Pode ser difícil expressar esses sentimentos, especialmente se ela tem medo do agressor. Se não for tratado, o vínculo traumático pode afetar de forma negativa a saúde física e mental da vítima à medida que ela cresce.

Sistema familiar

Em alguns casos, a criança experimenta eventos altamente estressantes ou perturbadores dentro do seu sistema familiar. Por exemplo, ela pode ser testemunha de violência doméstica ou abuso sexual. Em outros casos, ela sofre um trauma diretamente, como quando é vítima de um abuso físico ou emocional. Ainda em outras situações, a criança não sofre trauma direto, mas presencia acontecimentos perturbadores que afetam de forma profunda sua família e seus cuidadores (por exemplo, a morte de um parente próximo).

Violência doméstica

A violência doméstica é uma das principais formas de vínculo traumático. Quando um parceiro ameaça, agride ou abusa sexualmente da outra pessoa, isso cria um clima de medo e intimidação que afeta profundamente a maneira como a vítima se relaciona com o mundo. A violência doméstica geralmente ocorre em um padrão cíclico, onde há períodos de abuso seguidos por períodos de arrependimento e comportamento carínhoso do agressor. Isso pode levar à vítima ficar confusa e insegura, sentindo-se responsável pelos ataques. As consequências são profundas e duradouras, podendo incluir transtornos mentais, problemas de saúde física e dificuldades na vida diária.

Relacionamentos disfuncionais

O vínculo traumático pode ocorrer em relacionamentos disfuncionais. Esses relacionamentos podem ser abusivos, manipuladores ou de outra forma insalubres para uma das partes envolvidas. Nesses casos, a pessoa pode se sentir ferida e magoada pelo parceiro e, consequentemente, desenvolver um vínculo traumático com ele ou ela. Esse vínculo é caracterizado por sentimentos intensos de medo, ansiedade e raiva que podem persistir mesmo quando a pessoa está fora do relacionamento.

Divórcio

O vínculo traumático pode ocorrer no divórcio. Nesse caso, os pais se separam e deixam de ter um acompanhamento conjunto dos filhos, o que pode causar estresse e ansiedade. A criança pode ficar irritada com os pais e sentir-se culpada pelo divórcio. Também é comum que as crianças tenham dificuldades para dormir e apresentem problemas de comportamento.

Explorações no trabalho

O vínculo traumático pode ocorrer nas explorações no trabalho. Isso pode ser causado por abusos no emprego, como assédio sexual, violência física ou mental, e por condições de trabalho extremas. Essas experiências podem afetar negativamente a saúde mental e física dos trabalhadores, bem como sua capacidade de se relacionar com outras pessoas.

Negociações de reféns

O vínculo traumático é um tipo de ligação emocional que pode se formar entre uma pessoa que sofreu um trauma e aquele que a ajudou a superá-lo. Esse vínculo pode ser muito forte e duradouro, e geralmente é caracterizado por sentimentos de gratidão, dependência e amor. No entanto, o vínculo

ECW - #0211 - 061026 - C0 - 297/210/22 - PB - 9786500653557 - Matt

traumático também pode ter um lado negativo, pois às vezes pode levar à obsessão e à fixação em relação à pessoa que proporcionou o apoio.

Sequestro

O vínculo traumático pode ocorrer em sequestros, violência sexual, abusos físicos e outras formas de abuso. De acordo com a American Psychiatric Association (APA), o vínculo traumático é um resultado do medo extremo, da impotência e da perda de controle sobre sua situação. Esses sentimentos podem ser tão intensos que afetam a maneira como sua mente processa informações. Sequestros, por exemplo, podem causar estresse pós-traumático crônico (PTSD). A APA relata que 70 – 80% das pessoas sequestradas experimentarão PTSD após o evento. Algumas dessas pessoas podem ter sintomas graves que afetam seu trabalho, relacionamentos e vida cotidiana.

Violência religiosa

O vínculo traumático pode ocorrer em casos de violência religiosa. A violência religiosa é um tipo específico de trauma que pode afetar bastante as vítimas. Quando uma pessoa é atacada ou abusada física, ou sexualmente sob a pretensão de ser parte da prática religiosa, ela pode sofrer graves consequências para a saúde mental e física. As vítimas podem experimentar sintomas de PTSD (transtorno de estresse pós-traumático), depressão, ansiedade e outros problemas de saúde mental. Além disso, podem desenvolver problemas no relacionamento com seus entes queridos e na sua capacidade de confiar nas outras pessoas.

Tais condições podem envolver o exercício de confiança, poder ou ambos.

Sinais de relacionamentos com vínculos de traumas:

Você constantemente esconde e explica o relacionamento mesmo que as pessoas ao seu redor possuam fortes reações contrárias. Você faz isso porque sabe que as pessoas não entenderiam a sua relação e teriam uma opinião negativa sobre ele. Você quer evitar esse tipo de confronto, então prefere mantê-lo em segredo. No entanto, isso significa que você está sempre se sentindo como se estivesse escondendo algo e é difícil ser aberto com as pessoas sobre o seu relacionamento.

Você ainda acredita nas falsas promessas, apesar de elas terem sido consistentemente demonstradas como não confiáveis. Você ignora os fatos e persiste em sua crença, mesmo quando essas promessas se revelam como vazias. É difícil para você enxergar a verdade e mudar de opinião, pois isso significaria admitir que esteve errado o tempo todo. Infelizmente, isso também significa que você continua sendo enganado pelas pessoas que fazem essas juras.

Você se percebe fiel a alguém mesmo quando sabe que seus segredos estão prejudicando outras pessoas. Você mantém esses segredos porque acredita que eles protegerão a pessoa que ama, mesmo que isso signifique colocar outras em risco. Você está disposto a enfrentar as consequências dos seus atos, mesmo sabendo que elas podem ser dolorosas, porque acredita na lealdade.

Sente falta do indivíduo que te machucou. Sentir falta de alguém que nos machucou pode ser uma das experiências mais dolorosas e conflituosas que podemos ter. Por um lado, estamos sofrendo por causa dos ferimentos causados pelo outro; ainda nos sentimos ligados a essa pessoa, o que torna difícil suportar esses sentimentos contraditórios.

Você exagera na forma de auxiliar a pessoa que te feriu. Quando alguém nos machuca, é natural que queremos ajudar essa pessoa. No entanto, às vezes podemos exagerar na forma de auxiliar aqueles que nos feriram. Isso pode acontecer quando estamos muito envolvidos emocionalmente com a situação ou quando não estamos dispostos a confrontar a pessoa responsável pelo nosso sofrimento.

Você trabalha duro para satisfazer seu agressor mesmo que ele obviamente esteja te usando. Você ainda faz o possível para atender aos seus caprichos e exigências. Você sabe que não é uma relação saudável, mas não consegue deixar de lado o fato de que precisa dele.

Você opta por ficar em relações não saudáveis, mesmo que não te custe muitos movimentos para sair. Você já ouviu os seus amigos e familiares dizerem que você merece alguém melhor, mas você não quer acreditar. Talvez você esteja medo de voltar a sentir-se sozinho, sem saber como lidar com isso. Ou talvez esteja acostumado com a atenção negativa e inconscientemente sinta que é o que merece. De qualquer forma, ficando em uma relação abusiva ou tóxica.

Você tem um hiper foco nas necessidades do parceiro abusivo. Ele ou ela pode ter controlado você financeiramente, sexualmente ou até mesmo emocionalmente. Você se sente totalmente preso/a e não tem para onde ir.

Sua vida gira em torno de fazer o parceiro feliz, ao custo da sua própria felicidade. Você acaba perdendo a si mesmo/a no processo, se esquece de quem você realmente é e isso pode causar uma grande dor e sofrimento.

Aceita as condições e concorda com a forma que ele te trata. Ex: Quando alguém pontua logo a seguir vem a resposta defendendo o indivíduo: **"É porque sou esquecida, burra, pegajosa, infantil, ciumenta, chorona e é por isso que essa pessoa me trata assim".**

Você descobrirá que ainda está procurando manter ligação com as pessoas que sabe que lhe causarão mais tristeza. Você sabe que essas pessoas não são boas para você, mas ainda assim sente que precisa deixar um pedaço de si mesmo com elas. É difícil aceitar o fato de que esses laços estão fazendo mais mal do que bem.

Você é seduzido por indivíduos que não são fiéis. Elas sabem como usar sua boa natureza para manipulá-lo e tirar vantagem de você. Na verdade, elas se aproveitam da sua bondade para obter o que desejam, sem se importar com os seus sentimentos.

Toda pessoa que te encorajar para sair do relacionamento você começa a vê-la como inimiga e se afasta. Você não quer ouvir nada que possa fazer você questionar sua decisão de ficar no relacionamento, mesmo se ele está te causando sofrimento. Afinal, é mais fácil continuar fingindo que tudo está bem do que confrontar a realidade de que pode ter escolhido errado.

Estágios que confirmam que você está vinculado ao trauma:

Bombardeio de amor

No início de um relacionamento você é banhado em amor, atenção, mimos, regado a sexo, boas saídas e carinho. O relacionamento é tão profundo e intenso que você começa a acreditar que conheceu sua "alma gêmea". No entanto, é pura propaganda enganosa a pessoa não é o que está mostrando. Ela apenas esta fazendo um marketing = uma isca para te fisgar. O meu ex-marido e outros parceiros fizeram esse bombardeio incansavelmente em cima de mim e muitas pacientes que atendo todos os dias sempre perguntam na terapia: "O que aconteceu que a pessoa mudou tanto?".

Vão ganhar sua confiança

Seu parceiro ou parceira fará o que for preciso para obter sua confiança. Eles podem até oferecer para você ficar junto e se casarem. Meu ex-marido com sete dias me deu a chave do apartamento dele dizendo que poderia me mudar para lá a hora que eu quisesse.

Essas promessas usualmente são falsas e, uma vez que acredite nas intenções delas e elas consigam ganhar sua fé no que elas estão dizendo, em pouco tempo elas voltarão com a palavra e se afastarão vagarosamente. No meu caso, eu só tinha valor quando estava colocando todo o meu dinheiro a disposição dele, quando dei por mim, estava no fundo do poço.

Mudando para a crítica e a desvalorização

Essa fase geralmente começa devagar, tanto que você pode não notar ou até mesmo acreditar de forma errônea que é um indício de que vocês estão mais íntimos, por isso essa pessoa está agindo assim. Meu ex-marido fazia críticas a minha pessoa diariamente e na minha mente pensava que era a convivência, hoje em um relacionamento de dez anos enxergo o quanto isso era tóxico.

Quando iniciarem as críticas e subestimarem você, com certeza você irá acreditar que tudo é sua culpa e que está merecendo esse tipo tratamento. Constantemente sentia pena dele por estar comigo. É bem sinistro o que o vínculo do trauma nos faz sentir.

Gaslighting — Controle e manipulação da verdade

Gaslighting é um método de manipulação que vai fazer você questionar sua própria sanidade. Na minha época ele tinha um jeito de acionar o gatilho em mim, dizendo: "É tudo coisa de sua cabeça" "Você está ficando louca" "Você vê coisas onde não existem". Nesta fase, seu parceiro ou parceira tentará enganá-la(o) distorcendo os acontecimentos e negando suas emoções e experiências.

Renunciar e se submeter

É quando a gente observa que é improvável ter um diálogo coerente e aberto com o companheiro ou a companheira. Se você tentar racionalizar eles vão culpar e te criticar. Essas pessoas nos traz um esgotamento mental e emocional e faz a gente se render de tanto falar e não chegar a lugar algum. Quando estava casada com meu ex-marido ele me cansava de uma forma surreal, no meio da conversa já não queria mais nem ter razão de tanto que ele me consumia.

Perda do sentido de si mesmo

Quando a autoestima diminui mostra que você está negligenciando suas necessidades e vontades, e aos poucos começa a perder a autoconsciência que um dia teve. Você valoriza mais o agressor do que suas necessidades e emoções. Esse foi o pior momento de minha vida, pois cheguei ao ponto de negligenciar minhas filhas e inúmeras necessidades que tinha por causa desse relacionamento. Fiquei tão vinculada a ele que mal me reconhecia como pessoa.

Dependência emocional

O vínculo traumático cria uma dependência emocional que pode se assemelhar muito ao vício em drogas. A sensação de estar viciada por uma pessoa que você despreza num momento e que no outro instante você a deseja mais que tudo nessa terra é horrível. Você não é feliz com nada além desse tipo de pessoa na sua vida, noventa por cento de meus relacionamentos foram todos com indivíduos cruéis e sem caráter. Esses sujeitos me davam a sensação de estar viva, a adrenalina que sentia quando estava ao lado deles era surreal.

Laços traumáticos e codependência emocional

Algumas pessoas podem rotular a conexão do trauma como uma codependência. A codependência pode ser definida como uma obsessão por um ou mais indivíduos. Estar viciadas em pessoas é extremamente traumático. Na minha travessia como codependente, era quase que instantâneo o quanto ficava apegada as pessoas com facilidade e elas nem estavam aí para mim. Muitas vezes cheguei ao ponto de lavar roupas de colegas, fazer comida e cuidar de seus filhos. A pessoa ainda achava que eu tinha que dar satisfação quando não podia fazer os favores que ela via como um dever meu, porém como me sentia ligada a elas, não tinha coragem de colocar limites.

Como experimentamos a ligação com o trauma?

Quando falamos sobre o trauma, muitas pessoas pensam em abuso sexual, guerra, terrorismo, elas acham que somente grandes eventos são traumatizantes. No entanto, a negligência infantil, pais ausentes, abuso emocional, separação, racismo e discriminação também causam traumas. As experiências traumáticas que se acumulam com o tempo causam lesões graves na psique e dependendo do tempo podem ser duradouras.

Como o vínculo de trauma nos vicia?

Os critérios de dependência são:

Compulsividade descontrolada.

Continua se comportando da mesma forma apesar de sua vida estar num turbilhão de situações negativas.

A pessoa fica obcecada pelo comportamento autodestrutivo.

O viciado emocional sabe claramente que tem que interromper o comportamento, mas não consegue é algo maior que ele. Infelizmente os viciados emocionais necessitam desse comportamento autodestrutivo para evitar o sofrimento. É o mesmo processo de um viciado em drogas ou um alcoólatra, aqueles que sofrem de relacionamentos traumáticos muitas vezes não terminam o relacionamento apesar das consequências negativas e da angústia que vivem. A vida se torna um caos e esse individuo passa a viver no limite, ainda que na maioria das vezes sejam pessoas bondosas e amorosas. Para um agressor nada melhor que uma pessoa no caos, se for bondosa e amorosa se torna a combinação perfeita para ele.

Recuperação do vínculo do trauma

A recuperação ocorre em etapas e podem ser executadas em micro passos.

A negação constante

A negação necessita de coragem e disposição para ver a história como os outros a enxergam. É aqui que a terapia será seu suporte e o conhecimento te libertará sendo bem usado. Algo que cooperou muito com a minha recuperação e foi muito útil foi escrever minha história de vida como se ela fosse de outro individuo, usando o pronome na terceira pessoa.

Isso irá te ajudar a ver as coisas num outro ângulo e será de uma forma mais empática com os personagens da história. Quando finalizar a sua narrativa tente responder às seguintes questões:

Como você se sente sobre essa narrativa e seus personagens?

Qual é a mensagem que você deixa para essas pessoas?

A raiva, uma emoção desafiadora

A raiva não é um sentimento negativo, ela pode te ajudar superar a negatividade, irá te incentivar a dar um "basta" e iniciar o processo de uma transformação importante. Muitas pessoas têm convicções negativas que as impossibilitam de ficar indignadas. Eu tinha o costume de falar: "Se não posso dizer nada de bom, então não falo nada". No entanto, a raiva precisa se expressada, se você mesmo se dá um cala boca vai chegar uma hora que essa poderosa emoção vai tomar uma proporção gigantesca. As emoções não estão sobre nosso controle, pois elas são tremendamente poderosas, porém com o tempo você aprende a gerenciá-las. Tente escrever uma carta que você não vai enviar para expressar sua raiva.

Aceitação

Aceitar significa admitir que sua vida não está indo do jeito que você quer. Essa aceitação está documentada na oração da serenidade que o programa de doze passos usa: Deus, concedei-me a serenidade para aceitar as coisas que não posso modificar, coragem para modificar aquelas que posso e Sabedoria para perceber a diferença. Essa oração foi a mais usada por mim em todos esses anos de minha jornada, a minha mudança foi bem difícil por causa de todas as situações difíceis vividas por mim.

Causas da Ligação ao Trauma

O apego traumático emerge da imposição ao trauma psicológico, que visa incutir medo e impotência, minar o senso de si em relação aos outros e promover um vínculo patológico ao agressor. São dois fatores usuais reconhecidos em um relacionamento onde a ligação traumática é formada:

Desequilíbrio de poder

A pessoa abusada percebe que tem menos poder no relacionamento do que o agressor. Os perpetradores não utilizam apenas violência e ameaças, mas também usam a humilhação, a exclusão para assustar e reprimir a pessoa que ele está perseguindo. Um vínculo de dependência se desenvolve por meio de ações que realçam e reforçam o poder e o controle que o agressor pratica sobre a vítima. Com o tempo as vítimas se convencem de que suas vidas dependem da piedade dos perpetradores. Por isso que a terapia é tão importante para as vítimas de qualquer tipo de violência.

Abuso intermitente

Em um ambiente tóxico, o abuso emocional, físico e sexual é intercalado com momentos em que o agressor não desempenha a violência. Pelo contrário, ele oferece um pouco de gentileza ou expressa pesar e promete modificar o comportamento. Esta parte final do ciclo de abuso parece fortificar o vínculo emocional que o sobrevivente do trauma percebe em relação ao agressor. Por este motivo a vítima é muitas vezes acalmada e grata ao ofensor. Essa conduta contraditória e imprevisível por parte do abusador e muito eficiente para conectar cada vez mais a vítima do abuso a eles.

Como quebrar um vínculo de trauma?

O trauma com o tempo cria um ciclo de altos e baixos, mas isso sempre pode causar problemas. Relacionamentos traumáticos precisam ser impedidos e acabados sempre que possível para manter sua próprio bem-estar e felicidade. Aqui estão alguns movimentos que você pode seguir para se desvincular dessa experiência traumatizante e iniciar sua jornada de cura:

Saber o que você está enfrentando

Os vínculos traumatizantes podem estar camuflados como relações salubres e funcionais, mas não são. O primeiro e mais significativo movimento é definir a relação como traumática. Seja honesta com você mesma sobre essa situação. Foi uma das primeiras ações que tive para quebrar o vínculo no meu último casamento codependente.

Fale com as pessoas que você ama

Falar sobre um vínculo traumático com entes queridos pode ser complexo. Eles podem não compreender suas inquietações ou podem estar avisando você sobre os abusos por um longo tempo. Procure feedback, apoio e ajuda, porém se você não for bem-sucedida com seus familiares e amigos, talvez seja o momento de buscar ajuda profissional.

Planeje uma saída segura

Quando você reconhece essa conexão traumática e se conecta com seu suporte, arquitetar sua saída é importante. Em vez de considerar a possibilidade de mudar ou reabilitar a pessoa, escapar é a melhor alternativa. Converse com as aqueles que estão interessadas em lhe ajudar para compor um plano seguro e eficiente. Teve uma época de minha vida que me relacionei com um individuo extremamente agressivo ao ponto de ter que fugir na ponta dos pés com a ajuda de minha mãe. Naquele dia se tivesse como medir minha adrenalina e ansiedade com certeza estaria a níveis altíssimos. O apoio das pessoas ao seu redor irá te fazer se sentir mais segura.

Não se culpe

Nos relacionamentos abusivos e insalubres, seu companheiro ou companheira tentará te convencer de que qualquer mau funcionamento na relação que você experimente é sua culpa. Essa culpa, vergonha e insegurança mantém a pessoa no controle e geralmente os agressores usam essa tática para a pessoa permanecer. Certifique-se de que você está tendo a atitude correta e pense se alguém merece viver o que você tem vivido. A sua reposta com certeza será que "ninguém merece viver essa situação traumatizante", então vire as costas e não olhe para trás.

No dia que fui embora meu ex-marido me levou na rodoviária e estava bêbado. Instantes antes de subir no ônibus ele fez um show que queria voltar, uma cena ridícula no qual me senti extremamente constrangida com as pessoas achando a atitude dele romântica. Por isso quando vejo alguém reagindo de uma forma negativa ao romantismo de alguém, logo penso que ela pode estar vivenciando algo que ultrapassa ao que estamos vendo somente na superfície, na profundidade somente ela sabe o que tem vivido.

Corte o contato completamente.

Achar uma maneira de preservar ou constituir um relacionamento equilibrado após um vínculo traumático será difícil. Mesmo que houvesse algumas situações que são positivas associadas à relação, pode ter certeza de que eles sempre acharão um jeito de te subjugar. Corte ligações, mensagens em Whatsapp e contatos de mídia social para que você possa ter a melhor chance de construir uma nova vida independente.

Obtenha ajuda especializada

Todas as pessoas que vivem relacionamentos traumáticos precisarão dos serviços profissionais de saúde mental. Os profissionais podem ajudar em todas as fases da vida e principalmente em caso de vínculos traumatizantes.

Tratamento do vínculo de trauma

Para abordar a conexão traumática, a vítima do trauma deve ter acesso a um terapeuta que compreenda o quanto muitas vezes é inexplicável as respostas ao trauma e possa prover um ambiente seguro, sem opiniões e com compaixão. O profissional precisará investigar a conexão emocional contínua do paciente com seu agressor. Para que assim possa ajudá-lo a romper todas as ligações que ainda exista.

O que essa pessoa que sobreviveu a esse vínculo do trauma precisará aprender na terapia:

Aprenderá a fazer planos com segurança.

Gerenciar as crises de ansiedade e medo.

Receberá educação sobre o trauma.

Aprenderá como aceitar ajuda.

Construíra um relacionamento com seu terapeuta que é tão importante para a eficácia da terapia.

Identificará as melhores tácticas para lidar com a dor de ter que lidar com o trauma.

Precisará aprender a ligação entre trauma e luto e integrar o trauma na história pessoal dela para que assim possa aceitar esse fato como parte de sua história.

Se conectar com suas necessidades e personalidade.

Aos poucos aprenderá fazer escolhas nos relacionamentos para que ela possa reconstruir um dia sua vida com confiança.

E se você estiver passando por essa situação procure ajuda terapêutica o mais rápido possível, meu livro não substitui a terapia.

Por que nos tornamos nossos pais?

Foi assustador identificar dentro da minha terapia que havia me tornado exatamente como meus pais. Todos nós de famílias disfuncionais gostamos de pensar que nunca seremos como nossos genitores, mas o fato inevitável é que modelamos nosso comportamento naqueles que estão mais próximos de nós e em quem temos maior confiança. As figuras que estão mais presentes em nossas vidas na maioria das vezes são nossos pais, então é natural que basearmos nosso comportamento de acordo com eles. Eles são nossos modelos, mas isso não significa dizer que todos os pais são perfeitos.

Todos nós temos nossas principais feridas e traumas que acontecem em nossos relacionamentos interpessoais e românticos. São esses 'tiques' de personalidade, juntamente com alguns dos aspectos menos toleráveis de sua personalidade, que podemos nos encontrar modelando inconscientemente.

Por que nos comportamos como nossos pais?

A resposta aqui é bastante óbvia, eles são nossos principais cuidadores e professores. Eles estão nos guiando a fazer escolhas na maneira como veem o mundo. Assim, desde o momento em que nascemos, estamos constantemente absorvendo a filosofia de nossos pais sobre como agir e nos comportar. Isso não é necessariamente uma coisa ruim, na verdade, é uma parte vital do nosso processo de amadurecimento.

Precisamos aprender habilidades sociais adequadas e os prós e contras de como funcionar dentro de nossos grupos de pares presentes e futuros. Aceitamos essa contribuição, porque vemos muito rapidamente que essas habilidades nos ajudam a navegar pelo mundo e atender às nossas necessidades. Muito disso acontece desde o nascimento até os sete anos de idade, quando estamos em nosso estágio inicial de desenvolvimento. É quando assumimos grande parte de nossa programação central.

As três principais maneiras de nos conformarmos ao comportamento de nossos pais

Padrões de Repetição: A primeira maneira é repetir diretamente o comportamento de nossos pais. Se tivéssemos um pai viciado em trabalho estressado, é provável que adotemos pelo menos parte desse padrão. Da mesma forma, se fomos criados por pais introvertidos, que não falavam muito, isso também terá um efeito significativo em como interagimos com nossos colegas mais tarde na vida.

Reagindo a Padrões: A próxima maneira de modelarmos nossos pais é reagindo a seus traços de personalidade predominantes. Assim, por exemplo, se um de nossos pais fosse frio e distante toda vez que tentássemos nos aproximar e obter sua aprovação, isso poderia nos levar a adotar um padrão constante de agradar às pessoas para obter algum tipo de validação mais tarde na vida.

Recriando Antigos Padrões: O caminho final pode ser bastante difícil de detectar, pois acontece no nível inconsciente. Podemos, às vezes, nos envolver em comportamentos que levam a padrões familiares em nossa infância. Assim, por exemplo, podemos dizer algo ao nosso parceiro atual na tentativa de fazer com que ele nos trate como nossos pais nos trataram durante a infância, o que pode levar à continuidade desses padrões geracionais.

As três formas de scripts intergeracionais

Dentro das estruturas familiares existem os chamados scripts, que são o conjunto de regras que criam a dinâmica dentro da unidade familiar. Esses roteiros são formas não ditas e não escritas de decidir quem pode dizer o quê a quem, quais comportamentos e tradições são aceitáveis, como falar e até como pensar. Você pode pensar nisso como uma carta familiar de como agir. Dentro desse modelo, que expande as formas primárias de nos relacionarmos com nossos pais, existem 3 tipos de roteiro:

Replicativo: O script replicativo fornece os valores fundamentais que você exibe em seu comportamento principal. Isso se relaciona com as pequenas nuances de nossa personalidade que determinam como gostamos de comer nossa comida, limpar nosso espaço, nossa linguagem corporal e outros padrões de hábitos.

Muitas vezes pode acontecer que as crianças reproduzam comportamentos que não são desejáveis. Quando isso ocorre, o ato de realizá-los imprimiu essa maneira de agir como um programa dentro da criança que, então, inconscientemente passará esses roteiros de 'família de origem' para seus filhos, a menos que eles possam se conscientizar de seus padrões e quebrar o padrão ciclo.

Corretivo: os scripts corretivos, por outro lado, tratam de quebrar o status quo. Esses scripts entram em ação quando você toma uma decisão consciente de ir contra o padrão de sua dinâmica familiar e isso pode ocorrer em ambas as extremidades da escala. Você pode fazer correções sutis em seu roteiro atual ou o completo oposto. Na verdade, não é incomum que muitas pessoas fujam de seus scripts e isso pode ser feito de várias maneiras, como se afastar da família, tornar-se religioso e até mudar de nome.

Scripts Improvisados: Esses scripts não estão enraizados na replicação nem na correção, mas em vez disso, eles geralmente representam a evolução natural do roteiro da família de origem. Esses roteiros improvisados nascem de um mundo transformação, trazido por mudanças sociais e culturais, novas tecnologias e novas formas de se relacionar. As redes sociais são um ótimo exemplo do que pode fazer surgir um roteiro improvisado na dinâmica familiar.

Sendo sua própria pessoa: remodelando seu comportamento

A maior barreira para deixar de lado o padrão de nossos pais é nossa autoconsciência e vontade de ter compaixão por nós mesmos ao repetir os mesmos ciclos indesejáveis de comportamento.

Precisamos entender que nossa situação não é exclusiva de nós e que, em última análise, é um rito de passagem para passarmos pelo processo de deixar ir as partes que não funcionam e também perceber que eles nunca foram nossos em primeiro lugar.

Esse processo de aumentar nossa autoconsciência naturalmente nos leva a fazer perguntas a nós mesmos. Por que nos comportamos desta ou daquela maneira? De que parte do meu passado vem esse padrão? Porque uma vez que somos capazes de nos dissociar de nosso próprio comportamento de tal forma que ganhamos maior clareza, podemos então usar essa objetividade para começar a tomar melhores decisões para nós mesmos, para nosso futuro e nossas futuras gerações que não terão que descompactar os mesmos ciclos de padrões e scripts pelos quais fomos influenciados.

Eu me afastei de minha família durante anos para que pudesse ter sanidade mental e pudesse mudar drasticamente minha vida. Me lembro quando meu pai se despediu de mim e disse: “Aconteça o que acontecer não volte mais”. Realmente não voltei e foi o melhor conselho que ele me deu em toda minha vida. Conviver com eles era tóxico demais, todos nós nos fazíamos mal. Toda vez que pensava em voltar sempre vinha esse momento na minha mente e logo desistia. Sou grata a ele por isso!

A paz é muito mais importante do que qualquer outra coisa.

Características de uma infância traumática

Por muito tempo não tinha consciência do que realmente acontecia comigo, mas quando comecei a fazer terapia vi o quanto minha infância foi traumática por isso acho super importante você saber mais sobre esse assunto.

Os efeitos do trauma infantil são difíceis, mas não impossíveis de superar. É perfeitamente possível desaprender muitos dos traços que se imprimiram em nossa psique desde tenra idade, mas não há nada que possa ser feito sem primeiro perceber os efeitos que sua educação teve em seu comportamento. Quando você se machuca em seus anos de formação, você forma o que é conhecido como mecanismos de enfrentamento desadaptativos. Isso pode protegê-lo de sentir mais dor, mas em longo prazo pode limitar severamente sua capacidade de criar e desfrutar de relacionamentos mais gratificantes durante a vida adulta. Aqui estão 5 das características mais comuns do trauma na infância:

Você está colocando a culpa desnecessária em si mesmo

A autoculpa é quase sempre um resquício do que você vivenciou quando criança. Se você sempre foi culpado por coisas que não tinham nada a ver com você, isso será levado para a idade adulta. Se você foi o bode expiatório da família, pode assumir automaticamente esse papel com os outros. Eu me sentia culpada por tudo que acontecia com minha mãe e responsável em fazê-la feliz o tempo inteiro.

Você adivinha as intenções por trás das ações de outras pessoas

Você pode ter um profundo senso de suspeita sobre os motivos de outras pessoas. Se você foi alvo de manipulação, passivo-agressivo ou narcisismo, estará em alerta máximo ao interagir com os outros, especialmente aquelas que você não conhece bem. Essa mania me acompanhou por um bom tempo, estava o tempo todo suspeitando das pessoas e com raiva delas.

Você se preocupa com o que as pessoas vão pensar sobre o que você diz

Se você vem de um passado abusivo, pode ter aprendido a falar com moderação ou apenas quando necessário. Você também pode ter algumas dúvidas importantes sobre como é percebido por seus colegas quando se abre. Isso pode levar à ansiedade e constrangimento social em torno dos outros. Eu me sentia envergonhada em falar e as pessoas me acharem burra.

Você é sensível e se sente rejeitado pelos outros

Se o abandono fez parte de sua narrativa na primeira infância, você sempre estará procurando por sinais de que as pessoas estão prestes a partir. Isso pode até se manifestar como um caso de transtorno de personalidade limítrofe. No entanto, estar em tal estado muitas vezes cumpre a profecia afastando as pessoas. A ferida emocional do abandono me perseguiu por um bom tempo, precisei me confrontar para que pudesse vencer essa dor.

Você tem uma má compreensão de estabelecer limites

Quando você tem um estilo de apego desdenhoso, verá os limites como uma maneira de mantê-lo afastado. Você não consegue reconhecer, que ser capaz de manter uma distância segura dos outros é uma coisa boa, tanto para você quanto para eles. Você confunde limites com o ato de rejeição. Só aprendi a colocar limites em mim e nas pessoas fazendo terapia.

Você acredita que o amor é conquistado (sempre condicional)

Este é geralmente o caso de filhas que experimentaram a síndrome da mãe fria ou então tiveram uma dinâmica familiar narcisista. Elas aprendem que o amor é difícil de encontrar e quando acontece, tem amarras. O amor não é algo que é dado livremente. Para mim o amor doía profundamente ou poderia ser comprado de alguma forma. Na minha jornada de cura vi que esse ensinamento estava totalmente errado.

Você merece tudo o que acontece com você

Esse pensamento surge da negação de suas circunstâncias. Sugere-se que, no nível inconsciente, é muito mais fácil para uma criança acreditar que ela foi a fonte do problema do que o mundo está tentando pegá-la. Você quer manter a fé naqueles que deveriam protegê-lo. Eu tinha certeza de que havia sido uma péssima criança, adolescente e que era terrivelmente má quando adulta. Quando as pessoas me diziam que eu era legal, minha mente dizia: Essa pessoa esta querendo algo de você!

Formar conexões emocionais com os outros é perigoso

Este é um seguimento natural de experimentar traumas de infância. Se você desenvolveu um apego de estilo evitativo, verá todas as conexões potenciais através das lentes da mágoa. Você igualará quaisquer interações possíveis aos piores dias do seu trauma e se recusará a deixar qualquer outra pessoa entrar. Por mais que eu quisesse me relacionar com os outros, na minha travessia descobri que quando notava que a pessoa estava envolvida comigo, fazia de tudo para me autossabotar inconscientemente para que a crença "eu sou uma infeliz" se realizasse. Foi a segunda crença mais difícil de ser confrontada, mas consegui vencê-la.

Entendendo a culpa

Trauma nunca é uma experiência bem-vinda. Pode deixar cicatrizes profundas que levam anos para cicatrizar se é que o fazem; mas quando ocorre na infância, tem um efeito duradouro em nosso desenvolvimento psicológico. Trauma pode ter um impacto profundo e severo em uma criança, afetando seu desenvolvimento psicológico de diversas maneiras. A criança pode experimentar ansiedade, depressão, transtornos do estresse pós-traumático (TEPT) e outros problemas de saúde mental. Além disso, crianças traumatizadas podem ter dificuldades na escola e nas relações interpessoais. Tentar entender o que aconteceu pode fazer com que você atribua a culpa em todos os lugares errados o que geralmente significa assumir a responsabilidade sozinho.

Deixando de lado a culpa

Se você quer se livrar do passado e superar seu trauma de infância, a culpa é um dos primeiros obstáculos que precisará enfrentar. O processo de desconstruir sua autoculpa pode ser difícil, mas essencial para avançar em sua jornada rumo à cura. É importante lembrar que não somos responsáveis pelos atos cometidos contra nós, especialmente quando éramos crianças. Demorar para chegar a essa compreensão pode nos impedir de prosseguir com nossas vidas.

Aprender a perdoar a si mesmo é crucial para seguir adiante sem o peso da culpa. Desfazer os laços do passado pode ser uma tarefa difícil, mas libertadora. Para muitas pessoas, superar o trauma da infância exige um trabalho interno profundo e contínuo, mas lembre-se: você está no controle de sua história e tem o poder de escrever um final feliz para si mesmo.

Muitas vezes, carregamos uma bagagem emocional que não nos pertence. Essa bagagem pode ter sido criada por experiências passadas ou pelo que os outros esperavam de nós. Pode ser difícil libertar-se dessas vivências, mas está inteiramente ao seu alcance fazê-lo. Você pode começar identificando as emoções e os pensamentos que são ligados à sua bagagem emocional. Talvez você sinta raiva, tristeza ou culpa por determinadas coisas, ou talvez você tenha certos padrões de comportamento que afetam negativamente sua vida atual. Em seguida, trace um plano para lidar com esses sentimentos e pensamentos.

Você pode optar por conversar com um amigo, familiar, fazer terapia ou meditar sobre as situações que criaram a bagagem emocional. O mais importante é tomar consciência daquilo que está te impedindo de avançar na vida e começar a trabalhar para mudar isso. Quanto mais você se concentrar nas soluções, mais fácil será libertar-se da sua antiga bagagem emocional e abraçar uma nova forma de viver!

Exercício

Imagine como você se sentirá em relação a si mesmo, às pessoas mais próximas a você e como será seu futuro quando você deixar de lado sua autoculpa.

Tente identificar quaisquer estressores que isso possa causar, como negação e qualquer atrito entre os culpados.

Abandonar a autoculpa é um processo, e reescrever sua programação mental não acontecerá da noite para o dia. Você precisa se dar tempo para integrar essa nova mentalidade.

Por que o abuso acontece?

A violência doméstica é um problema grave que afeta pessoas de todas as idades, raças e classes sociais. No mundo, uma em cada três mulheres já sofreu algum tipo de violência doméstica ao longo da vida de acordo com o site Opas. Infelizmente, este número só tende a crescer, pois muitos casos ainda são subnotificados. Mas porque o abuso acontece? Vamos explorar algumas das principais razões. Em primeiro lugar, gostaria de enfatizar que nenhuma mulher merece ser agredida, independentemente das circunstâncias.

A violência doméstica é um problema complexo que tem raízes profundas na sociedade e na cultura. Muitas vezes, os agressores usam a violência como forma de controle e poder sobre suas vítimas. Outras vezes, o abuso é motivado por questões relacionadas à personalidade do agressor ou às sucessivas experiências de trauma na infância.

O que é o abuso?

O abuso é um comportamento que fere, ameaça ou prejudica outra pessoa de alguma forma. Pode ser físico, sexual, psicológico ou emocional, e pode acontecer entre qualquer tipo de relação. O abuso também pode ser uma forma de negligência, como quando se mantém uma criança em condições perigosas ou insalubres.

Abuso é tudo sobre poder e controle.

Abuso físico, sexual e emocional envolve um indivíduo exercer poder e controle sobre outra pessoa de uma maneira que lhes cause danos ou sofrimento. O abuso não é apenas a violência física; é qualquer comportamento que faça com que o outro se sinta inseguro, ameaçado ou manipulado. O abusador usa várias táticas para manter o controle sobre sua vítima. Ele pode ser agressivo, ameaçar ou chantagear, usar a violência física ou sexual, impedi-la de trabalhar para ganhar dinheiro, isolá-la do restante da família ou amigos e controlar suas finanças. Muitos abusadores também controlam os meios de comunicação da família para impedir que a vítima receba chamadas telefônicas.

O abuso tem um impacto profundo na autoestima da pessoa e nos seus sentimentos de dignidade e autoconfiança. A vítima pode começar a acreditar nas mentiras que o abusador conta sobre ela mesma e do mundo à sua volta. A maioria daqueles que passam pelo abuso experimentam ansiedade e depressão severas, bem como problemas de saúde mental e física relacionados às suas experiências traumáticas.

Os abusadores querem poder e controle sobre os outros. Eles deliberadamente tornam difícil para o alvo de seu abuso obter ajuda. Aqui estão algumas maneiras de fazer isso:

Eles podem se comportar com charme e carisma, especialmente em situações sociais, para esconder o seu verdadeiro eu manipulador. Isso pode incluir ser extremamente encantador, atencioso e generoso com as pessoas ao seu redor, enquanto tratando o alvo do abuso com hostilidade ou indiferença. Outra forma é através da coerção e do controle. Por exemplo: um abusador pode insistir em tomar todas as decisões por si mesmo e não permitir que a vítima tenha "voz" nem "vez" na relação. Eles podem controlar seus movimentos, monitorar constantemente sua atividade e isolá-la dos amigos e da família. Também podem usar a violência para intimidar — agindo de forma ameaçadora, destrutiva ou agressiva quando estão irritados ou contrariados. Ou então negando à vítima os cuidados básicos necessários para suprimir qualquer senso de autonomia por parte dela.

Todos os tipos de abuso afetam você psicologicamente, independentemente do abusador usar principalmente táticas físicas ou psicológicas. Os danos psicológicos do abuso são profundos e podem levar muito tempo para serem superados. As vítimas podem experimentar uma variedade de problemas, incluindo baixa autoestima, ansiedade, depressão, estresse pós-traumático e transtornos alimentares. Além disso, as vítimas de abuso tendem a ter problemas nas relações que estabelecem com outras pessoas. Muitas vezes, elas têm medo de se envolver em qualquer tipo de relacionamento íntimo porque temem que possam ser maltratadas novamente. Infelizmente, isso significa que muitas vítimas do abuso podem ter o comportamento de se isolarem com frequência.

Abuso muda seu cérebro.

Quando estamos em perigo, experimentamos uma **"resposta ao estresse"** projetada para nos ajudar a permanecer seguros. Essa resposta pode incluir um aumento do ritmo cardíaco, da pressão sanguínea e da respiração, bem como uma liberação de adrenalina no corpo. Tudo isso nos prepara para enfrentar a ameaça ou fugir dela. No entanto, quando essa resposta é ativada repetidamente em situações que não representam um verdadeiro risco, ela pode ter efeitos negativos sobre o cérebro e o corpo. O abuso crônico causa alterações no funcionamento do cérebro que podem levar à ansiedade, depressão, raiva e outros problemas emotivos. Também pode causar problemas de memória e aprendizagem, além de dificuldades nas habilidades motoras.

Em ambientes inseguros ou abusivos, algumas pessoas também usam a **resposta de "apaziguamento". Essa resposta evoluiu para ajudá**-lo a tentar sobreviver à ameaça de abuso, buscando acalmar alguém que está pretendendo prejudicá-lo. O comportamento de apaziguamento pode incluir atitudes como concordar com tudo o que o outro diz, mesmo quando ele esta errado, ou fazer o que a outra pessoa quer sem questionar. Isso pode ser uma forma de proteção contra um agressor em potencial, mas às vezes também pode levar à diminuição da autoestima e à perda do controle sobre sua própria vida.

Você pode sentir profundo amor ou cuidado por alguém que também é abusivo e você não pode escolher conscientemente qual resposta usar, sua resposta é **"automática"**. Esse mecanismo de defesa é chamado de apatia emocional e está relacionado à sobrevivência. A apatia emocional surge quando a pessoa está exposta a um ambiente extremamente estressante, como um relacionamento abusivo. Nesse tipo de situação, a pessoa se isola emocionalmente para proteger a si mesma da dor e do sofrimento.

Por que **as pessoas se sentem tão "presas" em relacionamentos** abusivos?

O ciclo de violência presente nos relacionamentos abusivos.

A violência e outras formas de abuso grave são um padrão de comportamento repetitivo que acontece em relacionamentos íntimos. Pode incluir o uso da força física, sexual ou psicológica, bem como outros comportamentos abusivos, como ameaças, controle obsessivo e isolamento social. O abusador pode ser qualquer pessoa em uma relação íntima, independentemente do sexo ou da idade.

As vítimas de violência doméstica podem sofrer muitos tipos de danos, tanto físicos quanto emocionais, no entanto a violência doméstica não é apenas uma questão de lesões físicas. A violência doméstica é um problema grave que afeta a saúde mental e o bem-estar das vítimas. As mulheres que sofrem essa violência estão em maior risco de depressão, ansiedade e outros problemas de saúde mental. Além disso, essas vítimas também correm o risco de cometerem suicídio.

O abuso é um ciclo, e uma das fases desse ciclo é a reconciliação. Nesse momento, o agressor pode se desculpar e parecer arrependido de seus atos. Pode parecer que essa pessoa esteja mudando para melhor, mas na verdade ela está apenas manipulando a vítima para que volte a acreditar em suas mentiras. Esse ciclo de abuso só termina quando a vítima consegue enxergar a verdade e se afastar do abusador.

Estar em resposta de sobrevivência **"apaziguadora"** torna mais fácil perdoar e dar várias chances. Pela minha experiência, quando estamos sob pressão, tendemos a responder de uma forma que mantenha a paz e evita o conflito. Isto é conhecido como o instinto de sobrevivência apaziguador. Como tal, este instinto nos ajuda a manter as relações amorosas em funcionamento, pois estamos sempre dispostos a perdoar e dar outra chance.

Infelizmente, o ciclo de violência continua e com o tempo, as coisas tendem a ficar ruins novamente. À medida que a agressão continua, as pessoas envolvidas podem se sentir cada vez mais ameaçadas e desamparadas. Essa sensação de perigo e desamparo pode alimentar ainda mais a violência.

Sua familiaridade em ser inseguro

Sua familiaridade em ser inseguro pode ter sido influenciada pelo ambiente em que você cresceu. Se os seus pais ou cuidadores não lhe deram atenção, ou carinho, isso pode ter afetado a forma como você se sente sobre si mesmo. Além disso, se você testemunhou relacionamentos abusivos ou teve experiências traumáticas na infância, esses eventos também podem ter contribuído para sua insegurança.

Quando ser inseguro é normal e familiar

Seu cérebro pode se acostumar a estar em um ambiente inseguro.

A violência ou abuso emocional podem tornar-se cada vez mais intensos com o tempo. Geralmente começa com um insulto aqui, uma ameaça ali, mas evolui para agressões físicas e verbais mais sérias. O abusador pode tentar controlar tudo o que você faz, dizendo-lhe o que vestir, aonde ir e com quem falar. Você pode ser impedida de ver a família e os amigos, ate ser isolada do mundo exterior. O abuso na maioria das vezes se torna extremamente difícil de lidar, porque à medida que aumenta de intensidade, pode fazer a vítima começar a acreditar nas mentiras que o seu agressor está lhe contando — você é capaz questionar a sua própria sanidade. No entanto, é importante lembrar que não é culpa sua, e você não merece ser tratada desta forma. Quando estamos expostos à violência repetidamente, ficamos menos sensíveis às suas consequências e à dor que causam. Nossa tolerância à violência faz com que ela pareça normal, quando na verdade não é e isso pode dificultar a obtenção de ajuda!

É incontestável que muitas vezes acontece de vítimas se sentirem seguras e confortáveis nos ambientes familiares e íntimos, mesmo que estes locais representem um grande risco para elas. Isso pode ser atribuído ao facto de as pessoas terem tendência a relaxarem quando estão em lugares conhecidos. No entanto, isso não significa que o perigo não exista ou que este não seja real - pelo contrário, os perigos podem nem sempre ser identificados antes de algo acontecer. Por exemplo, num parque habitualmente considerado inofensivo, existe sempre o risco de assalto ou agressão física. Da mesma forma, é essencial levar em consideração que um lar "seguro" pode esconder problemas como uso excessivo de substâncias tóxicas e casos de violência doméstica. Por isso, é importante manter-se alerta a todos os possíveis riscos presentes nos ambientes familiares afim de prevenir qualquer incidente desagradável. É preciso ter sempre em mente que qualquer lugar conhecido e familiar pode encobrir ameaças à saúde e bem-estar das pessoas envolvidas e, desta forma, proteger-se dos perigos potenciais e garantir uma melhor qualidade de vida.

Deixar um lar ou parceiro abusivo para morar em um lugar diferente pode ser muito estressante e deprimente. Isso significa que você é capaz de se

ECW - #0211 - 061026 - CO - 297/210/22 - PB - 9786500653557 - Matt Lamination

sentir inseguro e ansioso por causa da mudança, mas é importante lembrar que essa é uma situação temporária e que você conseguirá lidar com ela. Voltar para casa pode ser uma experiência familiar, mesmo que o lar não seja seguro. Você pode se sentir mais calmo porque está em um ambiente conhecido, no entanto, é importante lembrar que a sensação de calma pode ser apenas momentânea e que você precisa tomar cuidado ao retornar a um lugar inseguro. Isso é chamado de "reforço negativo" e nos ajuda a entender porque muitas pessoas saem e voltam para ambientes extremamente abusivos.

O reforço negativo é quando uma pessoa é expulsa ou punida por um comportamento indesejado, o que faz com que ela se sinta insegura. No entanto, às vezes essa sensação de insegurança pode ser um motivador para o indivíduo retornar ao ambiente, pois ele está procurando uma maneira de diminuir sua ansiedade. À medida que a pessoa experimenta mais sucessivas expulsões ou punições, essa ansiedade tende a diminuir, o que torna mais provável que ela permaneça no local.

Culpabilização da vítima e sentimentos de vergonha.

O abuso é um comportamento cruel e insensível que afeta vítimas inocentes. A culpa de um ato de abuso sempre reside com o agressor — não com a vítima. Ninguém merece ser alvo de abuso, Independentemente da situação em que se encontre. As pessoas que sofrem abusos são frequentemente retratadas como responsáveis pelos seus próprios sofrimentos e isso é totalmente errado. Nenhum ser humano merece ser tratado com violência ou crueldade, independentemente do que possa ter feito ou dito. Se você é uma vítima de abuso, saiba que a culpa não é sua. Você não merece ser tratada desta forma e há muitas pessoas dispostas a te ajudar a superar este momento difícil na sua vida.

Aqueles que nunca passaram por um relacionamento abusivo podem ter dificuldade para compreender como alguém permite ser abusado pelo parceiro ou parceira. Pode ser muito fácil para essas pessoas colocarem a culpa na vítima, pensando que ela deveria ter deixado o agressor ou que ela devia ter feito algo para evitar o abuso. No entanto, é importante lembrar que as vítimas de abuso geralmente estão em uma posição desfavorável em relação a seus agressores e podem não ter outra escolha a não ser permanecer no relacionamento.

É importante notar que os abusadores raramente são completamente "legais" ou totalmente maus. Na verdade, é comum que os agressores sejam extremamente manipuladores e controladores e podem usar sua personalidade sedutora para conquistar a confiança da vítima. Assim, as pessoas às vezes podem acabar sendo surpreendidas quando descobrem que um amigo ou ente querido é um agressor. Essas opiniões culpam as vítimas e desempenham um papel importante em permitir que o abuso continue.

"Ela não saiu do relacionamento porque não quis", "Ela gosta de viver entre tapas e beijos", "Ele parecia uma pessoa tão legal!" Esse tipo de opinião faz com que os abusadores se sintam as próprias vítimas "reais" e permite que os agressores continuem abusando. Isso significa que esses indivíduos aprovam ou minimizam o comportamento abusivo, o que pode ser muito difícil para a vítima já que está sendo constantemente exposta a esse tipo de mentalidade. Além disso, isso também reforça a crença dos agressores de que suas ações são aceitáveis.

As opiniões que culpabilizam a vítima também tornam mais difícil para aquelas que sofrem a agressão procurar ajuda, pois podem fazê-las sentir vergonha ou culpa. Isso acontece porque os abusadores geralmente minimizam ou negam seus comportamentos abusivos, deixando as vítimas confusas e sem saber a quem recorrer para obter ajuda. Além disso, os abusadores raramente são punidos pelos seus atos, o que reforça a crença de que eles poderão continuar agindo impunemente.

Vítimas de violência podem se sentir sem esperança, como se ninguém acreditasse nelas ou as ajudasse. Elas também podem ter medo de piorar a situação, já que violência doméstica é um assunto difícil e vergonhoso para muitas pessoas. As vítimas podem ficar isoladas porque os agressores ameaçam matá-las ou ainda outras pessoas que possam ajudá-las. Muitos agressores controlam todos os aspectos da vida das suas vítimas, incluindo o dinheiro, onde elas trabalham e até mesmo com quem elas podem falar. Isso torna muito difícil para as vítimas conseguirem ajuda.

Por que nos culpamos?

Nosso cérebro não tolera a ideia de que não estamos no controle. Se puder, ele encontrará uma maneira de tornar o abuso sua própria culpa, como se você tivesse o poder de evitar o evento e permanecer segura. Você pode pensar: “Se eu não tivesse falado isso, ele não teria me machucado. A próxima vez, serei mais cuidadosa com as coisas que falo para não o deixar bravo...”

Isso é um pensamento muito comum após uma briga, especialmente se o outro nos machucou fisicamente. Porém essa forma de pensar está baseada em alguns erros fundamentais. Primeiro, ele assume que você tem o controle sobre o que outras pessoas fazem, o que claramente não é verdade. Segundo, ele sugere que você deve sempre ceder às demandas do outro, mesmo quando elas são injustas ou perigosas — o que também não é verdade. Na verdade, permitir que a outra pessoa domine você só irá reforçar os comportamentos abusivos e violadores de direitos humanos.

Para quem nunca sofreu abuso, culpar as vítimas pode ajudá-los a se sentirem mais seguros. Eles podem pensar: "Isso nunca aconteceria comigo porque faço x, y & z. Portanto, estou a salvo desse tipo de violência". Essa forma de raciocinar os protege da dor e do medo que esses eventos traumáticos causam, permitindo-lhes manter uma sensação de controle sobre suas vidas. No entanto, esse modo de pensar também pode impedir que as pessoas identifiquem o perigo quando ele estiver presente, pois elas tendem a ignorar sinais de alerta que contradizem suas crenças. O fato é que qualquer pessoa pode ser vítima de abuso — independentemente do que faça ou da forma como vive sua vida.

Lembre-se, a única coisa que causa abuso é um abusador. Eles são os únicos responsáveis pelo seu comportamento. Se você está sendo abusado ou abusada, não é porque fez algo errado — é porque a outra pessoa escolheu agir de forma abusiva. Ninguém merece ser maltratado verbalmente, fisicamente ou sexualmente. Não importa quem seja, você não merece ser tratado dessa forma. Você não pode controlar o comportamento de outra pessoa.

Não guarde segredo sobre isso

Os abusadores escolhem as suas vítimas com cuidado, tendo em conta fatores como a idade, o sexo e a situação emocional da pessoa. Eles podem abusar de qualquer indivíduo que seja vulnerável ou que não esteja em condições de se defender. O abusador decide quando e onde vai abusar da sua vítima. Pode haver um padrão no modo como ele age, mas às vezes varia para manter a sua vítima sob controle.

Os abusadores são capazes de parar de abusar quando isso os beneficia, por exemplo, quando estão a ser investigados pelas autoridades ou quando precisam conquistar alguém para conseguir algo. Eles também podem te prejudicar de diversas maneiras que não são visíveis e que não deixam marcas a olho nu. Isso pode incluir atos como o cyberbullying, que é quando alguém usa a tecnologia para agredir outra pessoa de forma verbal ou emocional. Outras formas invisíveis de violência podem incluir difamar alguém online ou espalhar rumores sobre eles. Às vezes, estes atos têm consequências graves, como afetar a autoestima da vítima, causar problemas na vida profissional ou particular e ate levá-la ao suicídio.

A incerteza do que vai acontecer, o medo de falar sobre o que está acontecendo — tudo isso pode levar às vítimas a ficarem "paralisadas" e, consequentemente, deixarem de denunciar o abuso. É importante lembrar que existem diversos canais de apoio para aquelas que sofrem abuso, e que elas não estão sozinhas. Denunciar o abuso é um passo crucial para parar a situação e proteger outras possíveis vítimas.

É muito difícil resolver essa situação sem intervenção, pois os abusadores geralmente querem segredo para que possam continuar praticando a violência. A vítima pode ficar intimidada ou com medo de represálias e, portanto, não denunciar o abuso. Em muitos casos, a vítima nem mesmo percebe que está sendo abusada, pois o agressor pode ter manipulado a situação de tal forma que ela acredite que merece o tratamento ruim. É importante procurar ajuda imediatamente para intervir e parar o agressor.

Se você estiver sofrendo qualquer tipo de violência ou abuso, por favor, fale com alguém em quem confie. Conte a mais de uma pessoa e continue conversando com elas mesmo depois que o abuso terminar, pois violência e abuso podem ser extremamente difíceis de lidar sozinho. Falar sobre o que está acontecendo com outras pessoas pode ajudar a processar o que está acontecendo e fornecer um apoio vital durante este período difícil. As pessoas em quem você confia podem oferecer um ouvido atento, bem como conselhos e orientações práticas sobre os passos a serem tomados para encerrar a situação de violência ou abuso.

O abusador quer abusar.

O agressor deve criar um ambiente onde possa abusar.

O agressor deve optar por continuar com o abuso.

Exemplo:

O agressor pode querer abusar para se sentir poderoso.

O agressor pode manobrar-se para aproveitar uma oportunidade.

O agressor está agora em posição de explorar a vítima.

Exercício

Por que você pode ter sido particularmente vulnerável a ser abusado?

Atribuindo responsabilidade

Por sua própria definição, culpa significa assumir responsabilidade. Ao considerá-lo no contexto do abuso, os dois estão ligados, mas também são totalmente separados um do outro. Pergunte a si mesmo: você é realmente responsável pelo que aconteceu com você quando criança ou você foi desprotegido e às vezes até reprovado por aqueles que deveriam protegê-lo?

Você não pode começar a atribuir a culpa até que tenha considerado todas as pessoas que têm algum grau de responsabilidade em sua situação. Só porque você foi o ponto focal da atenção, não significa que o fardo caia sobre seus ombros. Afinal, você era apenas uma criança, era dever do seu guardião protegê-lo.

Exercício

Faça uma lista de todos aqueles que você sente que desempenharam algum papel em seu abuso, desde as pessoas que tiveram um papel menor até o(s) agressor(es). Liste-os, numerados de 1 a 10, começando com o mais responsável e terminando com o menos. Certifique-se de indicar porque cada pessoa está incluída.

Por que você não teve culpa

Esses exercícios devem ter dado a você uma base para mudar sua perspectiva em relação à culpa e à responsabilidade. E se você está começando a se sentir mais confiante em aceitar o fato de que você não é o culpado pelo seu abuso, você pode tentar reforçar esse sentimento.

Exercício

Escreva o motivo pelo qual você se sente culpado e, em seguida, crie um contraponto, detalhando porque você não é o culpado. Isso pode ser difícil no começo. Se você ainda sentir que há um bloqueio mental, deixe este exercício por um tempo e permita-se mais tempo com os anteriores. Você sempre pode retornar a ele em uma data posterior.

Exemplo:

Por que eu pensei que eu era o culpado? Por que eu não era o culpado? Por que eu deixei eles me tocarem? Porque eu não contei a ninguém?

Eu não tinha culpa porque estava com medo de fazer coisas que não queria fazer.

Não tive culpa porque fui ameaçado se contasse a alguém. Não sabia lidar com essas emoções tão intensas e senti um medo apavorante.

Mensagem para você que sofreu ou tem sofrido violência.

A culpa nunca é sua. Não importa quanto você tentou, não há nada que justifique a violência cometida contra você. É importante lembrar que a violência é um ato de escolha da pessoa que a cometeu e não uma reação às suas ações ou àquilo que você representa. Você não merece ser tratado desta forma e, apesar de tudo o que aconteceu, você precisa saber que é forte o suficiente para superar isso. Ninguém merece passar por essa experiência, mas sei com certeza de que

você vai superar esse momento difícil e vai sair mais forte do outro lado.

Amor-próprio

Foram anos de desvalorização, sentia extrema necessidade de ser amada por alguém, mas eu não me amava, não me via, não me escutava. Uma mulher linda que não sabia como se amar e fazer escolhas. Vivi muito tempo buscando o carinho dos outros para compensar o que faltava em mim mesma. Sempre procurando a aprovação dos outros, tentando agradar todos a minha volta. Eu sempre me cuidei muito, usava os melhores perfumes, a lingerie mais sexy, as roupas mais tops e os sapatos da moda. Meu cabelo estava sempre bem cuidado e onde estava meu amor-próprio? Não estava.

Quem me conheceu na "superfície" não tinha noção do desespero interior que vivia. Sentia medo de falar o que acontecia dentro de mim, mas as minhas escolhas contavam a história de desamor comigo mesma. Vivi por anos lutando contra um sentimento constante de tristeza e ansiedade, sem saber ao certo o que era ou como lidar com isso.

Não é fácil se apaixonar por si mesmo, mas talvez seja ainda mais difícil amar os outros verdadeiramente se você não o fizer primeiro. Se você não se sente bem consigo mesmo, como espera que outras pessoas o vejam? Portanto, para amar os outros de maneira saudável e genuína, é necessário começar por você mesmo. O caminho para o amor-próprio pode ser cheio de desafios, uma jornada sem um início ou fim definido. Mas vale a pena percorrê-lo, pois é através dele que encontraremos a verdadeira satisfação e felicidade. Quando começamos a trilhar esse caminho, podemos nos sentir perdidos e inseguros. É natural que sintamos medo diante do desconhecido, mas precisamos ter coragem de dar os primeiros passos, mesmo que sejam vacilantes. Afinal, só assim poderemos chegar ao nosso destino: o amor incondicional por nós mesmos.

A capacidade de amar é uma coisa muito pessoal e subjetiva. Não há uma regra ou uma fórmula para seguir, porque o que funciona para uma pessoa pode não funcionar para outra. Amor é um sentimento interno de bondade, compaixão e benevolência por outra pessoa. É importante notar que você não precisa esperar para ser amada/o para começar a amar; você pode dar a si mesma/o todo o amor que quiser. No entanto, lembre-se de que o seu bem-estar sempre virá em primeiro lugar.

Honestamente, a pergunta da minha primeira terapeuta, a Vera, me levou numa busca intensiva em me amar. A pergunta era: "Se você pudesse voltar atrás no tempo, o que faria de diferente?" Eu pensei por um longo tempo e finalmente respondi: "Eu aprenderia a me amar".

Minha mente era cheia de medo disfarçada de amor-próprio. O temor me torturava com pensamentos de culpa, ataque e defesa constante. Fiquei aprisionada ao medo desde minha infância e o meu sofrimento só aumentava a cada dia e na idade adulta fiquei presa no inferno de minhas ilusões. Um padrão familiar me ensinou que amor era medo, mas a minha "Jornada" me ensinou a transformar pavor em amor. Podemos quebrar padrões de pensamentos. É fácil? Não, mas é muito pior conviver com eles.

Lembro-me das coisas que aceitava dentro dos relacionamentos. Aceitei ser a "outra", aceitei inúmeras vezes ser traída, por isso fingia que não via ou entendia o que estava acontecendo. Aceitava como parceiros, homens que não queria só para não ficar sozinha. Fazia sexo sem um pingo de vontade só para agradar e manter a fama de boa de cama. Muitas vezes me relacionava com homens que tivesse dinheiro, pois devido a minha compulsão por compras precisava de alguém para cobrir os rombos que deixava na minha vida financeira. Mentia para que o parceiro que estivesse comigo me desse mais dinheiro para gastar com roupas, sapatos e perfumes.

Inúmeras vezes fiquei com homens que não gostavam de trabalhar e grossos, só para dizer que tinha alguém. Já fiz escândalo, já ameacei outras mulheres por causa de parceiros de ego frágil que gostavam de se autoafirmar e naquela época ao invés de responsabilizá-lo, colocava a culpa nas mulheres como se elas tivessem compromisso comigo. Eu mentia para mim mesma dizendo que era bem resolvida, mas no fundo era uma criança assustada querendo ser salva do bicho papão.

Jamais seria salva, pois esse não era o papel deles e sim meu. No entanto, quando fui para minha recuperação vi que estava extremamente equivocada em muitas situações. Todo conhecimento que adquiri me salvou de mim mesma e das más intenções de pessoas que diziam me amar, mas que no fundo nunca amaram a si mesmas.

Por isso invista em você, em tratamentos que te faça renascer dentro de si. A vida nos espera de braços abertos, não importa a idade.

Quando você muda sua forma de pensar, você transforma o medo em amor! Como mudar um pensamento pode impactar tanto uma vida? Para cada conceito criado, você está criando uma forma. Imaginamos que somos apenas nossos pensamentos, mas na verdade somos muito mais do que isso. Somos seres divinos com um propósito e um potencial infinito. Cada vez que trocamos os nossos pensamentos negativos por outros positivos, estamos a dar um passo rumo à nossa verdadeira natureza. O amor é a essência daquilo que somos e quando nos permitimos sentir esse amor incondicional, abrimo-nos para a cura, a prosperidade e todas as maravilhas da vida.

Um simples pensamento pode ter o poder de abrir e fechar portas, tanto dentro como fora de nós. Ele pode ser a chave para um novo mundo de possibilidades, ou o bloqueio que impede o nosso progresso. O primeiro passo é reconhecer o poder do pensamento e da mente, depois aprender a controlá-los para que possamos usá-los a nosso favor. Com um foco mental correto, podemos atingir qualquer objetivo que desejarmos. Podemos superar obstáculos, vencer medos e alcançar o sucesso em qualquer área da nossa vida. Mas se permitirmos que os nossos pensamentos negativos dominem a nossa mente, então estaremos sempre à mercê das circunstâncias e lutando contra o vento.

O poder da nossa mente é incomensurável. Ela pode abrir portas para o amor e para o medo, dependendo de como a usamos. Quando pensamos no amor, ele nos traz boas vibrações e sentimentos positivos. Isso nos ajuda a atrair mais coisas boas para nossas vidas. Por outro lado, quando pensamos no medo, isso cria um bloco energético que nos impede de receber as coisas boas que estão à nossa volta. Assim, podemos dizer que o primeiro passo para termos uma vida feliz e plena é cultivar os pensamentos do amor em nossa mente

Sombra e luz

Doía profundamente o fato de não ser amada e tratada como queria. A dor era tão grande que emergiu de dentro de mim minha parte mais sádica. Eu comecei a imaginar todas as maneiras em que poderia fazer sofrer aqueles que me fizeram mal, aqueles que me ignoraram e me rejeitaram. Isso me trouxe um certo prazer, um alívio da dor imensa que sentia. Vi na crueldade uma forma de me vingar, de mostrar a todos o quanto eles eram inferiores a mim. Sentia-me poderosa assim, no controle da situação, causando sofrimento aos outros. Era como se finalmente pudesse ter o controle da minha vida e das pessoas nela.

Essa mulher sádica, embora decidida, dinâmica, sedutora, enigmática, corajosa, fria e calculista, muitas vezes me fazia virar as costas para mim mesma. "Ela" era alguém que eu admirava e temia ao mesmo tempo. A forma como "ela" lidava com a vida (sempre impetuosa e às vezes até brutal) me deixava insegura quanto ao que faria em seguida. Apesar de tudo isso, havia qualquer coisa nela que continuava a cativar-me e despertar o meu interesse.

Eu confiava minha vida a pessoas sem competência para cuidar de si mesmas. Isso atacava meus pensamentos e crenças, que eram apenas brinquedos para elas. Meus pensamentos eram confrontados por uma voz incessante que habitava dentro do meu ser. Tudo o que eu tentava pensar era interrompido por essa voz, que ecoava na minha cabeça sem parar. Ela me dizia coisas como "você é inútil", "você não consegue fazer nada direito" e "ninguém vai querer ficar perto de você". Essas palavras martelavam em minha mente, ecoando de maneira insistente. Era como se essa voz estivesse sempre presente, ditando o rumo dos meus pensamentos. Desde que eu me entendo por gente, essa voz vinha me incomodando.

A princípio, acreditava que era só mais um problema passageiro da adolescência, mas com o tempo fui percebendo que não era bem assim. Cheguei a tentar ignorá-la, mas ela sempre voltava com força total, constantemente trabalhando de uma forma tóxica sobre a minha forma de me enxergar e amar. Como se fosse uma espécie de monstro invisível que rondava os cantos da minha mente, esperando o momento certo para atacar. Às vezes eu conseguia afastá-la por algum tempo, mas logo ela voltava com mais força do que nunca. Não sei exatamente quando essa voz começou a ter tanto poder sobre mim, mas o fato é que ela dominou completamente a minha vida. Ela me convenceu de que eu não era boa o suficiente, de que jamais seria capaz de conquistar as coisas que desejava. Tudo isso fez com que eu perdesse toda a confiança em mim e acabasse me fechando dentro de meu íntimo .

Essa voz me fazia envergonhada e constantemente dizia assim: “Eu fiz isso porque você foi abandonada, traída e está se sentindo muito sozinha”. A cada palavra que ela pronunciava, eu me sentia mais baixa e sem dignidade, era como se aquela voz soubesse de todos os meus medos e inseguranças.

Esse meu lado sádico tinha desculpas para tudo que executava. A dor dentro de mim, tinha achado alguém que lhe dava poder de expressar meus aspectos mais sombrios. Eu podia machucar as pessoas e fazer coisas horríveis sem sentir nenhum tipo de culpa ou remorso, porque essa era a forma como eu conseguia aliviar a minha dor. Eu sabia que havia um lado obscuro dentro de mim, mas eu não tinha noção do seu poder. Ele agia incessantemente em cima da minha dor não processada, enfiando o dedo na ferida e a abria mais e mais. A dor era tão intensa que às vezes me sentia de que eu sofresse sempre, lembrando-me constantemente do passado.

Eu tinha prazer em devolver cada uma das humilhações que eles me faziam passar. Nesse momento, eu me sentia absolutamente poderosa. Devolvia na mesma moeda toda a dor que eles me causavam. Ele roubava minha paz, mas eu devorava a dele, gargalhando e sambando. Ele falava de mim para todas as pessoas que conseguia e eu gritava aos quatro cantos o quanto ele era desgraçado. Isso alimentava mais a minha raiva, que crescia numa velocidade implacável. Não havia nada que eu pudesse fazer para parar aquilo; quanto mais lutava, mais me envolvia naquela espiral de ódio.

No meu íntimo, minha "sombra" estava imperando como uma rainha. Os conflitos da minha mente consciente e inconsciente bailavam exibindo suas várias faces. Eu percebia a luta entre a vida e a morte dentro de mim, e temia o que poderia acontecer se a sombra prevalecesse.

Numa tarde violenta em que o ex puxou meus cabelos, senti um frio percorrer meu corpo e minha mente instantaneamente voltou aos meus quinze anos, no dia que meu pai me espancou e quebrou meus dois braços. Eram muitos socos na minha cabeça que meu pai me dava e cada vez que ele batia, mais furioso ficava, então coloquei meus braços para me proteger. Não satisfeito ele tirou todas as vasilhas do armário e ordenou que eu as levasse com o cotovelo. O que eu fiz para "merecer" isso? Matei aula um mês, ficava vendo televisão na casa de uma amiga de infância e as vezes dando voltas na rua. Nesse dia espanquei meu ex dois dias seguidos, quebrei o quarto inteiro, tive surtos horríveis de raiva e depois que vi ele todo machucado a sensação de prazer foi imediato e dentro de mim tudo se acalmou.

Sim, existe uma escuridão apavorante dentro de mim. É como se houvesse um monstro espreitando nas sombras, pronto para saltar e me devorar. Os filmes de terror são apenas desenhos diante dessa poderosa sombra. Naquela época, ela me ameaçava constantemente, dominava minha mente e coração. O medo que eu sentia era tão grande que às vezes ficava paralisada, incapaz de enfrentá-lo.

Carl Jung escreveu: “A sombra é algo inferior, primitivo, desajustado e infeliz, mas não absolutamente ruim”. Não há luz sem sombra e não há totalidade psíquica sem imperfeição. A vida requer para o seu desenvolvimento não a perfeição, mas a plenitude. Sem imperfeição, não há progressão ou ascensão. A clareza não vem de imaginar a luz, mas de tomar consciência da escuridão.

Jung alude às duas polaridades que nos constituem: sombra e luz. Ele também nos diz que “Sem emoção, é impossível transformar escuridão em luz e apatia em movimento”. Jung acreditava que a sombra é uma parte natural da personalidade, mas precisamos lidar com ela de forma saudável para não termos problemas. A sombra pode ser composta por traços negativos ou ocultos de nossa personalidade, por exemplo. É importante notar que todos temos uma sombra, pois ela faz parte de quem somos. No entanto, algumas pessoas têm mais consciência da sua própria sombra do que outras.

A questão é como lidamos com a nossa própria sombra. Se ignorarmos a existência dela, podem surgir problemas na vida, pois negaremos uma parte importante de nós mesmos. Ao contrário, se assumirmos a presença da nossa sombra e trabalharmos para integrá-la à nossa personalidade de forma saudável, isso pode nos tornar pessoas mais completas e equilibradas. Por exemplo, reconhecendo os traços negativos de nossa personalidade e buscando maneiras de compensá-los com atitudes positivas, podemos minimizar o impacto destes aspectos negativos em nossas vidas. Assim sendo, ainda que a sombra faça parte intrínseca da humanidade, é possível e necessário lidar com ela de forma que sirva para enriquecer a vida individual e coletiva.

Não basta apenas olhar para o lado escuro da nossa natureza humana — temos de enfrentá-lo, compreendê-lo e integrá-lo em nós mesmos. Só assim poderemos chegar à plena expressão daquilo que somos. Cada um de nós tem uma sombra — aquela parte de nós que é negativa, inconsciente e repressiva. A sombra pode ser comparada à luz do sol, que revela a presença das coisas, mas também as obscurece. A sombra nos mostra onde estamos escondendo a verdade sobre nós mesmos, aquilo que preferiríamos manter oculto. Ao enfrentarmos a nossa sombra, podemos finalmente começar a entender as motivações inconscientes por trás das nossas ações e pensamentos. Isso nos dá um senso maior de autoconhecimento e autenticidade, libertando-nos para ser quem realmente somos.

O papel da sombra

A Sombra na psicologia de Jung representa aquilo que escondemos dos outros e de nós mesmos. Ela é o lado negro da personalidade, ou seja, aquelas características que são consideradas inadequadas pelo ego. A Sombra está relacionada àquelas coisas que pensamos ou fazemos em segredo, pois tememos o julgamento dos outros. É importante notar que a Sombra não é necessariamente negativa. Na verdade, ela pode conter qualidades positivas que foram reprimidas pelo ego por medo de ser rejeitado pelos outros. A Sombra também pode ser vista como sendo a parte do inconsciente onde estão armazenados os traumas e as experiências dolorosas da vida.

A Sombra é a personificação do nosso inconsciente. Ela está presente em todas as nossas ações e pensamentos, mas raramente conscientemente, perceptível. A Sombra pode ser vista como o lado negro de nossa personalidade, o lado que gostaríamos de manter escondido por medo da rejeição ou da vergonha. A Sombra também tem raízes arquetípicas que a tornam um símbolo do mau absoluto, especialmente no nível coletivo. É então que ela aparece representada pelo Diabo cercado por suas criaturas malignas. No entanto, nem sempre precisamos temer a Sombra. Ela também pode simbolizar a parte de nós mesmos que precisa ser integrada para completar a totalidade da personalidade. Infelizmente, quando ignoramos a Sombra ou a negamos completamente, ela sempre volta para nos assombrar — normalmente na forma de comportamento compulsivo ou obsessivo ou através do surgimento de um sintoma físico desagradável.

Jean Monbourquette escreveu: “Os lados não amados de nós mesmos que tentamos em vão eliminar de nossas vidas se projetam nos outros e nos forçam a reconhecê-los”.

Nos vemos através do outro

Na maioria das vezes, projetamos nossa sombra sobre os outros. Quando algo nos incomoda ou nos faz sentir inseguros, é natural que tendamos a culpar as outras pessoas por isso. É mais fácil culpar os outros do que assumir a responsabilidade de lidar com nossos próprios problemas.

Alimentar essa forma de pensar só irá reforçar nossas aversões e ódios incompreensíveis. No entanto, é também uma forma de ver claramente dentro de nós mesmos aquilo que precisa ser trabalhado e resolvido. Ao identificarmos as negatividades que estão sendo projetadas, podemos começar a lidar com elas e assim melhorar nossa relação com o mundo exterior.

Devemos suportar boa parte das censuras com que subjugamos os outros! Em vez disso, agimos como se fosse possível nos libertar de nossa sombra; é a eterna história da palha e da viga. A palha representa o ego, que é frágil e insignificante; a viga simboliza o "Eu" Superior, que é forte e sustenta todo o peso. No entanto, nem sempre conseguimos ver a realidade dessa maneira. Muitas vezes acreditamos que somos apenas o ego, enquanto na verdade somos muito mais do que isso. Consequentemente, vivemos em constante medo da nossa própria sombra.

Tememos o que há de mais escuro em nós mesmos e, por isso, lutamos para mantê-la reprimida. Ignorar a sombra pode até funcionar por um tempo, mas ela sempre acabará voltando para nos lembrar de sua existência. Ela surge quando estamos cansados ou doentes, quando estamos sob pressão ou enfrentando problemas inesperados. Sempre está lá para nos mostrar aquilo que tememos e admitir sobre nós mesmos. A única maneira de lidar com a sombra é abraçá-la completamente. Precisamos reconhecer sua existência e aceitar tudo aquilo que ela revela sobre nós mesmos. Só assim poderemos passar para além dela e chegar à plena consciência do nosso "Eu" Superior.

Como enfrentar esse desconhecido tão poderoso?

Logo perceberemos que ele tem uma energia que está além de nós; forçá-lo nos faz arriscar o pior. Em vez disso, tente falar com ele. Sua resposta vem um dia, por si só, óbvia, de forma imprevisível. Devemos, portanto, superar o conflito, em vez de resolvê-lo. É a este preço que iremos integrar a nossa sombra, sem repercussões infelizes. Se recusarmos este acordo e a tentação é grande, a sombra secretamente governará nossa existência e nos colocará armadilhas, possivelmente fatais (acidentes). É o caso do homem que perdeu sua sombra, aquele que pensa que sabe tudo sobre si mesmo e se torna vítima de sua presunção.

Foi meu lado sombrio que me levou para essa jornada de encontro a luz. Há muito tempo, eu havia esquecido o que era sentir alegria. Viver na escuridão parecia natural e eu não questionava minha existência, mas então, um dia algo aconteceu. Eu vi uma luz no fim do túnel — uma pequena faísca de esperança em meio às trevas. Aquela chama me chamou, e eu segui-a sem hesitação. Enfim havia luz nas partes mais escuras do meu ser. Aqueles primeiros passos foram os mais difíceis, mas também os mais gratificantes. A cada movimento em direção à luz, eu sentia um peso sendo levantado de dentro de mim. Era como se toda a negatividade que carregava há anos estivesse finalmente sendo libertada. O processo foi longo e doloroso, mas valeria a pena quando chegasse ao outro lado — um mundo repleto de cores e possibilidades que antes mal podia imaginar existir. Hoje sou grata por ter tomado aquela decisão há tantos anos atrás. Sem ela, nunca teria conhecido a verdadeira felicidade — um sentimento que agora abastece minha vida todos os dias.

Prazer instantâneo

A codependência emocional se manifesta por meio de sintomas e características específicas. Afeta a dimensão emocional do sujeito, transformando a relação de funcional em patológica. Sendo um transtorno relacional, é necessário considerar os dois protagonistas dessa situação, a pessoa dependente e a pessoa de quem depende. Envolve atitudes, humores e sintomas que são, em grande medida, semelhantes aos de outros vícios comportamentais. Essas manifestações incluem: Prazer ou bem-estar derivado do objeto do vício (parceiro e relação com ele).

A necessidade de aumentar o tempo gasto com o parceiro e diminuir o tempo dedicado a atividades independentes ou contato com outras pessoas. Emoções negativas muito intensas como ansiedade, pânico e depressão quando o parceiro está distante fisicamente ou emocionalmente. Incapacidade de pensar com clareza sobre sua situação e controlar seu comportamento, alternando com momentos de lucidez, onde a pessoa dependente sente vergonha e remorso.

Além disso, o codependente emocional tem dificuldade em reconhecer suas próprias necessidades, deixando de lado seus objetivos diante dos da outra pessoa. Ela vive em constante angústia de perder a pessoa que é o objeto de seu vício e precisa de constante garantia de que isso não acontecerá.

Dentro do relacionamento, ela tende a fazer demandas emocionais contínuas e exageradas, não se sentindo amada o suficiente. A dependência emocional tende a se transformar em uma relação afetiva disfuncional, com risco de sofrer e perder a liberdade.

A pessoa codependente geralmente tem uma avaliação muito negativa de si mesma. Ela não confia em suas habilidades, se compara aos outros e, em sua comparação, sempre se vê inferior às outras pessoas. Ela na maior parte dos casos encontra poucas coisas positivas ou nada em sua personalidade e concentra em tudo o que considera negativo.

Aquele que é emocionalmente codependente, seja de um amigo ou um parceiro, precisa saber o tempo todo onde a outra pessoa está e o que está fazendo. Ele faz isso bombardeando com mensagens de texto ou ligações, o que, como você pode imaginar, acaba sobrecarregando o outro terrivelmente. Sua preocupação é exagerada quando esse indivíduo não responde imediatamente, pois, na realidade, o que o codependente queria não era ligar ou mandar mensagem, mas estar constantemente com essa pessoa.

A codependência é um vínculo emocional doentio, no qual você busca uma pessoa para lhe dar o prazer que você não está obtendo por conta própria. Você tem uma "fome emocional" e procura alguém que vai salvá-lo ou que você pode tentar salvar. Isso geralmente se manifesta como uma dependência de um parceiro ou ente querido, mas também pode se manifestar como uma necessidade de aprovação excessiva, a procura constante de reconforto ou elogios, e até mesmo a compulsão por relacionamentos tóxicos.

Eu sonhava com romance e a história perfeita que mudaria o rumo da minha vida. Fazia inúmeras expectativas sobre relacionamentos amorosos e, consequentemente, ficava decepcionada quando meus parceiros não correspondiam às minhas expectativas. Me cegava diante da realidade, acreditando que os homens com os quais me envolvia possuíam as mesmas intenções que eu. Quando percebia que não existia reciprocidade, isto é, quando percebia que aqueles homens apenas queriam sexo e não um verdadeiro compromisso afetivo, me sentia traída.

Na codependência emocional, idealizamos pessoas que não existem e isso nos faz sofrer. Na verdade, estamos procurando um relacionamento perfeito e queremos que o outro seja a nossa alma gêmea. No entanto, aprendemos na recuperação, que são nas relações saudáveis que encontramos a verdadeira felicidade.

O nosso maior aprendizado é não amar por necessidade. Se amarmos por necessidade, acabaremos escolhendo pessoas que também amam de uma forma errada e deformada. Isso acontece porque não estamos realmente abertos ao verdadeiro amor, apenas buscamos aquilo que precisamos, e isso faz com que estereotipemos o outro e as situações. Assim, nunca veremos o verdadeiro potencial das pessoas e das coisas à nossa volta.

O aprendizado é bem longo nessa "Jornada de Cura". Não adianta ter pressa e ficar fazendo economia para se ajudar, não é assim que funciona a verdadeira recuperação da codependência emocional. A maioria das pessoas pensa que uma boa aparência é tudo o que importa na vida. Pode ser verdade para algumas coisas, mas não para todas. O que realmente importa é o seu estado psicológico. Você pode ter os sapatos, as roupas e o cabelo mais bonitos do mundo, mas se você estiver triste ou ansioso, isso não significará nada. É por isso que é importante cuidar de sua mente, assim como de seu corpo. Se você estiver bem consigo mesmo, isso irá refletir em todos os aspectos da sua vida.

Nosso foco precisa estar em aprender a se amar e se aceitar, para os codependentes emocionais essa é uma tarefa muito difícil de ser feita. Por quê? Porque nós crescemos acreditando que somos responsáveis pelas emoções e pelos comportamentos dos outros. Aprendemos a controlar o que os outros sentem e fazem, para evitar o confronto ou a decepção. Isso significa que vivemos na ilusão de que podemos controlar o mundo ao nosso redor. Infelizmente, isso só nos leva à frustração, porque ninguém pode ser controlado completamente. Quando finalmente percebemos isso, ficamos extremamente angustiados e inseguros.

Precisamos trabalhar duro para aprender a nos amar e nos aceitar do jeito que somos, com todas as nossas imperfeições. Só assim poderemos ter um relacionamento sadio e equilibrado. Na verdade, é que muitos de nós nunca experimentamos amor e aceitação. Acreditamos que somente seremos amados se formos perfeitos, o que nos leva a escondermos nossas falhas e imperfeições. Desta forma, acabamos sempre nos afastando das pessoas em vez de permitir que elas se aproximem de nós. É tão complicado dar esse passo em direção a nós mesmos porque significa expor todas as coisas que tememos que os outros possam descobrir sobre nós. Mas só quando estivermos dispostos a mostrar quem realmente somos é que poderemos finalmente experimentar o verdadeiro amor e aceitação.

Aprendemos tantas coisas ruins sobre nós mesmos na infância que às vezes nos confrontamos o quanto isso deformou nosso pensamento. Isso pode ser especialmente verdadeiro quando os pais são críticos, abusivos ou ausentes. Na terapia, podemos aprender a olhar para essas experiências de uma nova maneira e trabalhar para superá-las.

Não é fácil ser fruto de uma família disfuncional. A grande parte das pessoas que crescem em famílias complicadas acaba enxergando o mundo com uma lente danificada. Isso significa que, muitas vezes, não conseguem passar da esquina de suas casas sem se deparar com problemas e dificuldades. Cabe à nós codependentes a tarefa de aprender a se amar e se aceitar, para que possamos acreditar que somos dignos do amor e do respeito do outro. Isso significa desenvolver um senso de autoconfiança e autoestima, além de lidar com as nossas emoções de maneira saudável.

Uma vez que aprendemos a nos amar e cuidar adequadamente, estamos em melhor posição para receber o amor e o apoio dos outros. Podemos estabelecer limites saudáveis e ter relacionamentos mais equilibrados, onde damos e recebemos como iguais. Isso leva tempo e exige esforço continuado, mas vale a pena quando alcançamos um verdadeiro senso de segurança interna e bem-estar.

Recuperação e negação da codependência

A negação é um mecanismo de defesa muito popular. É quando agimos como se um evento, um pensamento ou uma emoção nunca tivesse acontecido. Fazemos isso mesmo que haja evidências óbvias de que aconteceu, e muitas vezes protestamos o contrário. Um exemplo é quando choramos o tempo todo, mas depois dizemos a todos que não estamos tristes ou quando começamos a ficar doentes de tanto beber todos os dias, mas dizemos que não somos alcoólatras. A negação está ligada a outros mecanismos de defesa. Estes incluem: repressão (banir coisas estressantes de nossas memórias) e projeção (recusar a responsabilidade por pensamentos, sentimentos e ações, atribuindo-os a outra pessoa).

Então isso quer dizer que os codependentes não veem a verdade? eles estão em negação? Seria fácil dizer que a negação é negar “a verdade”, mas “verdade” é na realidade uma perspectiva. Por exemplo: duas pessoas fazendo um lanche, uma pode dizer que estava incrível, a outra que estava terrível. Portanto, a negação é mais sobre como evitar fatos e resultados. Seria negar que o lanche era calórico e poderia levar ao ganho de peso, ou alegar, mesmo contra ordens médicas rígidas sobre seus ingredientes, que “não faz mal”. O codependente se convence de que os fatos dizem e do que todos os outros dizem.

Os sintomas de estar em negação

As pessoas costumam dizer que você está nas nuvens, fora da realidade ou sonhando. Você faz as mesmas coisas de novo e de novo esperando um resultado diferente, há uma sensação de que você está preso na vida. Você tem um hábito que não conta aos outros, como: gastar dinheiro, comer demais, beber sozinho, acabar usando drogas em vez de pensar em decisões. Você faz o que parece mais fácil e tenta não ter grandes emoções ou pensamentos perturbadores.

É na infância que aprendemos a esconder nossas emoções

Quando criança, por exemplo, vivemos com pais abusivos, como crianças não tínhamos como cuidarmos de nós mesmos. Ficamos presos morando com esses pais, até que talvez alguém ligue para os serviços sociais ou nos defenda. Como na maioria das vezes ninguém apareceu ou veio nos ajudar, tivemos que negar a realidade da situação como forma de continuar.

Quantas vezes os pais punem seus filhos por eles estarem tristes ou zangados e como consequência essa criança aprenderá rapidamente a esconder suas emoções. O problema é que, como adultos, temos mais opções. Podemos realmente encontrar soluções eficazes em vez de viver em negação. Se estivermos sendo intimidados, podemos falar com alguém para nos ajudar ou registrar uma reclamação. Se tivermos tristeza e raiva, podemos conversar com amigos ou um terapeuta.

Mas se nosso cérebro foi treinado para recorrer à negação quando criança e não examinamos esse hábito trabalhando para mudá-lo, continuamos usando o mesmo mecanismo de defesa, mesmo quando isso significa que nossa vida fica presa em lugares insalubres.

Na terapia, aprendemos a olhar todos os problemas de frente e ela nos guia para solucioná-los. No entanto, não é algo que acontece do dia para a noite, mas sim um processo que precisa ser respeitado. A terapia nos ensina como lidar com as nossas emoções e pensamentos negativos, e como encarar os problemas de forma mais saudável. Ela também nos auxilia na tomada de consciência dos padrões negativos que se repetem em nossa vida, para que possamos trabalhar para modificá-los. É importante lembrar que este é um processo gradual e individual, portanto é necessário ter paciência e perseverança para obter os resultados desejados.

Não dê a ninguém a responsabilidade de te fazer feliz.

Não dê a ninguém a responsabilidade de te fazer feliz. Apenas você pode controlar sua própria felicidade. Dependendo de outras pessoas para ser feliz é uma receita para o fracasso, pois os outros nunca vão se sentir completamente responsáveis por sua alegria. Em vez disso, aceite que a felicidade é um estado interno que você precisa cultivar e alimentar por si mesma/o. Isso significa aprender a lidar com as dificuldades da vida de uma maneira saudável, construindo relacionamentos positivos no percurso. Quando você se concentrar em ser uma pessoa positiva e realizada, perceberá que a felicidade naturalmente flui em sua direção.

Sua felicidade é você quem faz e ninguém pode tirá-la de ti, não importa o que aconteça. Você sempre terá a escolha de ser feliz, independentemente das circunstâncias em que se encontre. A felicidade é um estado mental e, como tal, está sob seu controle. Ninguém pode fazer você feliz — isso é algo que você tem que conquistar por si mesma/o. Não espere que outras pessoas tragam alegria para sua vida, pois isso é algo que somente você pode fazer. A felicidade é um estado mental e emocional que só depende de você. Portanto, não deixe que ninguém interfira em seu bem-estar ou tire o seu sorriso do rosto.

O que tende a acontecer quando você se torna emocionalmente dependente é procurar alguém para cuidar de você. Você não sabe mais como satisfazer suas necessidades e espera que outra pessoa tenha a capacidade de fazê-lo. A dependência emocional pode afetar qualquer área da sua vida, incluindo o seu trabalho ou estudos, as suas relações interpessoais e até mesmo a forma como você se sente consigo mesmo.

A baixa autoconfiança das mulheres dependentes emocionais

As mulheres codependentes sofrem de baixa autoconfiança, o que as torna vulneráveis às sugestões. Elas podem facilmente se deixar influenciar pelo que os outros dizem ou fazem, e acabam tomando decisões erradas ou se envolvendo em situações prejudiciais. Isso acontece porque essas mulheres não confiam em si mesmas e na própria capacidade de tomar boas decisões. Elas tendem a buscar aprovação dos outros e seguir o que é esperado delas, mesmo que isso não esteja de acordo com os seus desejos ou necessidades. Como resultado, muitas mulheres passam a vida inteira sem realmente saber quem são ou o que querem, apenas indo alongadas pelos ventos da opinião alheia. É importante que elas aprendam a ter confiança em si mesmas e a tomar as rédeas da própria vida para finalmente alcançarem a felicidade plena.

As mulheres tendem a se subestimar em relação às suas capacidades e potencial, enquanto os homens tendem a sobrestimar-se. Isto pode ser explicado pelo facto de as mulheres, historicamente, terem sido excluídas de muitas áreas da vida pública e privada. Devido a esta exclusão, as mulheres desenvolveram uma baixa autoestima e uma visão negativa de si mesmas. Os homens, por outro lado, foram sempre incentivados a acreditar na sua própria grandeza e potencial, e esta diferença na forma como os gêneros são tratados na sociedade é refletida nas respectivas autoestimas.

Como resultado de sua baixa autoconfiança, não é de se estranhar que a mulher procure o homem e o agarre como um salvador de sua vida. Sua necessidade de aprovação e aceitação são tão grandes que ela não consegue pensar em qualquer outra coisa além de segurar o homem e implorar por seu amor e atenção. As mulheres são criadas para serem dependentes emocionalmente desde crianças, elas aprendem que precisam de um homem para se sentirem completas e seguras. Isso as acompanha durante toda a vida adulta, fazendo com que muitas vezes busquem um parceiro para suprir essa necessidade de dependência, o que pode ser refletido na forma como elas escolhem os parceiros, buscando aqueles que podem oferecer a estabilidade e o cuidado que elas acreditam precisar.

Em alguns casos, essa dependência pode levar à codependência emocional, onde a mulher enxerga o homem como a principal fonte de sua felicidade e realização. Cada vez mais, as codependentes emocionais se padronizam de acordo com o que se espera delas. Isso significa que elas estão sempre dispostas a fazer o que for preciso para agradar, mesmo que isso signifique sacrificar suas próprias necessidades. Elas são muito sensíveis às opiniões dos outros e sentem-se profundamente responsáveis pelo bem-estar das pessoas ao seu redor. Essa constante preocupação pode levar à exaustão emocional e, às vezes, à depressão.

Os relacionamentos amorosos dessas mulheres dependentes constantemente parecem mais uma dança sombria com um vampiro. Essas mulheres estão sempre à procura de um parceiro que as complete, e isso nunca acontece. Elas se sentem insatisfeitas e infelizes, mas não conseguem ver a si mesmas fora do ciclo de relacionamentos abusivos e destrutivos. É como se estivessem presas na escuridão, dançando com o seu pior inimigo.

A mudança é possível para todas as mulheres, independentemente do seu nível de dependência. No entanto, aprender a se amar é o primeiro e mais importante passo. Muitas mulheres dependentes estão tão acostumadas a viver para os outros, sejam os homens em suas vidas, seus filhos ou até mesmo seus amigos e familiares que se esquecem de olhar para si mesmas. Aprender a se amar significa reconhecer que você é importante e digna de cuidado e atenção. Você merece ter um lugar na sua própria vida e não pode continuar sendo uma mera coadjuvante nos relacionamentos que mantém com os outros.

Quando você começa a enxergar seu próprio valor, isso pode inspirar uma mudança radical na forma como conduz sua vida. Isso significa que você passará a dar mais importância às coisas que realmente te fazem feliz e terá mais coragem de tomar as decisões que são melhores para você, mesmo que sejam desafiantes. Você também será mais aberta para receber o amor e o apoio dos outros, permitindo que as pessoas entrem em sua vida de uma maneira mais significativa.

Mulheres dependentes esperam por algo mágico que irá transformar suas vidas. Muitas acreditam que o amor é a resposta para todos os seus problemas, e esperam ansiosamente pelo dia em que um príncipe aparecerá para salvá-las. Infelizmente, na maioria dos casos, isso não acontece e elas precisarão aprender a lutar por si mesmas para encontrar sua própria felicidade.

Muitas pessoas pensam que o casamento vai trazer a felicidade definitiva, mas isso raramente acontece. O casamento é apenas o início de um longo e complexo relacionamento, e muitos casais começam a enfrentar problemas logo após seus respectivos casamentos. À medida que os anos passam, as diferenças entre os cônjuges podem se tornar mais evidentes e os conflitos surgirem com mais frequência. Se os problemas não forem tratados adequadamente, o relacionamento pode sofrer graves consequências, inclusive o divórcio.

As mulheres são frequentemente estabelecidas pela sociedade como seres inferiores, o que significa que elas raramente são incentivadas a desenvolver sua independência. Isso pode ser devido a uma variedade de fatores, incluindo o sexismo e o machismo que infelizmente permeiam muitas culturas. Essa situação é um problema, pois quando alguma crise acontece na vida adulta dessas mulheres, elas ficam totalmente indefesas para lidar com essa situação. Como resultado, muitas vezes elas acabam tendo que lidar com problemas financeiros, relacionamentos abusivos ou até mesmo doenças mentais sem nenhuma forma de apoio. Isso pode levar às mulheres a se sentirem sozinhas e desamparadas, o que pode aumentar ainda mais a dependência na sua vida.

A maior parte do tempo, as mulheres têm que lidar com sua falta de vontade de serem independentes. Isto é principalmente porque a sociedade já espera que elas se comportem como pessoas sem autonomia emocional. As mulheres são pressionadas para seguir certos estereótipos e expectativas sociais, isso inclui serem dependentes emocionalmente; o que pode impedir o desenvolvimento de uma verdadeira autonomia. É natural que muitas mulheres tenham dificuldades para lidar com isso e busquem maneiras de escapar desta pressão constante.

Isso significa que elas devem se adaptar às expectativas sociais e comportar-se de acordo com o que é considerado "normal" para o gênero feminino. Essas expectativas podem ser impostas pelos homens, mas também podem vir de outras mulheres. Muitas vezes, as mulheres são pressionadas a serem emotivas, cuidadoras e submissas — papéis que não refletem necessariamente a realidade da maioria das mulheres. Na verdade, muitas mulheres são fortes e independentes, capazes de cuidar de si mesmas e fazer o que precisa ser feito. Algumas mulheres também podem assumir um papel mais dominante em suas relações, sendo as líderes e tomando as decisões. No final das contas, cada mulher é única e deve ser tratada como tal.

A sociedade machista torna as mulheres economicamente e socialmente dependentes dos homens. A mulher, nesse contexto, se torna um objeto de troca entre os homens e tem sua liberdade negada em todos os sentidos. Os mecanismos usados para manter esse sistema são diversos: a violência física e psicológica, o preconceito no mercado de trabalho, a discriminação nas relações familiares e amorosas. Tudo isso contribui para que as mulheres fiquem presas em um ciclo de opressão e submissão, sem chances de conquistar sua autonomia.

Quanto mais uma mulher se torna dependente emocionalmente de outra pessoa, menos ela tem controle sobre a própria vida. Isso acontece porque, ao depender emocionalmente de alguém, ela passa a buscar constantemente aprovação e reconhecimento nessa pessoa, o que acaba afetando negativamente sua autoestima.

As mulheres tendem a se culpar por inúmeras situações, como se tivessem nascido para ser capachos da sociedade. Isso ocorre porque elas crescem em um mundo onde são constantemente bombardeadas com mensagens que as colocam em um pedestal, as fazendo acreditar que devem ser perfeitas. Essa pressão é exaustiva pode levar às mulheres a se sentirem responsáveis pelos erros dos outros, no entanto, isso é apenas uma ilusão criada pela cultura dominante e não reflete a realidade. As mulheres são fortes e capazes de enfrentar qualquer problema — elas apenas precisam dar o primeiro passo para libertar-se dessa mentalidade opressora.

Muitas mulheres são menos confiantes em sua capacidade de fazer julgamentos e, nos relacionamentos, muitas vezes entregam os deveres de tomada de decisão a seus companheiros. Uma situação que apenas garante que elas se tornem menos confiantes em sua própria capacidade. Isso significa que as mulheres estão perdendo outras oportunidades para melhorar suas habilidades de tomada de decisão e construir uma base mais forte para si mesmas.

O desejo de ser salva é a questão mais importante que as mulheres codependentes enfrentam hoje. A busca por um relacionamento amoroso estável e satisfatório pode ser frustrante, e às vezes parece impossível. Muitas mulheres dependentes acreditam que o amor é a única coisa que pode salvar sua vida, e elas estão dispostas a fazer qualquer coisa para encontrar um homem que as ame. Isso pode incluir mudar sua maneira de se vestir, falar ou até mesmo agir. Algumas mulheres codependentes vão tão longe a ponto de sacrificar sua independência e autoestima em nome do amor. Infelizmente, isso muitas vezes leva às mulheres serem usadas e abusadas pelos homens com quem elas entram em relacionamento.

Nós mulheres, fomos criadas para depender de um homem, tudo o que nos ensinaram e incutiram reforça essa ideia. Nosso maior medo é estar sozinhas e sem um homem para nos proteger, pois, a sociedade ainda dificulta a independência feminina. Quase tudo gira em torno do casamento e da família tradicional, isso nos deixa vulneráveis e assustadas quando estamos sem um parceiro. Nós mulheres somos ensinadas a acreditar que não podemos ficar sozinhas, que somos frágeis e necessitamos de proteção. Isso significa que, desde o nosso primeiro dia de vida, estamos sendo preparadas para viver em relacionamentos — seja com um parceiro romântico, um parente ou um amigo.

Nosso valor é atribuído às pessoas com quem estamos associadas e às funções que desempenhamos na sociedade. Somos ensinadas a ser cuidadoras e aprendemos a ver a solidão como algo negativo, porém essa forma de pensar tem consequências profundas em nossas vidas. Quando crescemos acreditando que precisamos de outra pessoa para nos completar, tendemos a buscar constantemente por uma relação — mesmo quando não é saudável para nós. Buscamos por parceiros que possam preencher os espaços vazios dentro de nós e isso nos coloca em situações abusivas e tóxicas. Também tendemos a rejeitar qualquer momento solitário, usando atividades para manter ocupadas nossas mentes e corpos, para evitar enfrentar esses sentimentos.

Quando temos questões emocionais não resolvidas, elas nos arrastam para baixo, a razão nos diz que devemos mudar, mas as emoções às vezes são tão fortes que parece impossível. São nestes momentos que precisamos de força e determinação para enfrentar os nossos demônios internos e finalmente superar o passado.

Nós mulheres fomos incentivadas desde crianças a sermos dependentes em grau tóxico. Isso significa que, ao longo de nossas vidas, aprendemos a esperar que outras pessoas, especialmente homens, cuidem de nós e tomem decisões por nós. A mensagem que recebemos é que não somos capazes de cuidar de nós mesmas, portanto, precisamos da ajuda dos outros para nos guiar. Isso pode ter um impacto negativo profundo em nosso senso de autoestima e independência. Podemos começar a acreditar que realmente não somos capazes de nos cuidar e isso nos impede de buscar o sucesso e a realização em nossas vidas.

Ao longo do tempo, essa dependência tóxica pode levar à codependência, ou seja, uma situação em que temos dificuldade em manter relacionamentos saudáveis, porque estamos sempre procurando por alguém para completar ou controlar. As mulheres em geral, não são treinadas para se sentirem confortáveis com a ideia de cuidar de si mesmas ou de se defenderem. A maioria aprende desde pequena que é natural e aceitável ser submissa e dependente dos outros, especialmente dos homens. Isso significa que muitas mulheres crescem sem aprender a afirmar-se nem a cuidar de si mesmas.

Muitas de nós fingimos ser independentes e que somos capazes de cuidar de nós mesmas, no entanto, a verdadeira independência é muito mais do que isso. É ter o controle sobre sua vida e seu próprio destino, ser autossuficiente e capaz de fazer as coisas por si mesma, ter confiança em si e em suas habilidades. A autonomia é importante porque nos dá a liberdade para sermos quem quisermos e viver da maneira que desejamos. A liberdade nos permite explorar o mundo sem depender dos outros, aprender novas coisas e criar as nossas próprias experiências. A independência nos dá a chance de crescer como pessoas e descobrir o que realmente importa para nós na vida.

Não é a natureza que confere essa autossuficiência aos homens, é treino. A autossuficiência é uma qualidade muito importante para os seres humanos, pois nos permite viver de forma independente e sem depender de outras pessoas. No entanto, não é algo que possuímos naturalmente. É preciso treinar e desenvolver essa habilidade para podermos nos tornar autossuficientes. As mulheres foram sempre ensinadas a esperar pelo príncipe encantado, um salvador externo que chegaria para resolver todos os seus problemas, no entanto, isso nunca aconteceu e nunca vai acontecer.

É preciso que as mulheres aprendam a serem independentes e a resolverem os seus próprios problemas. Isso significa que elas precisam lutar pelos seus direitos e deixar de ser submissas às regras impostas pelo mundo masculino. Elas têm o potencial de mudar o mundo, mas só podem fazer isso se forem capazes de assumir o controle da situação.

Muitas vezes quando pensamos em sair da situação abominável de um relacionamento abusivo ou de um casamento unilateral ouvimos: "Seja paciente com ele, aguarde o momento certo e logo você terá a atenção dele toda. Ele precisa se acalmar, esquecer os problemas do dia a dia e relaxar um pouco, só então você poderá conquistar seu coração. Mostre-lhe que é capaz de compreendê-lo e amá-lo do jeito que ele é."

A mulher é ensinada a ver o homem como um ser que precisa de seus cuidados. No entanto, o homem aprende a se ver como uma pessoa capaz de se salvar por si mesmo. Essa diferença na forma como os dois gêneros são educados cria uma situação em que a mulher está sempre disposta a sacrificar-se pelo homem, enquanto o homem não tem tanta necessidade de fazer o mesmo pelas mulheres. Uma das razões para isso é que as mulheres são historicamente responsáveis pelo cuidado dos outros e pela manutenção da família. Isso significa que elas estão acostumadas a se colocarem em segundo plano e às vezes precisam abrir mão de suas próprias necessidades para satisfazer as dos outros.

Já os homens são historicamente valorizados por sua força e capacidade de proteger e sustentar suas famílias. Essa mentalidade ainda persiste hoje em muitos lugares do mundo e leva à expectativa de que os homens sejam sempre independentes e capazes de cuidar de si mesmos. Como resultado, eles tendem a ser menos dispostos a fazer sacrifícios pelas mulheres ou pelos outros membros da família.

Nós mulheres precisamos investir em tratamentos que mudem nossos padrões da infância. Nós temos potencial de sermos independentes emocionalmente, mas para isso temos que ter consciência de que precisaremos ter atitude. Infelizmente, a maioria das mulheres cresce sem aprender a se valorizar e cuidar de si mesmas. Aprendemos a nos submeter às expectativas dos outros e acabamos vivendo para agradar, em vez de pensar em nós mesmas. Isso precisa mudar! Precisamos começar a olhar para dentro e descobrir o que realmente queremos e precisamos para ser felizes.

Uma das coisas mais importantes que podemos fazer é investir em terapias ou tratamentos psicológicos que nos ajudem a lidar com as questões da infância e traumas do passado. Muitas vezes, essas dificuldades estão na raiz de muitos dos nossos problemas atuais. Se conseguirmos lidar com esses obstáculos, teremos mais força para enfrentar os desafios da vida adulta e sermos independentes emocionalmente.

Quando seu passado doloroso interfere no presente

Não é realista pensar que podemos passar pela vida sem algum tipo de dor emocional. Como seres humanos, todos nós experimentamos desafios que mudam e nos transformam nas pessoas que somos hoje. A dor é uma parte inevitável da experiência humana e pode ter um impacto profundo em nossas vidas. A dor emocional pode ser causada por muitas coisas, incluindo o luto, o fracasso, o relacionamento com os outros e a perda de um trabalho.

Às vezes, a dor é tão intensa que nos impede de ver o lado positivo da vida, mas à medida que enfrentamos e aprendemos a lidar com ela, podemos começar a entender as lições que tem para ensinar-nos. Aprendermos a lidar com a dor emocional pode nos tornar mais fortes e resilientes, pois podemos usar esses sentimentos para motivar-nos a fazer mudanças positivas na nossa vida e no mundo à nossa volta. Em vez de permitir que a dor nos derrube, podemos escolher levantarmo-nos com mais força do que antes.

O que acontece quando experiências dolorosas passadas nos assombram e vêm à tona?

Infelizmente, quando estamos em uma situação que cria gatilhos em nosso cérebro, isso nos liga ao passado e voltamos a vivenciar as mesmas emoções. A chave para lidar com estas situações é reconhecer os gatilhos e aprender a lidar com eles de forma saudável. Se você não consegue controlar seus pensamentos ou sentimentos negativos sozinho, procure um profissional de saúde mental que possa lhe orientar na superação destes obstáculos.

Quando coisas desagradáveis inesperadas acontecem de forma traumática, nos referimos a isso como trauma. O trauma pode religar nossos cérebros para que estejamos ligados ao passado e respondemos de maneiras que podem não fazer sentido na situação atual. O trauma é uma experiência extremamente dolorosa e perturbadora que pode causar mudanças significativas no modo como pensamos, sentimos e nos comportamos.

Muitas vezes, o trauma é o resultado de um evento terrível, um acidente, violência ou abuso, mas também pode ser causado por outros eventos como testemunhar violência ou sofrer bullying. Quando experimentamos um evento traumático, nossa resposta normal de luta-ou-fuga pode nos sobrecarregar, isso pode deixar-nos paralisados, impotentes e sem esperança. Podemos sentir como se estivéssemos congelados no tempo e inconscientes do que está acontecendo à nossa volta. Esses sentimentos podem permanecer conosco por muito tempo depois que o evento original terminou.

Como você sabe quando está sendo afetado por sua história?

Muitas vezes depende da sua resposta e se você se sente ou não fora de controle. Pergunte a si mesmo: "Minha emoção combina com a situação?" ou "Não sei por que o perdi; simplesmente não pude evitar". Você se encontra experimentando uma emoção e não sabe ao certo por quê? Por exemplo, você sente tristeza profunda em situações que não são tristes? Você está sentado no trabalho e simplesmente não consegue se livrar da raiva? Você vive no passado e não consegue tirá-lo da cabeça? Esses gatilhos acontecem para todos, mas quando começa a interferir no seu dia a dia, é hora de pensar em lidar com as dores e mágoas do passado.

Uma das melhores maneiras de ajudá-lo a lidar com mais eficácia é visitar um terapeuta de saúde mental e discutir suas experiências e suas reações. São muitas as ferramentas e intervenções utilizadas para ajudar os indivíduos a superar o passado e focar no presente para que possam construir um futuro mais saudável. Os terapeutas são treinados para ajudá-lo a entender como seus gatilhos do passado podem interferir em sua vida atual. Foi um dos melhores aprendizados que tive na minha "Jornada de Cura", pois não conseguia entender por que tinha comportamentos desproporcionais as experiências que estava tendo. Com o tratamento terapêutico foi que descobri que meu passado interferia na minha vida presente.

Algumas coisas no passado simplesmente não podem ser mudadas, mas isso não significa que não podemos concentrar nossos esforços em melhorar o presente e o futuro. É importante lembrar que nem tudo está fora de nosso controle e que há sempre algo que podemos fazer para melhorar a situação. Às vezes, isso significa aprender com os erros do passado e trabalhar para evitar repeti-los no futuro. Outras vezes, pode significar concentrar nossos esforços naquelas coisas que realmente podem ser mudadas e fazer delas prioridades. De qualquer forma, é importante manter o foco naquilo que esta dentro de nosso controle e fazer o melhor possível com ela.

Você pode não ser capaz de mudar o fato de que seus pais o machucaram quando você era pequeno, mas você pode mudar seu comportamento para não machucar seus próprios filhos, por isso a terapia é tão importante. A terapia pode ajudá-lo a identificar os padrões de comportamento que aprendeu com seus pais e ensinar-lhe maneiras alternativas de lidar com as coisas. Ela também pode fornecer um espaço seguro para expressar suas emoções e trabalhar através delas, o que pode ser muito útil se você cresceu em uma família onde as emoções eram reprimidas.

Você pode equilibrar as coisas que não pode mudar com as coisas que você pode mudar. Você tem muitas opções na vida; foque naquelas que você pode modificar. Você sempre terá algo em sua vida que não poderá alterar, mas isso não significa que não possa fazer nada para melhorá-la. Sempre haverá obstáculos, mas concentre-se nas oportunidades deixadas por eles. Pense nas coisas que realmente importam para você e trabalhe duro para conquistá-las. Lembre-se de que a mudança começa dentro de você mesmo; seja forte e determinado, e você conseguirá alcançar qualquer objetivo.

Você nem sempre pode concordar com algo ou até mesmo gostar. Tudo bem se as coisas nem sempre funcionarem do jeito que você quer. Você é sempre bem-vindo para concordar em discordar. É importante respeitar as opiniões e os pontos de vista dos outros, mesmo quando você não concorda com eles. Às vezes, isso significa ter que conversar sobre assuntos difíceis e desagradáveis, mas se você mantiver um diálogo aberto e honesto, poderá chegar a um entendimento mútuo — ou pelo menos aprender a conviver com as diferenças.

Se você está sentindo que o seu passado está a afetar negativamente o seu presente e lhe causando ansiedade e infelicidade, faça terapia! É um ótimo lugar para começar a entender as suas experiências, os seus gatilhos e as suas respostas. Na terapia, você poderá explorar o que aconteceu no seu passado de uma forma mais profunda, com a ajuda de um profissional. Isso pode ser extremamente benéfico para aqueles que estão tendo dificuldades em lidar com a sua própria história e/ou com determinadas situações do presente. A terapia também pode te ajudar a aprender ferramentas e técnicas para lidar melhor com as suas emoções, algo que pode ser extremamente útil quando se trata de lidar com o stress do dia a dia.

O dependente emocional busca prazer instantâneo para sua angústia

Seja através da comida, do sexo, das compras ou outros vícios, eles estão sempre à procura de algo que possa lhes oferecer um alívio temporário. Infelizmente, esses hábitos geralmente só acabam aumentando a ansiedade no longo prazo, criando um ciclo vicioso que se torna cada vez mais difícil de escapar. A codependência emocional se manifesta através de sintomas e características específicas. Estes incluem a incapacidade de lidar com as emoções, o medo do abandono, a dependência de outras pessoas para obter aprovação e o controlar os outros. Afeta a dimensão emocional do sujeito, transformando a relação de funcional em patológica.

As atitudes, os humores e os sintomas do vício de amar podem ser muito semelhantes aos de outros vícios comportamentais. Essas manifestações incluem o prazer ou bem-estar derivado do objeto do vício (parceiro e relação com ele). Isso pode levar à obsessão pelo parceiro, à negação dos problemas causados pelo vício e à recusa em enfrentá-los. A pessoa viciada em amor também pode se sentir isolada dos amigos e da família, uma vez que passa a maior parte do tempo pensando no parceiro ou na relação.

A necessidade de aumentar o tempo gasto com o parceiro e diminuir o tempo dedicado a atividades independentes ou contato com outras pessoas. Emoções negativas muito intensas — como ansiedade, pânico e depressão — quando o parceiro está distante fisicamente ou emocionalmente.

Incapacidade de pensar com clareza sobre sua situação e controlar seu comportamento, alternando com momentos de lucidez, onde a pessoa codependente sente vergonha e remorso.

Além disso, o codependente emocional: Tem dificuldade em reconhecer suas próprias necessidades, deixando de lado seus objetivos diante dos da outra pessoa. Ela vive em constante angústia de perder a pessoa que é o objeto de seu vício e precisa de garantia incessante de que isso não acontecerá.

Dentro do relacionamento, ela tende a fazer demandas emocionais sucessivas e exageradas, não se sentindo amada o suficiente. A dependência emocional tende a se transformar em uma relação afetiva disfuncional, com risco de sofrer e perder a liberdade.

O codependente, em geral, tem uma avaliação muito negativa de si mesmo. Ele não confia em suas habilidades, se compara constantemente aos outros e em sua comparação, sempre se vê inferior às outras pessoas. Ele geralmente encontra poucas coisas positivas ou nada em sua personalidade e se concentra em tudo o que considera negativo.

Um individuo que é emocionalmente dependente de outra pessoa, seja um amigo ou um parceiro, precisa saber o tempo todo onde o outro está e o que está fazendo. Ele faz isso bombardeando-o com mensagens de texto ou ligações, o que, como você pode imaginar, acaba sobrecarregando aqueles ao seu redor. Sua preocupação é exagerada quando essa pessoa não responde imediatamente, mesmo que, na realidade, o que ela queira não seja ligar ou mandar mensagem, mas estar constantemente com o individuo objeto de sua dependência.

A dependência emocional é um estado de mindset em que você busca pessoas para lhe trazer o prazer o mais rápido possível. A dependente tem "fome emocional", ela quer vestir a pele da pessoa eleita que vai salvá-la ou salvar. Isso acontece porque a dependente não se sente capaz de proporcionar satisfação para si mesma, então ela transfere essa responsabilidade para outra pessoa. No entanto, isso só leva à insatisfação e sofrimento, pois ninguém pode realmente satisfazer as necessidades emotivas de outra pessoa — somente cada um é responsável por isso. Na minha época no auge da dependência emocional, eu sonhava o romance perfeito da minha história perfeita em minha mente. Fazia inúmeras expectativas e depois ficava decepcionada com meus parceiros, me cegava diante da realidade. Quando percebia que o que não existia reciprocidade me sentia traída e revoltada.

Na dependência emocional, o sofrimento é inevitável, pois Idealizamos pessoas que não existem e isso faz com que nosso coração se "quebre". Nos sentimos ansiosos e inseguros, sempre procurando a aprovação e o carinho daqueles em quem depositamos nossas esperanças. Esse comportamento só nos leva à frustração, pois as pessoas que idealizamos raramente correspondem àquilo que desejamos. Na dependência emocional, queremos relacionamentos perfeitos.

Aprendemos, na recuperação, que são nas relações sadias que cresceremos. Precisamos de pessoas que nos tratem bem, com respeito e amor. É importante termos um bom relacionamento com nós mesmos, para podermos ter um bom relacionamento com os outros. Aprendemos a lidar com as nossas emoções e a expressá-las de forma saudável. Tudo isso nos ajudará a ter relacionamentos mais maduros e equilibrados.

A necessidade de ser amado é o principal motivador daqueles que são dependentes emocionais. Buscamos constantemente a atenção e o carinho dos outros, porque acreditamos que somente assim seremos felizes. No entanto, esse modo de pensar está totalmente errado. Quando buscamos um parceiro apenas por necessidade, acabamos escolhendo alguém que também ama de forma errada e deformada. Isso acontece porque as pessoas tendem a atrair aquelas com os mesmos problemas emocionais, assim, acabam recriando as mesmas relações doentias e infelizes. Para evitar isso, precisamos aprender a aceitar o nosso próprio amor. Só assim seremos capazes de dar e receber afeto de forma saudável e equilibrada. Aprender a amar a si mesmo é o primeiro passo para encontrar um verdadeiro parceiro na vida.

A minha relação de codependência com minha mãe

Eu gostaria de poder dizer que tive uma infância feliz, mas isso seria o mais distante da verdade. Eu cresci com uma mãe mentalmente instável e acabava sendo o alvo dos seus ataques. Era constantemente criticada e maltratada verbalmente toda vez que não satisfazia suas vontades, o que me fez desenvolver um enorme complexo de inferioridade. Acredito que essa experiência tenha me marcado para sempre e afetou diretamente a forma como lidava com as pessoas.

Desde muito jovem, meu papel era ouvir os problemas conjugais de minha mãe e sobre seus amantes. Ela e meu pai estavam sempre se agredindo verbalmente, psicologicamente e fisicamente. Eu desenvolvi uma relação muito codependente com ela. Aos poucos, aprendi a absorver sua dor e tentar aliviá-la da melhor maneira possível, era meu trabalho ouvir seus problemas, apoiá-la emocionalmente e cuidar dela. Não estabeleci nenhum limite com ela, pois sentia que meu bem-estar e segurança dependiam completamente do bem-estar de minha mãe.

Quando ela estava chateada ou não queria conversar, eu sabia que algo a incomodava e tentava descobrir o que era para poder ajudá-la. Passava horas escutando suas histórias sobre os problemas que enfrentava no dia a dia, sempre oferecendo um ombro amigo para chorar. Nunca estabeleci nenhum limite com minha mãe porque pensava que isso poderia afetar negativamente nosso relacionamento e na forma como ela me percebia.

Eu não queria nada mais do que a aprovação de minha mãe para mim mesma e como resultado, repetia muito do que ela me dizia e tentava imitá-la.

A sensação que eu tinha na minha adolescência é como se eu tivesse uma vida dupla: minha vida do lado de fora e a do lado de dentro não combinavam. O que isso quer dizer? A negligência emocional é invisível; as pessoas de fora não veem isso acontecer. Na verdade, na maioria dos casos, nem mesmo quem sofre com essa forma de abuso sabe exatamente o que está acontecendo.

A falta de um cuidado básico e genuíno por parte dos pais — seja afeto, atenção ou apoio — pode ter um impacto profundo e duradouro nas vítimas. Essas crianças e adolescentes costumam desenvolver problemas de autoestima, ansiedade e depressão muito graves, além de muitas outras dificuldades emocionais. Muitas vezes, esses jovens se sentem completamente sozinhos no mundo, sem ninguém para quem recorrer em momentos difíceis.

Por isso muitas vezes ouvia das pessoas que meus pais eram maravilhosos, eu pensava "como assim?". Pais emocionalmente indisponíveis sempre disfarçam suas ausências de alguma maneira. Isso pode incluir mentir sobre sua disponibilidade, dizendo que estão ocupados no trabalho ou com outras responsabilidades. Outros podem se afastar fisicamente da família, passando muito tempo fora de casa ou viajando a negócios.

Alguns pais podem ser emotivamente distantes, não expressando afeto ou envolvimento com os filhos. Estes genitores podem parecer indiferentes às necessidades dos seus descendentes e às suas conquistas. Podem não demonstrar interesse pelo que os seus filhos dizem ou fazem, causando profunda tristeza e ansiedade neles. Os pais emotivamente distantes também podem ter problemas para lidar com as emoções, o que significa que são menos capazes de oferecer apoio aos seus filhos quando estes enfrentam problemas ou dificuldades.

Sentia muita desesperança, desespero e falta de sentido para a vida. Tinha um vazio que me dilacerava, um doloroso sentimento de não ser amada e a vergonha profunda da minha vida, e de quem era me consumia. Não conseguia me relacionar com as outras pessoas de forma saudável, isso me deixava muito confusa e angustiada. No entanto, hoje sei que esses sentimentos eram simplesmente porque nunca aprendi o que meus sentimentos significavam.

Jurei que meu ciclo de abuso infantil pararia comigo, eu estava cansada de ser usada e maltratada. Queria acabar com o sofrimento, então tomei a decisão de nunca mais permitir que ninguém me machucasse. Para isso, precisava dar um fim aos padrões negativos que eu tinha aprendido na infância. Precisava aprender a lidar com as emoções e os problemas da vida sem recorrer à violência ou ao álcool. Era hora de começar uma nova vida, uma onde eu aprenderia um novo jeito de viver.

Jurei dar as minhas filhas, o amor e o apoio genuíno que não recebi, e garantir que elas soubessem que eram amadas incondicionalmente. Para acabar com o ciclo de abuso, tive que enfrentar todos os horrores que sofri para saber o que nunca fazer com minhas filhas.

Mesmo como adulta, eu ainda tinha a crença de que era meu trabalho fazer minha mãe feliz. Tentei fazer todo o possível para obter seu amor e aprovação. Como resultado, permiti completamente seu comportamento e não estabeleci limites. Esse padrão de comportamento codependente era tão disfuncional, que fazia de tudo para mantê-la feliz e dava para ela o que meu pai não dava: dinheiro, roupas, sapatos, bolsas e móveis para a casa. Na maioria das vezes priorizava seus sentimentos sobre os meus e eu senti que era meu trabalho ter certeza de que ela estava bem. Nós duas éramos a definição de codependência.

Hoje sei que esse tipo de codependência com as mães é altamente tóxico, na minha maneira de pensar hoje, o amor não é algo que flui e reflui com base no capricho de uma pessoa.

Só fui ter noção de tudo que acontecia e que minha mãe vivia a vida dela através da minha na recuperação da codependência emocional. Foi terrivelmente doloroso tirar a minha mãe do pedestal, sofri dores internas e externas horríveis. No entanto, a pessoa que despertou depois desse trabalho desgastante foi maravilhosa.

O abuso emocional/psicológico é muitas vezes um tabu e mais difícil de reconhecer pelos outros, porque as cicatrizes são internas. É preciso haver mais luz sobre o abuso emocional e psicológico infantil. O conhecimento sobre isso tornou mais fácil ver minha mãe como exatamente ela é.

Hoje agradeço a Flora do passado por ter escolhido se recuperar. Percebi que precisava mostrar compaixão por todas as partes de mim mesma e aceitar que o dano que me foi feito não era minha culpa. Hoje sei que sou definida pela pessoa que eu sou e tenho orgulho da pessoa que me tornei. Isso é algo que nunca ninguém pode tirar de mim.

Quando comecei a compartilhar minha história era porque queria pegar meu passado sinistro e usá-lo para apoiar e ajudar os outros. Minha esperança era que algo bom saísse de algo que me fez sofrer. Isso não torna o que

FCW - #0211 - 061026 - C0 - 297/210/22 - PB - 9786500653557 - Matt Lamin

aconteceu comigo melhor, estou assumindo o controle sobre minha vida falando sobre isso.

Todos nós passamos por algum tipo de trauma e quero que você saiba que não está sozinho. Não podemos reescrever nosso passado, mas podemos decidir nosso presente e futuro. Nossas escolhas e ações de hoje moldarão o que acontecerá conosco amanhã. Podemos começar a fazer pequenas mudanças agora que terão um grande impacto no nosso futuro. Isso significa escolher conscientemente o que queremos focar em nossas vidas. Podemos decidir ser positivos e abraçar as oportunidades que surgirem, mesmo quando elas parecem difíceis no início. Podemos perseguir nossos sonhos com determinação e persistência, sabendo que vale a pena lutar pelo que realmente importa para nós.

Também podemos optar por cultivar relacionamentos saudáveis que encham nossas vidas de amor e apoio. Isso inclui estender a mão para aqueles que precisam de um empurrãozinho para superar seus desafios. Quando fazemos isso, estamos construindo um mundo melhor para todos — um mundo onde as pessoas se sentem acolhidas, apreciadas e capazes de prosperar.

O abuso psicológico e emocional causa cicatrizes invisíveis que podem nos afetar por um longo tempo. A terapia é importante para dar voz a essas feridas e começar a curá-las. Podemos nos sentir sozinhos com esses problemas, mas estamos longe de sermos os únicos. A terapia pode nos ajudar a lidar com as emoções pesadas que carregamos e finalmente superar o trauma do abuso.

Somente na minha recuperação foi que associei meus sintomas a negligência que experimentei em minha infância e adolescência. Isso levou quase quatro décadas, pois a negligência estava fora da minha consciência. Ao longo dos anos, fui acumulando sintomas que não conseguia explicar: depressão, ansiedade, raiva incontrolável e ataques de pânico. Tentei resolver esses problemas usando várias formas de automedicação, álcool e comportamentos compulsivos, mas nada funcionou a longo prazo. Só quando entrei em terapia é que percebi o quão profundamente os eventos da minha infância e adolescência haviam afetado o resto da minha vida.

Descobri que a negligência que sofri tinha criado um padrão profundo em mim mesma, um sentimento constante de inadequação e vergonha. Era como se toda a culpa fosse minha e nunca conseguisse superar isso. Aprendi também que esses sentimentos eram totalmente normais em alguém que passou por experiências similares às minhas, mas isso não significava que tinham menos importância. Pelo contrário, quanto mais reconhecia esses sentimentos, mais poderia começar a lidar com eles de uma forma saudável.

Quando alguém experimenta um evento como um sequestro e começa a apresentar sintomas, a conexão entre o evento e os sintomas é inconfundível. No entanto, quando os sintomas aparecem sem um evento, a conclusão que tiramos é: "Se eu estou me sentindo assim tem algo errado comigo". Caímos no ciclo de autoculpa e auto-ódio incessantemente e o que mais passamos a desejar é por alívio.

Você que viveu uma infância traumática, te oriento a fazer terapia, pois ela te oferecerá a oportunidade de trabalhar a dor das experiências da infância, entender como isso afeta seu autoconceito e seus relacionamentos atuais. A relação entre o terapeuta e o paciente pode fornecer um modelo de como é um relacionamento próximo.

A terapia ajuda você a reconhecer que não foi sua culpa e você finalmente se perdoará. Ela ajuda a reduzir seus sentimentos de vergonha, uma barreira que te separa dos outros. Isso ajuda você a entender o que está sentindo e a aceitar esses sentimentos como válidos. Você substitui a autocrítica por autocompaixão e se permite entrar em contato com partes de si mesmo das quais se separou. Isso acontece primeiro na sala de terapia e depois se estende para o mundo além.

A terapia requer coragem. Você precisa administrar a tensão que sente ao falar sobre o passado, dolorosamente relembrando eventos traumáticos, e ainda viver no presente. A coragem compensa. A terapia nos permite evitar transferir esse trauma para nossos próprios filhos. Ela pode ser a chave para uma vida mais plena e feliz, onde podemos abrir mão do medo e da vergonha que carregamos dentro de nós. Quando comecei a minha recuperação, foi pelas minhas filhas em primeiro lugar. É importante lutar pelos seus próprios objetivos, mas também é importante pensar nas próximas gerações. Vale a pena ficar sem o peso do trauma para que possamos ter uma vida melhor e mais produtiva.

Mães narcisistas

Parte de ser criança significa olhar para nossos pais em busca de amor. A criança precisa desse tipo de amor para se sentir segura e ter um bom senso de autoestima. Sem esse amor, a criança pode se sentir insegura, incapaz e até mesmo indigna. Além do amor, a criança também precisa de apoio e encorajamento dos pais. Esses dois elementos são cruciais para o desenvolvimento da criança. O apoio permite que a criança se sinta valiosa e capaz, enquanto o encorajamento ajuda a superar os obstáculos que surgem no dia a dia.

"As crianças precisam se sentir vistas e ouvidas pelos seus entes queridos à medida que crescem. Isso é importante para o seu desenvolvimento emocional e social. Quando as crianças são ignoradas ou excluídas, elas podem ficar tristes, ansiosas ou com raiva. Elas também podem ter dificuldade de se relacionar com outras pessoas e de expressar suas opiniões. Se você quer que a sua criança seja bem-sucedida no mundo, precisa cultivar um bom relacionamento com ela."

Crescer com pais que nos negam essa segurança emocional é terrível. Infelizmente, essa é a realidade das crianças que crescem com mães narcisistas. As mães narcisistas são extremamente egocêntricas e preocupadas somente com sua própria satisfação. Elas podem ser manipuladoras e críticas, e tendem a ver seus filhos apenas como extensões de si mesmas. Isso pode causar profundo sofrimento emocional nas crianças, que podem sentir-se inseguras, ansiosas e inadequadas. Elas esperam que seus filhos sejam perfeitos e sem falhas, e se sentem ameaçadas quando os veem cometendo erros ou fracassando. Essas mães podem ser manipuladoras, críticas e implacáveis. Muitas vezes elas usam a culpa para controlar seus filhos e fazê-los se sentir inseguros. Isso pode causar problemas graves de autoestima nas crianças, levando-os a acreditar que nunca são bons o bastante ou que não merecem o amor de sua mãe.

O Que É Narcisismo?

Muitas mães podem apresentar critérios para o Transtorno da Personalidade Narcisista. Este transtorno de personalidade é caracterizado por um conjunto específico de traços. Esses traços são o que fazem com que algumas mães com este transtorno sejam diferentes das outras. Muitas vezes, elas podem ser sedutoras e encantadoras quando precisam de algo de alguém - especialmente seus filhos. Narcisistas maternas tendem a colocar suas necessidades em primeiro lugar e muitas vezes podem ser egoístas ou exigentes. Elas também podem usar um humor ácido para machucar as pessoas à sua volta quando se sentem ameaçadas ou criticadas. Ela pode manipular a criança para atender às suas necessidades egoístas, às custas dos desejos da criança e até mesmo das necessidades emocionais ou físicas dela. A mãe narcisista pode ser extremamente exigente e controladora, tentando impor sua vontade sobre a criança. Pode haver um constante senso de insatisfação, pois nada jamais é bom o bastante para a mãe narcisista. Essa relação tóxica pode ter um profundo impacto negativo na autoestima da criança, que aprende a sentir-se insegura e inadequada.

Por exemplo, uma mãe narcisista pode ser extremamente exigente e crítica com seus filhos. Ela pode esperar que eles sejam perfeitos em todos os aspectos, e se eles não forem, ela poderá ficar muito decepcionada ou até mesmo enfurecida. A mãe narcisista também pode ter um senso de superioridade exacerbado, achando que é melhor do que todos os outros. Isso significa que ela provavelmente irá falar sobre seus logros, enquanto minimizará ou ignorará completamente os sucessos dos outros. Além disso, uma mãe narcisista pode ser egocêntrica e preocupada somente com suas próprias necessidades e desejos. Ela pode ser manipuladora e usar as pessoas para obter o que quer. Tudo isso pode causar problemas significativos nas relações da mãe narcisista - especialmente com seus filhos - uma vez que ela está sempre buscando atenção e aprovação constantes. Como resultado, os filhos de mães narcisistas tendem a crescer sentindo-se confusos, invalidados, inferiores e não amados. Isso ocorre porque elas raramente dão atenção ou mostram afeto aos seus filhos, e quando o fazem, é apenas para manipulá-los para satisfazer seus próprios desejos.

Características De Uma Mãe Narcisista

Por exemplo, uma mãe narcisista pode ser extremamente exigente e crítica com seus filhos. Ela pode esperar que eles sejam perfeitos em todos os aspectos, e se eles não forem, ela poderá ficar muito decepcionada ou até mesmo enfurecida. A mãe narcisista também pode ter um senso de superioridade exacerbado, achando que é melhor do que todos os outros. Isso significa que ela provavelmente irá falar sobre seus logros, enquanto minimizará ou ignorará completamente os sucessos dos outros. Além disso, uma mãe narcisista pode ser egocêntrica e preocupada somente com suas próprias necessidades e desejos. Ela pode ser manipuladora e usar as pessoas para obter o que quer. Tudo isso pode causar problemas significativos nas relações da mãe narcisista - especialmente com seus filhos - uma vez que ela está sempre buscando atenção e aprovação constantes. Como resultado, os filhos de mães narcisistas tendem a crescer sentindo-se confusos, invalidados, inferiores e não amados. Isso ocorre porque elas raramente dão atenção ou mostram afeto aos seus filhos, e quando o fazem, é apenas para manipulá-los para satisfazer seus próprios desejos.

Aqui estão alguns sinais reveladores de que você pode ter uma mãe narcisista:

1) Uma mãe narcisista sempre quer ser o centro das atenções e se incomoda quando não é. Isso pode levar a uma relação complicada entre mãe e filha, já que a primeira sempre estará competindo pelo afeto e pelo reconhecimento da segunda. Muitas vezes, a mãe narcisista pode ter ciúmes da filha, invejando a beleza ou o talento da mesma. Como resultado, a relação entre ambas pode ficar tensa e carregada de conflitos.

2) Uma mãe narcisista costuma ignorar ou minimizar seus sentimentos e necessidades em favor dos próprios. Ela pode ser extremamente crítica e exigente, esperando que seus filhos sejam perfeitos. Narcisismo materno pode causar problemas de autoestima nos filhos, que podem sentir que nunca são bons o suficiente. À medida que crescem, os filhos de uma mãe narcisista

podem desenvolver um forte senso de insegurança e baixa autoestima, dificuldade em estabelecer relacionamentos saudáveis e até mesmo problemas de depressão.

3) Uma mãe narcisista constantemente faz a conversa ser sobre ela. Ela pode passar horas falando de suas conquistas e realizações, ou contando histórias que mostram como ela é especial e superior aos outros. Uma mãe narcisista também pode monopolizar a conversa, interrompendo os outros quando eles estão falando ou se recusando a ouvir o que os outros têm a dizer. Isso pode tornar as conversas extremamente frustrantes para aqueles que estão tentando ter uma conversa normal com essa pessoa.

4) Uma mãe narcisista pode ser extremamente enaltecedora e orgulhosa das conquistas de seus filhos, mas raramente lhes dá o crédito que eles merecem. Em vez disso, ela tende a usar esses sucessos como um meio de elevar a própria autoestima e reforçar sua própria imagem. Isso pode deixar os filhos se sentindo invisíveis e sem valor, mesmo quando estão fazendo coisas extraordinárias.

5) Uma mãe narcisista culpa os outros por quaisquer problemas que possa ter decorrentes do comportamento dela. Ela pode afirmar que as pessoas ao seu redor são ruins ou que elas não fazem o suficiente por ela. Comportamentos narcisistas podem causar problemas significativos nas relações interpessoais da pessoa, especialmente com seus filhos.

6) Uma mãe narcisista pode ser uma figura muito querida e importante para os outros, mas ela também pode ser extremamente controladora e dura quando ninguém está olhando. Muitas vezes, essas mulheres são extremamente exigentes com seus filhos e esperam que eles sejam perfeitos em todos os sentidos. Seus filhos podem crescer sentindo-se constantemente pressionados para atingir altos padrões de comportamento e aparência, o que pode levar à ansiedade e à baixa autoestima.

7)) Uma mãe narcisista pode fazer você se sentir mal por não fazer o que ela quer imediatamente. Ela pode ser exigente e esperar que você faça as coisas do jeito que ela quer, sem considerar o seu próprio ponto de vista. Narcisistas também tendem a se colocar no centro das atenções e esperar que todos os outros girem em torno delas. Se você não estiver satisfazendo suas expectativas, ela pode fazer comentários negativos sobre você para tentar te manipular

8) Uma mãe narcisista pode fazer você se sentir culpada por se gabar do quanto ela faz por você. Ela pode dizer que não está interessada em ouvir sobre suas conquistas, ou que elas são insignificantes comparadas às dela. Ou, pior ainda, ela pode manipulá-lo para que acabe se sentindo mal consigo mesmo e questionando seus próprios valores. Esse tipo de mãe é extremamente tóxica e deve ser evitada a todo custo.

9) Uma mãe narcisista é extremamente cheia de opiniões e tende a impor sua vontade em casa. No entanto, ela mantém uma fachada para as pessoas de quem não gosta ou aquelas com quem não quer se relacionar. Esta fachada pode ser uma forma de manipulação, já que a mãe narcisista pode usar sua boa imagem para obter o que quer daqueles ao seu redor.

10) Uma mãe narcisista é implacável. Ela faz tudo o que pode para estar no topo, seja na vida profissional ou pessoal. Suas prioridades são sempre suas próprias necessidades e desejos, em primeiro lugar. Ela espera que os outros reconheçam o seu valor e status, e fará de tudo para manter essa imagem perfeita. Muitas vezes isso significa manipular e controlar as situações e as pessoas ao seu redor. A mãe narcisista não hesitará em usar o amor e o afeto como armas para obter o que quer.

11) Uma mãe narcisista pode ser extremamente difícil de lidar. Ela pode fazer você se sentir ansiosa e insegura, sempre questionando suas escolhas e capacidades. Uma mãe narcisista pode ser constantemente crítica, exigindo que você seja perfeito em tudo o que você faz. Isso pode causar uma enorme pressão e estresse, afetando significativamente sua qualidade de vida.

12) Uma mãe narcisista acredita que é melhor do que os outros e tem um senso exagerado de auto-importância. Ela pode ser manipuladora e controladora, esperando que os outros se comportem de acordo com suas expectativas. Uma mãe narcisista pode ter dificuldade em lidar com a crítica e pode ter um comportamento explosivo se ela se sentir ameaçada ou atacada. Seus filhos podem aprender a se comportar da mesma forma, à medida que crescem, ou podem desenvolver problemas de saúde mental devido à pressão constante para atender às expectativas da mãe.

13) Uma mãe narcisista pode facilmente se sentir abalada por críticas negativas. Se você é alguém que tem uma mãe assim, você sabe o quão difícil é lidar com elas. Elas são extremamente sensíveis às críticas e podem facilmente se magoar com qualquer coisa que você diga. É importante ter cuidado ao lidar com uma mãe narcisista, pois elas podem facilmente se machucar emocionalmente.

14) Uma mãe narcisista costuma ter um comportamento totalmente egocêntrico e sempre pensa apenas nas próprias necessidades em detrimento das suas ou do restante da família. Ela pode ser extremamente exigente, crítica e inflexível, esperando que todos estejam à sua altura e atendam às suas expectativas. Muitas vezes é irresistivelmente charmosa e sedutora, usando seus encantos para manipular as pessoas a fazer exatamente o que ela quer. Qualquer coisa que não esteja de acordo com os seus desejos é considerada uma ameaça ou um sinal de fraqueza, por isso ela pode ser extremamente controladora e dominadora. Uma mãe narcisista raramente demonstra qualquer tipo de empatia pelos outros, pois está sempre focada em si mesma.

15) Uma mãe narcisista pode ser extremamente envolvida em fofocas sobre os outros. Isto é uma forma de ela se sentir melhor consigo mesma, especialmente se estiver comparando-se a alguém que ela perceba como sendo inferior. Falar mal dos outros é uma maneira de a mãe narcisista se elevar acima deles e se sentir superior. No entanto, o constante foco na vida

dos outros pode significar que a mãe narcisista está realmente incomodada com a própria vida e insegura quanto a si mesma.

16) Uma mãe narcisista pode reagir com raiva ou defesa agressiva quando confrontada com seus erros. Isto é porque elas têm dificuldade em aceitar qualquer coisa que possa colocar em questão a sua percepção de si mesmas como perfeita. Para a mãe narcisista, os erros são uma ameaça à sua autoimagem e, portanto, devem ser evitados a todo custo. No entanto, à medida que as crianças vão crescendo e começam a ter um senso maior de si próprias, elas podem não concordar com a maneira como a mãe vê o mundo e isto pode levar à confrontação.

A mãe narcisista pode lidar com estes conflitos da forma seguinte:

- ignorar as opiniões da criança e continuar insistindo nas suas próprias;

- criticar severamente a criança por discordar dela;

- tentar manipular a situação para que pareça que foi a criança que está errada;

- culpar a outra pessoa pelos problemas causados pelos seus erros.

17) As mães narcisistas manipula o marido e os filhos como marionetes. O marido é visto como um meio pelo qual a mãe narcisista chega aos seus fins, em detrimento dos sentimentos e das necessidades dele. Os filhos também podem ser usados como instrumentos de manipulação, pois as mães narcisistas geralmente colocam suas próprias aspirações acima das de seus filhos. Isso os torna particularmente propensos a abusar verbalmente ou fisicamente dos mesmos quando as coisas não estão indo do jeito que elas planejaram.

O que você pode fazer para lidar com uma mãe narcisista?

Se você acha que tem uma mãe narcisista, aqui estão algumas dicas de como lidar com ela:

1) Lembre-se de que as mães narcisistas costumam ter um senso exagerado de importância. Não tome para si qualquer responsabilidade pelos fracassos dela ou pelas coisas que não funcionam na sua vida - isso é só mais uma evidência do seu problema, e não um reflexo da realidade.

2) Seja cuidadosa com o que você compartilha com ela, pois é provável que ela use isso contra você no futuro. Ela pode tentar manipular as situações para colocar a culpa por algo em você, mesmo quando não faz sentido. Por isso, esteja atento e mantenha os fatos bem guardados para si mesmo.

3) Para lidar com uma mãe narcisista, tente aceitar que o narcisismo dela está enraizado em um padrão estabelecido de crenças e comportamentos. Isso significa que ela provavelmente não irá mudar, mesmo que você tente conversar com ela sobre o assunto. É importante lembrar que isso não é sua culpa - ela escolheu esse comportamento e você não pode forçá-la a mudar. O melhor a fazer é concentrar em cuidar de si mesmo e manter o seu bem-estar em primeiro lugar. Se possível, procure outras pessoas para apoio - amigos, familiares ou até profissionais da área de saúde mental - para conversar sobre suas experiências e receber orientações sobre como lidar com a situação.

4) Para lidar com a mãe narcisista, é importante construir uma autoestima e autoconfiança boa com o tempo. Uma mãe narcisista pode ser profundamente dolorosa, pois ela pode não reconhecer suas realizações e pontos fortes. Isso pode deixá-lo se sentindo diminuído e incapaz de satisfazer as expectativas da mãe. No entanto, é importante lembrar que você é capaz e valioso, independentemente do que a mãe possa dizer ou fazer. Ter autoconfiança irá ajudá-lo a lidar com a mãe narcisista de uma maneira saudável e positiva.

5) Para lidar com uma mãe narcisista, você precisará ter em mente que não deve nada a ela. Não importa quanto tempo você passou cuidando dela ou quanto dinheiro você gastou para mantê-la confortável — você não tem nenhuma dívida para com ela. A melhor coisa que você pode fazer é focar em sua própria vida e se afastar o máximo possível.

6) Aceitar que a mãe é narcisista pode ser difícil, mas é importante compreender que o narcisismo dela está enraizado em um padrão estabelecido de crenças e comportamentos. Isso significa que ela não se tornou assim por causa de algo que você fez, e sim porque aprendeu esses padrões durante a infância e os reproduziu na vida adulta. Tentar aceitar isso pode ajudar você a lidar melhor com a situação, em vez de ficar se culpando ou sentindo-se responsável pelos problemas na relação.

Por experiência própria e por cuidar de muitos pacientes que têm mães que nem sempre isso é possível - às vezes as nossas vidas estão entrelaçadas de tal forma que um total corte naquele momento pode não não acontecer. Mas, se for possível, manter-se a uma distância saudável da sua mãe narcisista pode ser a coisa certa a fazer para o seu bem-estar. Para as mães narcisistas seus filhos são um meio e por mais que seja dolorido ler isso é a mais pura verdade. No final é sempre ela que conta, é ela que sofre e sempre ela que fez o sacrifício. Muitas vezes essas mulheres não demonstram qualquer tipo de afeição pelos seus filhos, mas na verdade estão apenas manipulando-os para atingir seus próprios objetivos. Por trás da fachada de uma mãe perfeita, existe uma pessoa extremamente egocêntrica e insensível. Ela usará os seus filhos como um meio para obter o que quer, independentemente do quanto isso possa machucá-los. Sempre será ela quem faz o sacrifício, mesmo que isso signifique colocar os seus próprios desejos em último lugar. Não importa quanto tempo e esforço você investir nessa relacionamento, nunca será suficiente para satisfazer a exigências deste tipo de mãe. Elas não hesitam em usar e abusar de seus filhos para satisfazer o próprio ego, mesmo que isso signifique causar dor e sofrimento a eles. No final das contas, é sempre a mãe narcisista quem acaba sendo afetada negativamente pelo comportamento dela. É ela quem acaba sofrendo as consequências do seu egocentrismo. Não se culpe por sentir raiva de sua mãe narcisista. É natural que você sinta esses sentimentos, dado o comportamento da sua mãe. Trate isso no seu processo terapêutico e foque em entender esses sentimentos. Eu mesma senti raiva por anos, devido à maneira como minha mãe me manipulou por anos. Mas hoje já andei setenta por cento do caminho para superar isso por causa da terapia.

Nunca foi fácil lidar com minha mãe, tudo sempre girava em torno dela e ela nunca perdia a oportunidade de me manipular para obter o que queria. Foi quando comecei a me tratar psicologicamente que descobri a realidade dos fatos e senti muita raiva de tudo. Mas então um dia, finalmente decidi tirá-la do pedestal onde a tinha colocado e comecei a enxergar suas falhas e imperfeições. Isso me trouxe um grande desespero emocional, pois eu não sabia mais como lidar com ela. Foi então que conheci a terapia e comecei a trabalhar essas questões para finalmente poder conquistar minha própria harmonia interior. Não foi fácil, mas hoje estou bem melhor e consigo lidar com minha mãe de uma forma saudável.

Abuso

É preciso muita coragem para os sobreviventes de abuso contarem sua história. Eles precisam primeiro aceitar o que aconteceu com eles, o que pode ser muito assustador. A verdade é que, apesar de todos os estímulos externos para permanecerem em silêncio, fala-se cada vez mais sobre este tema. Isso se deve ao fato das vítimas estarem se tornando cada vez mais conscientes do impacto que o abuso teve em suas vidas e naqueles à sua volta. Ainda assim, é importante ressaltar que falar sobre o assunto não é fácil para ninguém. É um processo doloroso e complexo que requer imensa coragem e determinação. No entanto, cada vez mais vítimas estão tomando a iniciativa de compartilhar suas histórias com o mundo, permitindo que outras pessoas saibam que não estão sozinhas.

Sentimos que é culpa nossa porque enfrentar a dolorosa realidade de que estávamos indefesos é muito difícil. Mas lembremos sempre que não fomos responsáveis pelo ocorrido e estamos fazendo o melhor para superar as consequências. Aquilo nos afetou, mas não nos define. Somos fortes e capazes de ultrapassar tudo isso, com perseverança e apoio dos amigos e familiares.

Quando alguém nos conta sua história, está nos dando um insight precioso nas partes mais dolorosas de sua alma. Estão compartilhando sua vulnerabilidade, seu horror e sua dor com a gente. É uma honra poder ouvir e testemunhar essas experiências, mas também é importante lembrar que essas pessoas estão entregando um pedaço muito íntimo de si mesmas. Tendo isso em mente, podemos abordar esses relatos com cuidado e respeito, reconhecendo a coragem que levou aquela pessoa a dividir sua história conosco.

Dizer a elas que poderia ter sido pior ou comparar a dor de uma pessoa com a de outra não é o caminho a seguir. A dor de cada pessoa merece ser reconhecida e validada. O que os sobreviventes de qualquer tipo de trauma precisam mais do que tudo é apoio, acolhimento e amor. As vítimas de trauma sofreram muito na sua vida e às vezes ouvimos frases como "pelo menos você está vivo" ou "é só uma ferida, outras pessoas já passaram por coisas piores". Mas isso não é o que elas precisam ouvir, o que elas realmente precisam saber é que entendemos sua dor e validamos seus sentimentos. Elas precisam sentir-se apoiadas para poderem superar esse trauma.

Se um sobrevivente de abuso confia em você o suficiente para contar sua história, é importante responder com palavras e não com silêncio. Isso mostra que você se importa e está disposto a ouvir. É possível que o sobrevivente precise de apoio para lidar com as emoções que estão surgindo. Ofereça-se para ajudar de qualquer forma que puder, seja ligando para um serviço de apoio à vítima de abusos ou simplesmente sendo uma presença amiga. Portanto, aqui estão algumas coisas que você pode dizer quando um trauma é compartilhado com você:

1. O que aconteceu não foi bom. Diga: Que foi horrível, terrível e que você não pode imaginar a dor deles.
2. Se forem receptivos, ofereça um abraço. Às vezes, um abraço é a melhor forma de expressar sentimentos que você talvez não possa articular em palavras. Um abraço pode significar carinho, proteção, segurança e muito mais. Se você está triste ou incomodado por algo, um

abraço pode ser terapêutico. Ele pode acalmar os nervos e dar um senso de calor humano. Ainda que as palavras às vezes falhem, um bom abraço sempre consegue transmitir o que precisa ser dito.

3. Diga a eles que não foi culpa deles. Que eles não mereciam o que aconteceu com suas vidas. Fale: A culpa não foi sua. Explique-lhes que existem indivíduos injustos e às vezes as pessoas inocentes sofrem por causa das maldades dos outros. Conte-lhes histórias de esperança e faça de tudo para ajudá-los a ver uma luz no final do túnel. Mostre-lhes que há muito amor no mundo, mesmo quando às vezes parece impossível acreditar. Dê seu apoio incondicional e diga a eles que estará ali para cooperar.

4- Reconheça a bravura dos sobreviventes de abuso ao contar sua história. Deixe-os saber que você se sente honrado por eles terem escolhido compartilhar com você. Por mais desconfortável que você possa se sentir ao ouvir a história deles, a pessoa que a conta está se sentindo assim dez vezes.

5- Pergunte a eles o que você pode fazer para apoiá-los em sua jornada de cura. NÃO diga a eles o que você acha que eles devem fazer. As necessidades de cada sobrevivente variam, portanto, não faça essa pergunta a menos que esteja preparado para seguir com a resposta.

Se você conhece alguém que passou por algum tipo de trauma, por favor, não tenha medo de trazer o assunto à tona. Deixe essa pessoa saber que você se importa e sente muito pelo que ela sofreu. Não os force a falar sobre isso se eles não quiserem, mas agir como se você não soubesse sobre o trauma deles é tão doloroso quanto não dizer nada.

A importância da conscientização

Com os eventos acontecendo no mundo hoje, precisamos mais do que nunca sobre a importância da conscientização. A consciência vem de muitas formas, aqueles que precisam da consciência de que o que sofreram foi realmente traumático e da consciência dos outros para reconhecer e apoiar um sobrevivente de abuso ou o trauma de outra pessoa.

A complacência não permitirá a mudança. Existem muitas mudanças que precisam ocorrer e elas só podem acontecer se houver vontade de mudar. Se as pessoas permanecerem na mesma, nada irá acontecer. Apenas ficarão no mesmo lugar, sem evoluir. É preciso ter coragem para enfrentar as adversidades e os desafios da vida e mudar de rota quando for necessário. Só assim será possível crescer e se desenvolver pessoalmente e profissionalmente. Espero que a minha experiência traga alguma forma de conscientização para cada um de vocês, e que nos permita dar um passo mais perto de um mundo de mudanças.

Qual é a sua história? Se você estiver disposta(o) a dar voz à sua dor, prometo ouvir.

Boa noite Cinderela!

Com pouco tempo que morava com ele, começaram a acontecer coisas estranhas. Começamos a fazer festinhas todo final de semana só para nós dois, comprávamos vodca, fazíamos uma tábua de frios, colocávamos música e ficávamos ali conversando e rindo. Quando chegava a horários específicos, sentia tonturas, uma taquicardia louca e quando dava por mim, estava deitada na cama. Ele sempre falava que eu havia me sentido mal e sempre me perguntava: você não se lembra de nada? Confusa respondia que não.

Isso aconteceu várias vezes, mas teve um dia que foi diferente dos outros. Senti-me muito mal uns 15 minutos após ter bebido, vomitei muito, taquicardia, suava frio, de repente tudo ficou embaçado e me senti desfalecer, entretanto, foi como tivesse saído do meu corpo e ficasse ali olhando tudo. Vi ele me colocando na cama e rindo, depois pegou minha bolsa, abriu minha carteira pegou o dinheiro, chegou perto de mim e disse: vou gastar seu dinheiro porque sou seu macho e depois o vi saindo pela porta do quarto.

Por muito tempo fiquei confusa com essas coisas que tinha acontecido. Um dia conversando com um amigo ele me contou que foi vítima do "boa noite cinderela", começou a me relatar que se sentiu como se tivesse fora do corpo assistindo a tudo, mas sem poder reagir. Meu corpo gelou e foi assim que descobri o que ele fazia quando queria sair sem mim.

Se você se relaciona com um narcisista saiba que ele não terá misericórdia porque você é legal. Eles são egocêntricos, acreditam que o mundo gira em torno deles. Eles não têm empatia, somos apenas objetos que eles usam e jogam fora a hora que quiserem. Enxergam-nos como extensão deles e nós servimos apenas para satisfazer os desejos mais sórdidos desses doentes. Usarão todos seus traumas contra você, o meu ex sabia tudo da minha vida e usou cada vírgula que havia contado contra mim mesma. Nenhuma pessoa será amada (o) por um narcisista, porque o relacionamento com essa pessoa é dolorosamente unilateral. Gostam de se gabar como se fossem os melhores e com o tempo ele te humilhará tanto que você passará a acreditar que é um nada e ele tudo.

Narcisistas não amam ninguém, nem a si mesmos. A meta deles é controlar, manipular e te fazer se sentir péssima o tempo todo, se aproveitam das pessoas emocionalmente inseguras para alcançar seus objetivos. Eles são experts em fazer com que as outras pessoas se sintam piores sobre si mesmas, de modo que possam assumir o controle total da situação. Narcisistas têm um profundo senso de arrogância e superioridade, e acreditam que são os únicos que merecem o melhor da vida. Eles farão tudo o que estiver ao seu alcance para atingir suas metas, sem considerar os sentimentos ou as necessidades das outras pessoas.

Narcisistas são pessoas que sofreram muito na infância e que desenvolveram um transtorno mental devido às adversidades com as quais se depararam. Eles tendem a enxergar o mundo apenas através de sua própria perspectiva e têm dificuldade em se colocar no lugar dos outros. A maioria dos narcisistas tem problemas para estabelecer relacionamentos íntimos e verdadeiros, pois em seu íntimo acreditam que ninguém será capaz de amá-los de verdade. Devido à natureza do transtorno, os narcisistas tendem a ser manipuladores e controladores, além de muitas vezes serem ciumentos e possessivos. Infelizmente muitos estão destruindo o psicológico e a vida de quem eles se relacionam.

Eles são assim: como o narcisismo afeta as relações pessoais

O narcisismo é um transtorno de personalidade caracterizado por uma grande necessidade de admiração, falta de empatia e um senso exagerado de auto importância. Geralmente se relacionam com as pessoas de forma intermitente e superficial, usando-as para alcançar seus próprios objetivos. Eles podem ser extremamente charmosos e sedutores quando lhes convém, mas também podem ser manipuladores, controladores e críticos.

Por que os narcisistas se relacionam mal com as pessoas?

Os narcisistas tendem a se relacionar mal com as pessoas por vários motivos. Em primeiro lugar, eles são extremamente egocêntricos e estão sempre preocupados consigo mesmos. Isso significa que eles raramente levam o tempo para ouvir o que os outros têm a dizer ou se importam com os sentimentos dos outros. Além disso, os narcisistas tendem a ser muito exigentes e controladores nas suas relações. Eles podem querer que as pessoas vivam de acordo com os seus padrões e expectativas, o que pode levá-las à se sentirem oprimidas e sobrecarregadas. Criticar um narcisista é provocar uma guerra, eles podem ficar muito defensivos ou atacar as pessoas que os criticam.

Sinais de que você está em um relacionamento com um narcisista

Narcisistas podem ser muito atraentes e envolventes. No entanto, quando você está em um relacionamento com um, pode haver alguns sinais de que você precisa ficar atento. Aqui estão alguns dos sinais de que você está em um relacionamento com um narcisista:

- 297/210/22 - PB - 9786500653557 - Mat

1. Eles são extremamente ciumentos e possessivos. Narcisistas tendem a ser extremamente ciumentos e possessivos de seus parceiros. Se você notar que seu parceiro está constantemente monitorando o que você está fazendo e quem você está falando, isso pode ser um sinal de que ele é narcisista.
2. Eles manipulam as situações para obter o que desejam. Narcisistas geralmente manipulam as situações para obter o que desejam. Se você notar que seu parceiro sempre consegue o que quer, mesmo quando isso significa machucar outras pessoas, isso pode ser um indicador.

3. Eles mentem constantemente. Narcisistas tendem a mentir constantemente sobre suas conquistas, sua vida pessoal e outras coisas importantes para manter os outros interessados neles.

4. São extremamente egocêntricos. Tudo gira em torno dele, sempre precisa ser o centro das atenções e adora falar sobre si mesmo.

5. São controladores. Narcisistas geralmente tentam controlar todas as situações e as pessoas ao seu redor. Se seu parceiro estiver sempre tentando controlar aonde você vai, o que você faz e com quem fala, isso é um possível indicador.

Como lidar com um narcisista?

Quando se trata de lidar com um narcisista, é importante lembrar que eles são extremamente sensíveis à crítica. Qualquer coisa que você diga pode ser usada contra você, então é melhor não dizer nada. Em vez disso, concentre-se em ouvir o que eles têm a dizer. Eles gostam de falar sobre si mesmos e estar no controle da conversa, então deixe-os falar. Também é importante ter em mente que os narcisistas nunca assumem a culpa por qualquer coisa. Se algo der errado, sempre será culpa sua. Não importa o quão lógico ou racional você seja, não conseguirá mudar a opinião dele. Portanto, não perca tempo tentando argumentar ou fazê-lo enxergar a verdade.

O narcisismo afeta as relações pessoais de várias maneiras. Se você está enfrentando um problema com um amigo ou parceiro narcisista, existem algumas coisas que você pode fazer para lidar com isso. Primeiro, tente compreender o motivo pelo qual a outra pessoa está se comportando assim. Em seguida, estabeleça limites claros e faça valer esses limites. Por último, procure apoio profissional para ajudá-lo a lidar com a situação.

As duas faces

Olhar sua face sombria é como um soco no queixo, dói, dói tanto que te liberta. Te faz perceber o quanto a vida pode ser bela e trágica ao mesmo tempo. É o choque de ver a realidade da dor, do sofrimento e da morte, bem na sua frente. Dói tanto que nos leva às lágrimas, mas essas lágrimas são purificantes, elas limpam nossos olhos e nos permitem enxergar o mundo com mais clareza.

Eu não imaginava o quanto era atraída por parceiros semelhantes a mim. Me sentia tão seduzida por seus impulsos e instintos tóxicos que meu ser ficava eufórico. Éramos dois polos opostos que, mesmo assim, me atraía para ele. Nossa relação era intensa, mas também era tóxica e perigosa. Era como se estivéssemos constantemente no limite, à beira de um precipício, sem nunca saber quando o próximo passo poderia nos levar para a destruição.

Quando meu corpo entrelaçava esses corpos que fizeram parte de minha história, conseguia ouvir meu lado sombrio vibrar de prazer. A escuridão dentro de mim se inflamava com a lembrança das coisas que eu havia feito, de todas as vezes que havia machucado eles também. Era um sentimento libertador, saber que eu podia ser a causa do sofrimento de outras pessoas. A boca que naquele momento beijava o meu pescoço era a mesma que havia provocado tanto sofrimento em mim, e isso me despertava um tesão incontrolável. Nesse momento, estava completamente entregue a esse prazer sombrio, e não queria que acabasse nunca. Mas quando ele me tratava com raiva e desprezo, respondia ferozmente: se você me amasse não me trataria desse jeito. Tu não sabes amar ninguém, traidor e mentiroso. Você é um monstro! Não merece minha atenção nem mesmo o meu mais profundo ódio.

Eu queria destruir o que sentia e tinha que fazer algo para diminuir aquela dor. Eu ligava a internet, acessava sites de bate papo com a desculpa que apenas iria distrair minha mente, mas estava mentindo para mim mesma, meus instintos e impulsos eram bem mais sombrios do que eu gostaria de admitir. Estava cansada de fingir ser uma pessoa feliz, sem problemas e perfeita quando, na verdade, era o contrário. Tudo o que eu via nas redes sociais me incomodava cada vez mais, todos pareciam ter uma vida melhor do que a minha. Não suportava mais essa pressão social de ter que ser alguém que não sou. Minha vida era uma grande farsa.

Eu conversava com um e outro na internet, me alimentando do que os homens me diziam e usufruindo da energia que a vingança me nutria. Era gratificante poder obter essa satisfação deles. Eu os ouvia falar abertamente sobre seus sentimentos, suas angústias e seus medos, e isso me permitia manipulá-los à minha vontade. Sentia-me incrivelmente poderosa enquanto fazia isso, e era impossível resistir às sensações maravilhosas que aquilo me proporcionava.

Quando ele chegava colava meus lábios no dele e dizia: Eu te amo, assim como me amas. Era bom demais olhar para ele e julgar e o quanto era bom fazer coisas que achava horrível nele. Não importa o quanto ele me fazia sofrer, eu sempre acabava voltando para ele. Era como se houvesse um ímã e que só podia ser saciada quando estávamos provocando sofrimento um no outro. Mesmo sabendo que era errado, eu amava cada segundo de tortura que nos infligíamos.

A verdade é que me identificava com a parte tóxica dele. Eu tinha um sentimento de cumplicidade com aquela parte dele, porque eu conseguia olhar para a sua sombra inconscientemente e enxergar a minha. Me sentia aliviada por ser tão tóxica quanto ele. Eu tinha um belo argumento ensaiado para explicar o porquê eu havia feito aquilo: "Fiz isso porque você me deixou de lado". Mas ele desconfiava e fingia que não enxergava nada, o que só aumentava minha fúria e dor. Na verdade, eu estava muito chateada com ele por viver me ignorando. Ultimamente parecia que ele se afastava cada vez mais de mim, eu realmente sentia que ele havia me abandonado, então quis machucá-lo da mesma forma.

Foi me tratando e me conhecendo que pude constatar e expor duas forças poderosas e totalmente contraditórias que existiam dentro de mim.

Quando comecei a fazer terapia para lidar com os meus problemas, logo no início, já consegui identificar duas forças opostas que estavam atuando dentro de mim. Por um lado, havia uma força muito poderosa e negativa, que me empurrava para baixo e que tentava me impedir de enxergar qualquer coisa boa na vida. Por outro lado, existia uma força positiva e construtiva, que sempre me impulsionava para frente e me dava esperança de melhorar. A primeira vez que percebi isso foi quando comecei a ter vontade de desistir da terapia. Tudo o que eu via era o quanto estava fracassando na minha tentativa de lidar com essa realidade.

A voz negativa dentro de mim sussurrava que não valia a pena continuar lutando, porque nunca iria conseguir superar aquilo sozinha. Entretanto, havia também uma parte de mim, talvez pequena demais para ser notada no início, gritando para não desistir daquilo tudo agora. Essa voz insistia em dizer-me que valeria a pena lutar e persistir mesmo nas horas mais difíceis, pois é somente assim que se chega a um final feliz. Hoje em dia, posso afirmar com certeza: escolhi o caminho certo! Apesar dos momentos difíceis pelos quais passei, segui a voz da esperança dentro de mim — e hoje posso dizer com todas as letras que sou feliz de verdade.

O que eu fiz para mudar essa realidade?

Joguei-me de cabeça numa recuperação da codependência emocional, parei de fingir que tinha um marido que poderia ser consertado e que eu era a esposa perfeita para ele. Não fui mais aquela mulher obsessiva que todos conheciam, como se isso pudesse salvá-lo. Ele não percebia o quanto estava me destruindo lentamente — na verdade, nem sequer ligava. Apenas continuou sendo o homem egocêntrico, narcisista e insensível que sempre foi. Foi então que me rendi à realidade: ninguém poderia mudá-lo, nem mesmo eu. Desejei então sair dessa relação doentia para me curar.

Comecei a olhar tanto o melhor quanto o pior de mim, para finalmente me conhecer como eu sou. Foi necessário ter coragem para lidar com a dualidade que existe dentro de mim — o "eu ferido" nascido das minhas atormentadas feridas emocionais, e o "eu forte" que supera tudo isso. Aprendi que só poderia ser livre de tudo isso se ACEITASSE esses dois lados da moeda. Isso significava enfrentar as sombras da minha personalidade, resgatar os traumas do passado e perdoar aqueles que me fizeram sofrer. Só assim pude abrir espaço para um novo tipo de liberdade: a liberdade de SER quem EU REALMENTE SOU.

Vários Eus

Eu sou uma ex-codependente emocional, e isso afetou profundamente a forma como eu lidava com os outros. Eu estava disposta a fazer qualquer coisa para manter as pessoas perto de mim, mesmo que significasse machucá-las ou me machucar. Isso era algo que eu aprendi desde muito cedo, quando cresci em um ambiente abusivo e tóxico. Aprendi a acreditar que precisava da aprovação das outras pessoas para ser feliz, isso fez com que eu me empenhasse em relacionamentos ruins e abusivos.

Eu sou composta por diversas mulheres, cada uma representando um papel diferente na minha vida. Há a mulher amorosa, que sempre está disposta a dar e receber carinho; a mulher forte, que enfrenta todas as adversidades com determinação; a mulher sensível, que chora nas piores situações e vibra nas melhores; e muitas outras. Cada uma delas se expressa de acordo com as circunstâncias em que me encontro e todas fazem parte de quem eu sou.

Quando eu me mostro bondosa, as pessoas aplaudem. Elas dizem que sou uma boa pessoa e que deveria fazer isso mais vezes. No entanto, quando eu tomo uma posição firme ou falo sobre algo que as incomoda, elas logo começam a dizer para eu “ficar calma”. Isso demonstra a dificuldade das pessoas de aceitarem meu posicionamento e o quanto não as incomodo quando sou doce e submissa.

Eu sou bondade e maldade, humildade e orgulho, verdade e mentira, paz e guerra. Sou todos os opostos em uma só pessoa. Posso ser doce como o mel e amargo como o limão. Posso ser gentil e compassiva, mas também orgulhosa e egoísta. A verdade pode ser a luz que guia meus passos, mas a mentira pode ser a escuridão que me envolve. A paz é o que sempre busco, mas às vezes a guerra pode ser inevitável. Não sou perfeita, nem nunca serei, mas aceite-me com todas as minhas imperfeições, porque sou apenas humana.

Sempre me senti obrigada a ser cem por cento boazinha, mas na maioria das vezes não conseguia. As pessoas então me castigavam com suas palavras, dizendo: "Nossa! Que ser humano horrível você é!". Isso realmente me machucava e me fazia questionar se valia a pena continuar sendo boazinha ou não. Às vezes, acabava cedendo à raiva e gritando com aqueles que me criticavam — mas isso só servia para confirmar que eu era uma pessoa ruim.

Outras vezes, tentava ignorar as críticas e fingir que elas não tinham importância, mas isso era muito difícil quando todos os dias eu era lembrada do quanto eu era "horrível". Isso me deixava muito triste, pois nunca quis ser uma pessoa horrível. Embora possamos causar dor e sofrimento aos outros, isso não quer dizer que sejamos maus por natureza, somente somos seres humanos complexos, capazes de sentimentos extremos. Às vezes, podemos nos sentir tão angustiados ou fracassados que acabamos tomando atitudes drásticas ou impensadas que machucam aqueles ao nosso redor.

Será que as pessoas esquecem que elas também são capazes das piores atrocidades? Apenas olhando para o passado recente, vemos exemplos de guerras civis, genocídios e outros conflitos brutais em que os seres humanos foram responsáveis por crimes horripilantes. No entanto, parece que a maioria das pessoas consegue ver a si mesmas como inocentes vítimas ou heróis da história, enquanto culpa os outros pelos atos repugnantes. Talvez seja por isso que tantas pessoas se recusam a acreditar nas notícias

ECW - #0211 - 061026 - C0 - 297/210/22 - PB - 9786500653557 - Matt

sobre violência e atrocidades, não querem reconhecer o potencial de maldade dentro de si mesmas. Infelizmente, ignorar a realidade não a faz desaparecer; na verdade, apenas torna mais provável que aconteçam mais barbaridades no futuro.

Aprender a lidar com as próprias capacidades é importante para termos uma vida equilibrada e feliz. Infelizmente, às vezes cometemos erros irreparáveis, mas é importante lembrar que sempre há uma chance de recomeçar e aprender com os erros do passado. Ninguém é completamente inocente, nem completamente culpado. Todos nós somos capazes de atos bons e ruins, dependendo das circunstâncias em que estamos inseridos. Se formos educados para reconhecer essa complexidade humana, talvez possamos prevenir muito do sofrimento no mundo. Cada um de nós tem dentro de si o potencial para o bem e para o mal.

Às vezes agimos de uma maneira que causará dor e sofrimento a outros, mas isso não significa que sejamos maus por natureza. Podem existir diversas razões para os nossos atos — talvez estejamos passando por uma situação particularmente difícil naquele momento, ou simplesmente não tenhamos pensado nas consequências de nossas ações. Se compreendermos que todos podem ser susceptíveis à violência e à crueldade em determinadas condições, talvez possamos criar um ambiente mais acolhedor e compassivo para todos.

Quando tinha 13 anos, ouvi de uma psicóloga que eu era uma menina muito difícil de ser entendida. Ela disse que "eu" era uma pessoa ruim e isso martelou na minha mente como um disco arranhado. Aquilo me afetou muito e passou a influenciar a forma com a qual enxergava o mundo. Passei a pensar que ninguém ia querer ser amigo de alguém tão "ruim" quanto eu. A conversa com aquela psicóloga foi um dos momentos mais marcantes da minha vida e mudou completamente a forma como eu me enxergava — passando a ver-me através dos olhos dela, como uma pessoa ruim.

Fiquei convencida de que não valia nada e que nunca seria compreendida pelas outras pessoas. Isso me fez sentir isolada e sozinha durante muitos anos. Ninguém jamais me compreenderia completamente, nem mesmo aqueles que diziam amar-me. Sentia-me excluída do mundo, sem esperança de um dia pertencer a alguma coisa ou alguém. Vivi assim por muito tempo, até aprender que essa era uma forma errada de pensar.

Hoje, aos meus 54 anos, responderia: dentro de nós existem várias pessoas e constantemente, você ou eu enfrentaremos uma batalha em que duas forças poderosíssimas competem pela nossa submissão. Uma dessas forças é nosso ego — aquela parte de nós mesmos que sempre quer ser o centro das atenções e tem medo de mudança. A outra força é o nosso verdadeiro Self — aquele aspecto da personalidade que está em sintonia com a essência divina da vida e busca expressar esse amor incondicional em todas as coisas. Sou boa e sombria, assim como você, essa dicotomia faz parte da humanidade. A luta entre o bem e o mal está presente em cada um de nós, todos os dias. Nossas escolhas determinam o rumo que a vida tomará, seja para o bem ou para o mal.

Existem diversas dualidades em nossa existência, a luz e a escuridão são dois lados da mesma moeda. A vida e a morte, o bem e o mal, o amor e o ódio são todos exemplos de dualidades que estão presentes em nosso mundo. Cada uma dessas dualidades tem seus próprios significados e importâncias. A luz representa a vida, a esperança e o bem, enquanto a escuridão simboliza a morte, o medo e o mal. A vida é cheia de altos e baixos, mas sempre há um equilíbrio entre os dois. O bem sempre triunfa sobre o mal no final. O amor é puro e incondicional, enquanto o ódio destrutivo e negativo.

As dualidades são essenciais para que possamos compreender plenamente as coisas no mundo à nossa volta. Elas nos permitem ver as situações sob diversos pontos de vista e nos dão um senso de perspectiva. Sem elas, seríamos incapazes de apreciar a beleza da luz quando estamos rodeados pelo escuro. Não poderíamos sentir gratidão pelas coisas boas na nossa vida se nunca tivéssemos experimentado os problemas. Ninguém saberia como é bom estar vivo se nunca tivesse sofrido um acidente ou experimento um EQM antes.

As dualidades fazem parte da natureza humana — elas são inerentes à forma como somos feitos — por isso precisam ser aceitas como parte do caminho da vida. Tanto podemos abraçar a luz como nos rendemos à escuridão. Moramos em constante interseção entre estes dois extremos. A luz representa o bem, a esperança, a felicidade. é quando estamos no topo do mundo, rindo e brilhando com todas as nossas forças. A escuridão, por outro lado, pode ser sinônimo de tristeza, medo e dor, é quando enfrentamos os nossos demônios internos e sombras externas. Mas nem sempre é tão simples assim.

Às vezes a vida é uma confusão insana de cores misturadas que fazem morada dentro de nós — um caos criativo que nos move para frente. Nessa dança interminável, tem dias em que giramos sob o sol radiante e, outros em que tropeçamos nas trevas profundas da noite. Isso tudo faz parte da grande experiência humana chamada vida. Usando a metáfora da moradia, o texto original sugere que há um lugar dentro de nós onde a luz e a escuridão coexistem. Esta é uma ideia interessante, pois às vezes nos sentimos iluminados pelo entendimento e em outras ocasiões, mergulhados nas sombras da dúvida. A verdade é que ambas as forças são necessárias para o crescimento pessoal. A luz traz clareza e compreensão, enquanto a escuridão provoca introspecção e reflexão. Juntos, esses aspectos nos permitem avançar na jornada rumo à autorrealização.

A pessoa amorosa, bondosa, esperta, sensível, forte, altruísta, generosa, fiel e criativa, mas com toda essa luz também existe outra parte que é insatisfeita, ingrata, autoritária, desagradável, egoísta, indecente, mentirosa e destrutiva.

Várias vezes no dia, observo a variedade de personalidades presentes dentro de mim e escolho com qual quero estar. A capacidade destrutiva da personalidade do indivíduo está presente em várias ocasiões. às vezes, essa destruição pode ser direcionada para si mesmo, como na autossabotagem; outras vezes, pode se manifestar através da agressão aos outros. No entanto, também há uma parte construtiva da personalidade, que busca crescer e evoluir. É essa parte que eu escolho cultivar e alimentar.

Não adianta negar as verdades que estão à nossa frente. Se continuarmos a fingir que elas não existem, acabaremos cometendo erros graves que nos farão cair em ciclos de autossabotagem. Começaremos então a ter atitudes inacreditáveis para tentar escapar dessa realidade.

Somos uma casa e dentro de nós existem diversos "eus" habitando essa morada. Somos luz e sombra, boas e más, agradáveis e desagradáveis, educadas e mal educadas, calorosas e frias como uma geleira, doces e cruéis. Nossa personalidade é composta por todas essas facetas — às vezes harmoniosamente, às vezes em conflito. É o que nos torna complexos seres humanos.

Podemos ser tudo isso ao mesmo tempo, ou apenas um aspecto de nós mesmos em determinado momento. À medida que evoluímos e crescemos, podemos escolher quais desses aspectos de nós gostaríamos de cultivar ou expressar mais na vida. Isso pode incluir as qualidades que consideramos positivas, como bondade, compaixão e empatia, bem como aquelas que vemos como menos desejáveis, como raiva, inveja e orgulho.

Existem muitas coisas que podem nos libertar dos julgamentos alheios. Podemos compreender que as pessoas que nos rodeiam são capazes de serem boas e justas, mas também podem ser ruins e injustas, assim como nós mesmos. Também podemos aprender a lidar com as críticas e os ataques, de modo a não deixarmos que eles nos afetem negativamente. Além disso, é importante lembrar que nem todos os julgamentos alheios são verdadeiros ou justos — às vezes as pessoas simplesmente estão enganadas ou influenciadas por suas próprias opiniões e preconceitos. Se conseguirmos manter esses fatores em mente, ficaremos menos suscetíveis a sofrer com as opiniões dos outros.

Eu finalmente compreendi que fui minha própria inimiga inúmeras vezes ao longo da vida. Isso me trouxe uma profunda paz e liberdade, pois percebi que não sou melhor ou pior do que ninguém. Antes, eu sempre me comparava com os outros, o que me deixava infeliz e insatisfeita. Agora sei que todos somos iguais, com nossas qualidades e defeitos. Não existe ninguém perfeito! Aceitar isso foi um grande passo para a minha felicidade.

Todos somos humanos e capazes de cometermos erros. Por isso, perdoei aqueles que me fizeram sofrer no passado e aprendi a ser mais tolerante com as falhas dos outros. Aprendi que todos cometemos erros e que ninguém é perfeito. Também aprendi que é importante ter tolerância com os outros e não julgá-los pelas suas falhas.

A raiva

Dentro de mim, existia uma raiva capaz de exterminar milhares de pessoas. Essa raiva era tão intensa e profunda que me consumia por completo, fazendo com que eu me tornasse uma alguém totalmente diferente. Ninguém conseguia me controlar quando estava nesse estado, eu só pensava em destruir tudo o que encontrasse pela frente. As pessoas ficavam apavoradas só de me ver e eu adorava isso, parecia que finalmente tinha o controle da minha vida.

A raiva pode ser saudável quando nos permiti proteger a nós mesmos e os outros. A raiva nos dá energia para lutar contra ameaças e nos mantém seguros, ela também pode motivar-nos a fazer mudanças em situações que consideramos injustas. No entanto, a raiva também pode ser destrutiva. Quando ela é descontrolada ou dirigida contra alguém que não merece, a raiva pode causar muito sofrimento.

Nos meus momentos de raiva, gritava batendo no peito: "Eu faço o que quero e na hora que quero!". Nesses momentos caóticos e de um profundo vazio, a raiva se apresentava de uma forma violenta, pois estava reprimida. Às vezes, a raiva tomava conta de mim e não conseguia pensar com clareza. Só enxergava a fúria e o desejo de machucar alguém — qualquer um. Batia nas paredes, chutava objetos, arrancava meus próprios cabelos... Eu ficava possuída por uma fúria incontrolável.

Eu me encontrava sem chão por não ter controle sobre minha vida. A única forma de expressar isso era através da violência. Era como se toda a frustração acumulada do dia estivesse vindo à tona de uma só vez. Eu queria que as pessoas me ouvissem, mas elas nunca o faziam, então eu descontava minha raiva nos outros. Bater em alguém ou quebrar alguma coisa me fazia sentir um pouco melhor. Em alguns momentos tinha consciência que aquilo não era certo, e tentava me controlar. Era uma luta constante e às vezes eu simplesmente não conseguia evitar explodir.

Desde criança, sempre senti um medo gigante. Isso se deve ao fato de testemunhar constantemente brigas bizarras e barulhentas entre meus pais quando era pequena. Eles pareciam brigar por qualquer coisa e as discussões logo esquentavam, e ficavam muito intensas. Às vezes, chegavam até às vias de fato — meu pai batia em minha mãe ou começavam a quebrar algo da casa. Aqueles momentos eram apavorantes para mim, eu realmente não sabia como lidar com isso.

Lembro-me de quando eu era criança e meu pai espancando minha mãe. Às vezes, ficava paralisada no meio da sala, apavorada com o som dos gritos. Outras vezes, corria para me esconder embaixo da cama ou atrás do sofá. Testemunhar aquela violência toda foi algo que marcou profundamente a minha infância. Toda vez que isso acontecia, eu ficava petrificada, sentindo-me completamente impotente. Era uma dor terrível saber que não havia nada que eu pudesse fazer para impedir aquilo.

Na minha recuperação da codependência, comecei a perceber que minha raiva era ativada pelo medo extremo que sentia. Sempre que alguém levantava a voz ou as coisas começavam a ficar tensas em casa, eu começava a tremer e suar frio. Às vezes, eu me sentia tão ameaçada que tinha vontade de fugir ou de me esconder. Nessas situações, entrava em pânico e não conseguia pensar com clareza. Tudo o que eu queria era me afastar daquela situação assustadora.

Eu era um campo minado, sentia como se estivesse acontecendo um terremoto dentro de mim. Era como se o mundo inteiro tivesse sido reduzido a um labirinto de explosões e eu estava presa no meio dele. Tudo o que eu podia ouvir eram as explosões de raiva do meu pai e os gritos, enquanto corria desesperadamente para encontrar uma saída. Por mais que me escondesse, nenhum lugar me abrigava. Só havia medo, pânico e adrenalina correndo através de mim enquanto tentava sobreviver àquele pesadelo. Era forte demais aquele sentimento de desespero e eu apenas me entregava à raiva de corpo e alma.

Tudo o que eu queria era gritar, chorar, bater em qualquer coisa ou em qualquer pessoa. Não suportava mais aquela sensação angustiante que tomava conta de mim a todo momento. Só queria que aquilo tudo acabasse logo, apenas liberar toda aquela pressão que me sufocava, mas nada disso acabava sendo o suficiente. Eu me sentia tão impotente, tão frágil... Era como se estivesse sendo engolida pelo próprio inferno das brigas dos meus pais.

Nessa entrega, implodia minha vida e explodia em cima das pessoas. A necessidade de destruir era gigantesca dentro de mim. As emoções reprimidas se tornam tóxicas e elas sempre vão arrumar uma válvula de escape. Nesse caso, eu escolhi destruir tudo que estava à minha volta, para tentar acalmar a tempestade que rugia dentro de mim. Infelizmente, isso só fez as coisas ficarem piores e me afundou mais naquele pesadelo.

Eu me afundava cada vez mais na depressão, na ansiedade e no autodesprezo. Tentava escapar desses sentimentos, mas quanto mais eu tentava, mais eles me consumiam. Era como se estivesse presa em um ciclo vicioso do qual não conseguia sair. A depressão era uma nuvem escura que me envolveu completamente, sufocando-me. A ansiedade era um fogo queimando dentro de mim, constantemente me deixando nervosa e incomodada. O autodesprezo era uma ferida aberta que nunca sarava, sempre me lembrando o quanto eu era inadequada e indigna de qualquer tipo de felicidade.

Sentia-me totalmente sozinha nesse mundo, incapaz de enxergar qualquer coisa além da escuridão que me cercava. Tudo parecia perdido para mim, não via a luz no final do túnel nem mesmo queria continuar lutando por algo melhor. As pessoas ao meu redor como o tempo se tornaram apenas alvos para o meu desconforto, a minha raiva — eu as machucava porque elas estavam perto, porque eram fáceis de atingir. Nesse estado, só pensava em causar sofrimento. Queria ver pessoas sofrerem tanto quanto eu estava sofrendo.

Foi na minha recuperação onde enxerguei que precisava me confrontar com essa emoção tão poderosa. Passei anos enfrentando a raiva que sentia e através desse esforço contínuo fui me libertando pouco a pouco. Meu terapeuta foi vital nesse processo, pois me permitiu expressar minha raiva de forma segura e saudável. Aprendi a identificar quando estava ficando irritada e a lidar com isso de maneira mais produtiva. Em vez de explodir ou suprimir minha raiva, aprendi a canalizá-la em atividades artísticas. Isso fez uma enorme diferença na qualidade da minha vida e me permitiu construir relacionamentos mais saudáveis e gratificantes.

"Hoje, a raiva é uma grande aliada e amiga. Nosso relacionamento é de grande respeito. Quando ela surge, a recebo de braços abertos e ouço tudo que ela me diz. A raiva nos ensina a ver as coisas sob um novo prisma e nos mostra como podemos ser fortes quando enfrentamos os desafios da vida. Ela está sempre presente para nos lembrar de que somos capazes de superar qualquer obstáculo."

A minha raiva tem minha atenção. Hoje ela sabe que não precisa destruir mais nada, nem se machucar, nem se morder, nem arrancar os cabelos, nem beber até cair, nem bater nas pessoas e nem querer morrer. Aprendi a lidar com a raiva de diversas formas.

A raiva é um sentimento natural e humano, e todos nós a experimentamos de vez em quando. Mas às vezes a raiva pode nos controlar e levar a comportamentos destrutivos ou autodestrutivos. É por isso que é tão importante aprendermos a lidar com ela de forma saudável. Uma das maneiras de fazer isso é expressando-nos de forma assertiva em vez de agressiva: falando sobre o que estamos sentindo sem usar violência verbal ou física contra outras pessoas, ou a nós mesmos. Outra maneira é buscando ajuda profissional se sentirmos que não conseguimos lidar com a raiva sozinhos.

Como John Bradshaw diz em seu livro:

"As emoções são uma forma de energia em movimento. Eles nos sinalizam uma perda, uma ameaça ou uma saciedade. Tristeza é perder algo que prezamos. A raiva e o medo são sinais de ameaças reais ou iminentes ao nosso bem-estar. A alegria sinaliza que estamos realizados e satisfeitos. Sempre que uma criança é envergonhada por alguma forma de abandono, surgem sentimentos de raiva, mágoa e tristeza. Como os pais baseados na vergonha estão presos à vergonha em todas as suas emoções, eles não podem tolerar as emoções de seus filhos. Portanto, eles envergonham as emoções de seus filhos. Quando suas emoções são envergonhadas, as crianças ficam entorpecidas, para que não sintam suas emoções."

O trabalho com a criança interior precisa ser encarado o mais rápido possível para que esses codependentes emocionais tenham chance de uma recuperação digna e de uma nova história de vida.

ECW - #0211 - 061026 - C0 - 297/210/22 - PB - 9786500653557 - Matt Lamin

O medo

Meu falso "eu" foi criado pelo medo. Sabe aquela voz que diz: "Se encaixe, só assim você será aceita". É o medo, ele nos dimensiona a miúdas criancinhas assustadas nos porões de nossas mentes. Ele aparece quando estamos prestes a fazer algo fora do padrão e nos impede de avançar. É o responsável por todos os "nãos" que limitam a nossa vida. Ele é o grande vilão que nos mantém presos em um mundo seguro, mas pequeno.

O medo de não sermos amadas pelo que somos sufoca o nosso verdadeiro "eu", dessa forma mostramos que é muito feio falhar, a vergonha nos invade e o pavor toma conta de todo nosso ser. Na roda de amigos, Flora era a brigona que fazia todos rirem, mas por dentro estava me consumindo de tanta tristeza e vazio. Tememos ser ridicularizadas e queimadas em praça pública como alguém que não merece viver, por isso nos escondemos, nos mutilamos e começamos a interpretar papéis para sermos aceitas.

Tinha um amigo que me chamava de paraguaia e fui questionar o porquê, ele me respondeu: "Você não é essa pessoa que se mostra. Não sei por que rejeita quem realmente é, mas seu olhar triste mostra o quanto isso te faz mal. Por isso te chamo de paraguaia, porque a pessoa que esta diante de mim, é falsificada". Levei um choque nesse dia, não imaginava que alguém conseguia perceber o sofrimento que era ficar interpretando um personagem.

Deixei de viver coisas porque sentia medo. Muitas vezes deixei minha vida profissional de lado com medo de não ser boa o suficiente. Queremos ser queridas, amadas, respeitadas, escolhidas, queremos nos encaixar, sermos aceitas e quando tudo isso cai por terra, nos sentimos muito mal, profundamente envergonhadas e com um grande pavor.

O medo se mostra através de vários comportamentos vistos como ruins. Medo do fracasso, de ser traída, de ser humilhada, de ser abandonada, rejeitada, de perder o controle, de se expor, de estar errada, de amar, de viver... são inúmeros medos. Ele nos leva ao isolamento e a brigar ferozmente pelo que achamos que precisamos, mesmo que essa atitude nos leve ao nosso próprio fim. O medo na sua forma mais primitiva evoca dentro de nós uma avalanche de pensamentos autodestrutivos e traz à tona a mágoa, desesperança, tristeza, raiva, ciúme e ódio num nível assustador. Nessa hora viramos as costas para nossas imperfeições porque tememos que elas sejam inaceitáveis. Toda vez que nos distanciamos de quem realmente somos fazemos por medo.

Quando o medo é ativado, ele arma suas emoções com um poder tão explosivo que pode te levar a se autodestruir. Por trás de todo ato destrutivo existe uma emoção reprimida que não se expressa. Quando você faz de conta que nada está acontecendo, ela dificulta seu raciocínio e prejudica sua capacidade de julgamento. Com isso começa um grande ciclo vicioso de pensamentos altamente tóxicos, que começam acender a fornalha das emoções e as suas emoções novamente alimentam mais pensamentos. Em pouco tempo você estará aprisionada dentro de um padrão totalmente destrutivo que te impulsiona a procurar uma válvula de escape.

Como mudei isso? Primeiramente tive que ter coragem para olhar para dentro de mim e identificar o que acontecia e isso não acontece da noite para o dia. Quando identifiquei, pude chegar à raiz do problema e aos poucos fui desarmando as bombas que existiam dentro de mim. Enquanto não houver a aceitação do poder de uma emoção sobre nós, ela continuará reprimida e fará de você uma escrava submissa de seus piores pesadelos. Tudo que você nega, reprimi e rejeita tem raiz no medo. Ele nos priva de pedir ajuda, de assumir riscos e de mostrar quem somos realmente.

Como Sigmund Freud nos ensinou na psicanálise: "As emoções não expressas nunca morrem. Elas são enterradas vivas e saem de piores formas mais tarde".

Muitas vezes, as pessoas supõem que, se elas ignorarem suas emoções negativas, elas simplesmente desaparecerão por si mesmas. No entanto, isso não é verdade, em vez disso, essas emoções reprimidas podem se manifestar de maneiras inesperadas e dolorosas mais tarde na vida. Por exemplo, uma pessoa que cresceu num ambiente abusivo, pode aprender a reprimir sua raiva e medo durante a infância. Essa raiva e medo podem permanecer enterrados por anos, até que algum gatilho os libere novamente. A repressão desses sentimentos negativos pode levar à depressão ou outros problemas de saúde mental mais tarde na vida. Além disso, as emoções reprimidas podem afetar negativamente as relações interpessoais da pessoa, já que ela pode ter dificuldades para lidar com as emoções dos outros. Portanto, é importante reconhecer e expressar todas as suas emoções, especialmente as negativas. Ignorar ou reprimi-las só fará com que elas causem problemas maiores mais tarde.

Ego Ferido

Quando nosso ego está ferido, ele pode se recusar a enxergar qualquer verdade. Nesse caso, podemos nos fechar e concentrar apenas no que falta. Isso pode impedir que vejamos as coisas de forma objetiva e impedi-nos de crescer e evoluir como seres humanos. Meu ego ferido recusava enxergar, ouvir e até mesmo perceber qualquer coisa que não fosse o que ele queria. Eu defendia os meus desejos ferozmente e se alguém falasse algo contra mim, afastava-me dessa pessoa ou até mesmo passava a considerá-la uma inimiga. Isso me impediu de ver as outras perspectivas e de abrir mão do meu próprio ponto de vista. Tudo era negrito para mim, tudo era branco ou preto, sem nenhum tom de cinza.

O Ego ferido para sobreviver precisa estar certo o tempo inteiro. Ele é tão sinistro que cria realidades e situações que confirme suas crenças. O Ego vive na ilusão de que, se estiver sempre certo nunca será ferido novamente, mas isso nunca acontece, porque o Ego é insaciável e sempre encontrará novas formas de se sentir inferior ou ameaçado. A única maneira de parar esse ciclo vicioso é reconhecer a ilusão em que vivemos e permitir que as nossas verdadeiras essências brilhem através dessa armadura defensiva.

A intenção do ego ferido é se proteger custe o que custar e ele irá bloquear qualquer coisa que o faça sentir dor e/ou uma profunda vergonha. Ele assume o comando e fica fora de controle, você perde a capacidade de distinguir o real do irreal. Você só consegue ver a dor e a vergonha através dos olhos do ego ferido.

Em um dos vários relacionamentos que tive, inventei que estava grávida e abortei para fazê-lo sofrer. Exigi o dinheiro de gastos de um aborto que nunca aconteceu. Várias vezes inventei que estava doente para conseguir atenção e o dobro do dinheiro, isso me fez sentir poderosa e incontrolável. Eu sabia que tinha esse poder sobre ele e isso me excitava. Era como se eu tivesse o controle da situação, mesmo quando na verdade não tinha.

Meu ego ferido gritava dentro mim: Faça porque ninguém vai saber e nem descobrir. Um ego doente age conforme suas próprias leis, ele faz o que quer e quando quiser. Ele te desconecta da sua parte saudável, luta vorazmente para ganhar mesmo que você perca. Ele sempre estará lá para te impedir de crescer e evoluir, para mantê-lo preso no seu mundo pequeno e medíocre.

Quando uma mulher se interessava por meu ex e começava a se insinuar, automaticamente eu começava a persegui-la de todas as maneiras possíveis. Primeiro, eu tentaria conversar e descobrir o que ela realmente queria com ele. Se percebesse que ela só estava interessada em flertar ou se aproveitar dele, então eu ficaria extremamente irritada com ela. Tentaria afugenta-la da maneira mais hostil possível, usando todos os meus truques para manipulá-la e afastá-la dele. Uma vez fui ao serviço de uma delas, tirei uma navalha da bolsa e ameacei cortar seu rosto, ela ficou apavorada e rompeu a amizade com ele.

Quando o nosso ego está machucado, tendemos a usar o mundo exterior apenas para satisfazer as nossas próprias necessidades e desejos. As pessoas são apenas meios de atingir esse objetivo, sejam elas obstáculos a serem superados ou remédios para aliviar a dor. Nesse caminho, acabamos isolados do mundo e das pessoas, concentrando toda a nossa energia em proteger o nosso ego ferido.

O ego ferido é um parasita que vai destruir tudo e te levar ao fim, vai procurar alivio o tempo inteiro. Será sedutor para conseguir o que quer, buscará poder para ser o centro das atenções, dinheiro é a solução para o ego ferido mesmo que tenha que machucar as outras pessoas. O ego sempre estará doente, infeliz e insatisfeito consigo mesmo, nunca estará contente com nada. Ele acredita que o poder é a cura para todos os problemas. Você verá egos doentes subjugando, dominando, manipulando e controlando pessoas. O ego acha que assim será amado e aceito, sempre tentará a gratificação mais rápida. No entanto, isso nunca trará satisfação duradoura ou felicidade de verdade. A única coisa que o ego consegue criar é sofrimento para si mesmo e para aqueles à sua volta.

Por muito tempo, quando meu ego estava ferido, não conseguia enxergar o mal que eu fazia para algumas pessoas. A dor e a raiva cegavam minha visão e me impediam de ver o impacto do meu comportamento na vida delas. Isso só serviu para aumentar o sofrimento de todos envolvidos. Com o tempo, aprendi a lidar com as minhas emoções, consegui enxergar os danos que causava quando agia de forma impulsiva e sem pensar nas consequências. Isso foi um grande pesadelo para mim, mas também me permitiu trabalhar em mim mesma e evoluir como pessoa.

Era uma obsessiva e perversa a procura por amor e aceitação. Esse ego ferido quase me levou a matar e por pouco não morri, foi através de tratamentos e uma luta diária para que a transformação acontecesse. No passado, quando tinha mais baixa autoestima, costumava buscar o amor dos outros constantemente, às vezes de maneiras que eram consideradas perversas. Meu ego estava tão ferido que isso quase me levou a tentar o suicídio cinco vezes — mas felizmente consegui receber tratamento e mudar minha mentalidade com muito esforço.

Quando paramos de tentar matar nosso ego ferido percebemos que há hectares de emoções e feridas inexploradas que aguardam nossa compaixão. . É um caminho longo e transformador. Nosso ego pode ser ferido por diversas razões, desde eventos traumáticos na infância até experiências dolorosas no presente. Quando esses ferimentos não são lidados adequadamente, ficam enraizados em nosso inconsciente e podem afetar negativamente todas as áreas da nossa vida. Tentar suprimir ou negar esses sentimentos dolorosos só os torna mais poderosos e, às vezes, pode levar a problemas de saúde mental e física. Ao contrário do que muitas pessoas acreditam, confrontar esse sofrimento é o primeiro passo para curar as feridas do ego. Para aqueles que estão dispostos a seguir esse caminho difícil, mas transformador, a recompensa é uma vida mais plena, consciente e compassiva.

A sedutora

Muitas vezes o que mais nos revolta no comportamento alheio faz parte de nós. A forma como as pessoas se relacionam, tratam os outros e até mesmo o jeito de pensar podem ser um reflexo do nosso próprio comportamento. O problema é que às vezes somos tão cegos para nossos próprios defeitos que acabamos projetando-os em outras pessoas. Eu ficava horrorizada com as atitudes de meus parceiros e acabava fazendo o mesmo. Na maioria das vezes, colocamos máscaras para nos convencermos de que somos super bem resolvidas, mas com o tempo temos cada vez mais dificuldade de reconhecer à impostora que nos tornamos. Isso nos impede de viver plenamente e acaba afastando as pessoas que realmente amamos.

Às vezes, usamos a mesma máscara que o outro. Não percebemos, mas estamos fingindo ser alguém que não somos, apenas para sermos aceitas e amadas por aqueles ao nosso redor. Fazemos isso por anseio de atenção e carinho, mas acabamos esquecendo de olhar para dentro de nós mesmas. Por muito tempo, vesti a máscara da sedutora, anos se passaram e eu fiquei na obsessiva busca de me sentir bem comigo mesma. Esqueci de quem eu realmente era e vivi escondida atrás dessa personagem fictícia. Só consegui me ver no reflexo dos outros, tentando ser alguém que não era.

Essa máscara nasceu do medo de não ser amada, boa o suficiente e não ser o centro das atenções. Vivia a procura de um alvo e assim aprisioná-lo. Desde muito pequena, sempre me se senti inferior e insegura. Ninguém nunca me trouxe a atenção que tanto precisava e isso me fez criar uma armadura para se proteger. Usava essa máscara para esconder minhas verdadeiras emoções e sentimentos, fingindo ser indiferente e forte. Mas por trás daquelas barreiras, havia uma mulher sensível, carente de carinho e amor.

Eu era uma predadora, pois o meu objetivo era elevar minha autoestima para aliviar a dor emocional que sentia. A dor emocional que eu sentia era muito intensa e veio de um lugar muito profundo dentro de mim. Eu queria aliviar essa dor da melhor forma possível e achei que me tornando uma predadora seria a solução. Tudo o que eu queria era me sentir melhor e ter mais controle sobre minha vida. Para seduzi-los, era gentil, amorosa e atenciosa. Era como uma terapeuta em tempo integral para aqueles que estavam à minha volta, dando-lhes toda a atenção e carinho de que precisavam. E quando chegava a hora do sexo, era como uma máquina, ninguém conseguia resistir à minha energia e paixão. Dessa forma, envolvia quem queria na minha vida para assim tapar o vazio que sentia dentro de mim.

Passava a maior parte do tempo preocupada com minha aparência. Na minha mente, se eu não parecesse perfeita, ninguém iria me querer. Eu passava horas na frente do espelho, criticando cada detalhe da minha imagem, nunca estava satisfeita com o que via, pois me sentia feia e insegura. Isso afetou negativamente a minha vida em todos os sentidos. Depois de terminar um relacionamento, eu não perdia tempo, lá estava Flora na pista para uma nova captura. Quando finalmente conseguia o que queria, a dor e a repulsa que sentia por mim mesma passavam momentaneamente.

Eu era um perigo usando a máscara da sedutora. Não tinha noção do que me motivava e não me importava se iria magoar alguém. Apenas queria atingir o objetivo, sem pensar nas consequências. Isso acabava me colocando em situações complicadas e causando muitos problemas. Para mim, só

FCW - #0211 - 061026 - CO - 297/210/22 - PB - 9786500653557 - Matt Lamination

importava expulsar a grande escuridão do vazio que sentia dentro de mim. Se essa presa fosse um homem casado, não me importava.

Não aceitava homens superiores a mim, não sabia manipulá-los. Tinha que ser os fracos e sem amor próprio, aqueles que aceitavam o perigo, o veneno e a malícia da máscara da sedutora. Quando estava com essa máscara me sentia poderosa, oferecia todo meu amor para que ele se sentisse bem comigo e assim conseguir assumir o controle. Dizia tudo que ele queria, mas era uma armadilha, claro. Uma armadilha do tipo que você só percebe quando já caiu nela. Eu sabia disso, mas não me importava.

Naquela época valia a pena arriscar tudo por aquilo. A máscara da sedutora me permitia ser outra pessoa, alguém mais confiante e atraente. Com ela eu podia dizer qualquer coisa para ele e fazê-lo acreditar. Era como se tivesse um feitiço sobre mim, um encantamento que tornava tudo possível. Não era apenas o perigo e a malícia da máscara que me atraía, mas também o fato de que ela me permitia ter o controle sobre a situação. Eu poderia manipular qualquer um quando estava usando aquela máscara e isso me deixava extremamente poderosa.

A máscara que eu usava era uma forma de me esconder da realidade. Eu me sentia indigna de amor, pouco desejável, vazia e uma zero à esquerda. Era como se não merecesse ser amada ou ter alguém na minha vida. Quando fui para minha recuperação da codependência, finalmente dei voz à sedutora dentro de mim. Chorei feito uma criança quando me permiti reconhecer o quanto eu havia sofrido por anos. Como me sentia triste e desamparada! Mas também percebi que tinha muito amor para dar — mesmo depois de todo o sofrimento que havia passado. Era imensamente vazia e sem direção.

Aos poucos fui aprendendo que meu desespero por atenção e admiração era um grito de socorro de minha alma, um comunicado desesperado de que somente eu mesma poderia me amar de uma forma incondicional. As pessoas à minha volta não estavam cientes do abismo existente dentro de mim, mas eu sabia. Eu sabia que precisava encontrar a cura para a dor que consumia minha alma. Foi preciso coragem para sentir o desesperador vazio que habitava meu interior. Isso significou confrontar todas as minhas inseguranças e temores, e olhar de frente para a dor e a solidão. Foi uma experiência muito difícil, mas também foi libertadora.

Enfrentar esses sentimentos negativos me permitiu finalmente começar a lidar com eles e isso fez uma enorme diferença em minha vida. Era como se houvesse um grande buraco negro dentro de mim, uma dor reprimida que eu não podia suportar. Sempre que eu pensava em alguém ou em qualquer coisa, eu me sentia compelida a ir atrás da pessoa ou da coisa para alimentar minha dependência emocional. Era como se eu estivesse presa num ciclo vicioso de necessidade e insatisfação.

Foi enfrentando isso tudo que entendi que buscava a mim mesma. Eu precisei me entregar de corpo e alma para uma cura, me conectar à minha verdadeira essência. Eu precisava encontrar um jeito de me amar e me pertencer. Comecei a perceber que o vazio dentro de mim não era somente uma falta de outra pessoa, era uma falta de amor próprio, autoestima e segurança. Eu não me sentia completa porque não tinha aprendido a me valorizar como merecia. Aprendi então que a minha cura viria do processo de aceitação, perdão e autocuidado. Foi um longo caminho, mas hoje sou capaz de olhar para trás com gratidão pelas lições aprendidas.

O Charmoso

Seu falso "eu" não dá a mínima importância que máscara você irá usar. O plano é esconder toda vergonha e dor, ele se comporta como protetor e comandante de sua vida. Embora possa fingir ser forte, na verdade, esse "eu" é extremamente frágil e sensível. É construído sobre uma base de insegurança, medo e desespero, então qualquer coisa que ameace esses sentimentos pode derrubar o falso "eu". A grande mensagem dele é: "Eu sou o motorista do seu carro, te levarei aonde quero". Você está diante de eventos e pode se perguntar: "Como cheguei aqui?" ou "O que estou fazendo com essa pessoa?". Eu já tive diversos parceiros ao longo da minha vida e infelizmente, a grande parte deles usava a máscara do charmoso.

Meu ex era um especialista nisso: ele sabia como me derrubar com um abraço e um olhar carismático. Isso me deixava sempre vulnerável e incapaz de resistir. Os homens e mulheres que usam essa máscara são especialistas em manipulação. São aqueles que sempre usarão sua fraqueza para ficarem bem. Quando necessitam de uma presa, eles as caçam e as observam atentamente, à procura de qualquer vulnerabilidade que possam explorar para conseguir o que querem. Eles estão sempre se aproveitando das pessoas à sua volta, seja para obter favores ou simplesmente por prazer. Ninguém é inocente perante os olhos desses manipuladores, pois todos são potenciais alvos de suas táticas astutas.

A verdade é que esses indivíduos não têm escrúpulos nem limites quando o assunto é tirar proveito dos outros. Eles podem ser extremamente persuasivos e convencer qualquer um a fazer o que querem, mesmo contra a vontade. Por trás da máscara de cordialidade e preocupação genuína, existe apenas um egoísmo desprovido de consciência. Eles fazem um minucioso estudo da pessoa, vasculham todos os seus dados e analisam o seu perfil para descobrir qual é a melhor forma de conquistar o coração — ou a conta bancária — da vítima. Depois de coletar todas as informações necessárias, eles usam esses dados para criar um plano de sedução personalizado, adaptado às necessidades e desejos do indivíduo em questão.

Eles não se limitam apenas a usar os recursos financeiros da vítima; também dão amor, atenção, carinho e cuidados como forma de conquistar seu coração. Tudo isso é feito com muito esmero e cuidado, pois sabem que uma vez que conseguirem conquistar essa pessoa, ela será leal e devotada para sempre. Geralmente, são pessoas bem articuladas que contam histórias interessantes de suas viagens por aí. Elas se tornam aquele amigo ou amiga que você sempre desejou, com quem você pode contar tudo e dividir seus segredos. Mas, infelizmente, às vezes essa pessoa não é tão inofensiva quanto parece e acaba causando surpresas indesejadas.

Enquanto você está derretida por seus encantos, ele ou ela está pensando friamente como te levar para a cama, ter acesso a sua conta bancária, o seu negócio, seu carro e sua casa. Além de conquistar seu coração, essas pessoas manipuladoras também buscam controlar todos os aspectos da sua vida para satisfazer seus próprios desejos. O charmoso é esperto o suficiente para saber que, se agir de forma ostensiva, pode espantar a pessoa que lhe interessa. Portanto, costuma ser mais sutil e discreto em suas ações. Mesmo assim, ele fará o possível para que você saiba o quanto é importante para ele(a). Ele(a) irá pesquisar os filmes que você gosta, a comida que você prefere, os lugares que costuma frequentar e as lojas na qual

FCW - #0211 - 061026 - CO - 297/210/22 - PB - 9786500653557 - Matt Lamination

compra, apenas para te convencer de quanto se importa com você. Essa pessoa com a máscara de charmoso sabe exatamente como seduzir e manipular aqueles ao seu redor. Você é apenas um obstáculo para ela, uma barreira que precisa ser ultrapassada.

O papel de quem usa essa máscara é te enfeitiçar para que você chegue a conclusão que achou o homem ou a mulher da sua vida. Esse truque é antigo e funciona porque todos nós queremos acreditar que encontramos alguém especial. A pessoa com a máscara parece ser perfeita para você, ela sabe exatamente como agir e o que dizer para te conquistar. No entanto, cedo ou tarde a verdadeira natureza dessa pessoa vai se revelar e você perceberá que foi enganada/o. É importante ficar atenta/o às redes sociais, pois elas são um ótimo lugar para descobrir informações sobre as pessoas. Pesquise bem antes de se envolver com alguém, para evitar problemas no futuro.

Muitas vezes são vigaristas de longa data. Elas/Eles vão te enganar e usar sua palavra contra você mesma(o). A verdade é que elas/eles irão dizer: "Querida(o) não é bem assim", você está louca. Na realidade, ele ou ela faz tudo isso porque se sente inferior a qualquer pessoa. Ele/Ela sempre foi desvalorizado(a) e nunca se sentiu aceito(a), isso o/a leva a procurar alguém que o/a faça sentir como um "Deus" ou uma "Deusa". Sente que é invisível, por isso usa a face do charme para ser o centro das atenções. Se sente medíocre por isso usa o seu dinheiro ou status para ficar bem e se sente mal-amado(a), por isso faz questão de fazer qualquer mulher ou homem se sentir realizada/o.

O grande desafio de quem usa essa máscara é reconhecer que embora seja carismático(a), o caminho mais fácil vai destruir muitas vidas. Com a sua habilidade para manipular, pode levar as pessoas a tomarem decisões irracionais e perigosas. É importante ser consciente do seu impacto sobre os outros e não abusar dessa habilidade, caso contrário, causará muito sofrimento inutilmente. Terá que mergulhar no passado e enxergar qual foi o momento em que chegou a conclusão de que abusar das pessoas seria um bom negócio. Pode ter sido quando presenciou um ato de injustiça ou talvez tenha ouvido falar de alguém sendo explorado. Ou ainda, pode ter sofrido algum tipo de abuso na infância e percebido que poderia fazer isso com outras pessoas. Qualquer que seja o motivo, é preciso identificar esse momento para compreender porque é que resolveu tomar essa decisão.

Para mudar, terá que reconhecer o quanto se sente mal com quem ele ou ela enxerga no espelho. Isto significa que precisará aprender a lidar com as emoções negativas e cultivar um senso de valor próprio através de boas escolhas. Isso pode exigir um grande esforço, mas vale a pena lutar por isso. O primeiro passo é identificar os sentimentos ruins que são provocados pelo próprio comportamento, raiva, tristeza, dor, medo etc. Aprender a expressá-los de forma assertiva e não agressiva. Em seguida, analisar suas relações com os outros para ver se há algo que possa estar contribuindo para esses sentimentos negativos. Por fim, cultivar um senso de autoestima e valorização através de escolhas positivas em sua vida.

Não conheci nenhum homem que use essa máscara e tenha mudado de vida, mas conheço algumas mulheres que usavam a mesma máscara e revolucionaram suas vidas procurando tratamento, eu sou uma delas. Tive problemas de autoestima durante toda a minha vida adulta e nunca me senti à vontade para mostrar quem realmente era. A máscara sempre foi uma forma de me esconder do mundo. Quando finalmente comecei meu tratamento, foi um processo difícil e doloroso. Tinha medo de lidar com as pessoas sem a máscara, mas sabia que precisava fazer isso se quisesse ter uma chance de ser feliz. Com o tempo, aprendi a lidar com os meus problemas e aceitar quem sou de verdade. Foi um longo caminho, mas hoje sou uma mulher forte e confiante — algo que nunca poderia ter sido possível se não tivesse tirado essa máscara.

O luto de Luanne

Quando minha filha Luanne morreu, pensei que seria o fim para mim também. Eu a amava tanto que não conseguia imaginar viver sem ela. Foi muito difícil lidar com a perda. Fiquei três anos em estado de depressão profunda, bebendo todos os dias como forma de anestesiar a dor que sentia. Era insuportável pensar que ela havia partido deste mundo e eu ainda tinha que continuar vivendo. Ter consciência de que nunca poderia ver seus primeiros passos ou presenciar qualquer outro momento importante em sua vida foi a pior dor que já experimentei. É uma sensação de impotência e tristeza sem fim, que me deixava totalmente desolada. Jamais pensei que um dia teria de lidar com esse tipo de sentimento, mas infelizmente a realidade foi bem diferente para mim naquela época.

Não ficava um dia em casa para não presenciar a dor de meus pais por ter enterrado a neta. Não aguentava minha dor e presenciar a deles era demais para mim. Não podia suportar ver o sofrimento nos olhos deles, então quando saía do trabalho ia para os bares beber. Mesmo estando anestesiada pela bebida, eu sabia que eles estavam passando por aquilo todos os dias e isso me torturava. Pensava que tinha causado tanto sofrimento àqueles que mais amava... Era insuportável.

Acordar, trabalhar, beber todos os dias e chorar pela morte da minha filha. Essa foi minha realidade por três anos. Era uma dor que não podia ser descrita, eu me sentia sozinha e desesperada. Era como se a vida tivesse acabado para mim quando ela morreu. Ninguém entendia o que eu estava passando, nem eu mesma. A única coisa que me mantinha sã era o pensamento de que ela estaria orgulhosa de mim onde ela estivesse se soubesse como estava lutando para superar esse momento tão difícil da minha vida.

Um dia, minha irmã mais nova contou para minha mãe que sonhou com Luanne. Naquele sonho, Luanne disse que sempre que ela vinha me visitar não me encontrava e que ela estava muito triste com meu comportamento. As duas ficaram espantadas por terem o mesmo sonho no mesmo dia e em cidades diferentes. É certo que todos nós estávamos num momento dificílimo do luto, ela era a primeira sobrinha e neta. Todos foram impactados violentamente com o falecimento da nossa pequena criança. Ela tinha somente 11 meses de idade quando morreu subitamente, e isso deixou toda a família devastada. Ninguém sabia exatamente o que fazer ou como lidar com a situação. Era inconcebível para todos nós que uma criança tão jovem e cheia de vida pudesse ser arrancada deste mundo tão rápido. Nos sentimos impotentes e sem esperanças diante da dor imensurável que habitava em nossos corações.

No entanto, esse sonho me salvou da destruição e de continuar me afundando no alcoolismo. Lembro-me um dia que vi minha filha entrando no meu quarto, eu sabia que estava acordada e ela ali diante de mim com uns 5 ou 6 anos de idade. Cabelos loiros com cachinhos nas pontas, um vestido rosa com um laço azul, ela estava descalça e o perfume que chegou junto com ela era inebriante. Vinte anos mais tarde reconheci esse cheiro: era de Jasmim. Ela me disse: "Mamãe, sempre que venho te visitar não consigo te ver. Não faça isso com você, eu não morri". Aquelas palavras foram como se tivessem me tirado de um grande buraco.

Aquela visão me mostrou o quão longe eu havia chegado e o quanto ainda tinha a perder. A partir daquele momento, tomei a decisão de mudar aquela realidade.

Ver minha filha inerte dentro de um caixão foi a pior cena que eu já testemunhei. Ela tão linda, mas tão imóvel. Tudo o que eu queria era pegá-la nos braços e abraçá-la forte, mas não podia, o caixão era uma barreira entre nós duas, impossibilitando qualquer contato físico. Eu me senti tão impotente naquele momento, tudo o que eu podia fazer era olhar para ela e tentar chorar, mas não conseguia derramar uma lágrima. Eu olhava fixamente para ela dentro do caixão e tentava imaginar como seria se ela ainda estivesse viva. Será que conseguiria abraçá-la? Eu teria sido capaz de expressar toda minha dor e tristeza? Ou será que, mesmo diante da morte, continuaria sem conseguir mostrar o quanto a amava? Aqueles pensamentos me torturavam enquanto eu permanecia ali, paralisada, incapaz de lidar com a situação. Era como se o caixão representasse todos os obstáculos que haviam surgido na minha gravidez enquanto ela estava viva — agora que ela morrera pareciam insuperáveis.

Apesar de não conseguir chorar no enterro de minha filha, dentro de mim as minhas emoções explodiam de tanto desespero. Era como se eu estivesse numa montanha-russa: uma hora eu estava triste e depressiva, no chão, sem forças para me levantar; outra hora, eu estava raivosa, gritando por dentro por justiça; ainda outra hora, eu ficava esgotada pela dor até o limite do suportável. As pessoas ao meu redor tentavam consolar-me, mas era impossível. Eles não podiam compreender o tamanho da perda que eu tinha sofrido — a perda da minha filhinha querida, que havia morrido por causa de vários erros médicos.

As pessoas tentavam me consolar dizendo que eu teria outros filhos, era horrível ouvir isso. Eu queria minha filha de volta, não estava interessada em saber se eu era nova para ser mãe novamente. A perda dela foi tão dolorosa e súbita que me senti completamente devastada. Ninguém podia entender o meu sofrimento e isso só fazia que eu bebesse ainda mais. Acho que as pessoas pensavam que, se eu falasse sobre o quanto eu sentia a falta da minha filha, isso iria me machucar mais. No entanto, essa forma de evitar o assunto só fazia com que a minha dor se intensificasse. Era como se todos estivessem caminhando em torno de um buraco negro no qual eu estava presa e ninguém queria falar sobre isso, porque era muito doloroso. Era como se todos tivessem medo de mencionar o nome dela ou de perguntar como eu estava lidando com a situação. A verdade é que eu realmente precisava falar sobre ela — precisava desabafar, chorar e lembrar os bons momentos que tivemos juntas.

Infelizmente, a morte é um tabu para a sociedade. Acho que isso se deve ao fato de que a morte é algo que ninguém quer pensar sobre, especialmente quando está tão perto. Quando alguém morre, todos os outros são lembrados da fragilidade da vida e isso pode ser assustador. É natural que as pessoas estejam incomodadas com essa ideia e prefiram ignorar o tema. No entanto, acredito que podemos superar esse medo se abrirmos mais a discussão sobre o assunto. Falar sobre a morte pode ser difícil, mas pode nos ajudar a lidar melhor com ela quando chegar o momento.

As pessoas não conseguiam lidar com o meu luto, nem eu mesma. Todos os dias eu esperava que minha princesa voltasse para casa, mas isso

ECW - #0211 - 061026 - C0 - 297/210/22 - PB - 9786500653557 - Matt Lamin

nunca acontecia. Era difícil deixar de pensar em como ela estaria se sentindo — provavelmente com frio, fome, abandonada, triste e sozinha. Ninguém podia imaginar o quanto a sua morte afetara a mim e à minha família.

A morte é um processo natural da vida e se um dia alguém de sua família falecer, procure uma terapia. Eu levei mais vinte anos para aceitar isso. Durante esse tempo, fiquei bastante depressiva e triste. Só consegui superar a perda quando entendi que a morte faz parte do ciclo da vida e que todos nós morreremos um dia. Aprendi também que é importante valorizar as pessoas enquanto elas estão vivas e aproveitar o tempo que temos com elas.

Hoje sou grata por minha filha ter me escolhido no mundo espiritual como sua mãe. Eu sei que ela segue me amando, mesmo quando não estou consciente disso, e isso significa muito para mim.

Cada pessoa é um mundo inteiro

Cada pessoa é um universo inteiro porque carrega consigo toda a sua história e todas as suas experiências. Cada um de nós é único, e isso se deve ao conjunto de vivências que acumulamos ao longo da vida. Nossa personalidade, o modo como enxergamos o mundo e as escolhas que fazemos são resultados dessa bagagem pessoal. Por isso, podemos dizer que cada pessoa é um mundinho particular. Ela possui uma forma específica de ver e interpretar as coisas, assim como reagir diante dos estímulos externos. Quando nos relacionamos com alguém, na verdade, estamos entrando em contato com um universo distinto do nosso — um lugar cheio de nuances e particularidades interessantes para conhecer.

"Cada um de nós tem um mundo particular, formado pelo nosso jeito de ser, pelo que pensamos e sentimos".

São as nossas escolhas, atitudes e maneiras de ver o mundo que fazem de cada um de nós seres únicos. Independentemente das circunstâncias em que vivemos, somos seres capazes de amar, sonhar e realizar grandes feitos. A capacidade de superação faz parte da essência humana e é isso que nos torna especiais. Somos seres complexos, cheios de potencialidades e possibilidades. Ninguém vive num vácuo e por isso, cada um de nós deixa sempre alguma coisa para trás quando morre. Sejam nossos amigos, familiares ou colegas, todos sentirão a nossa falta.

Deixamos para trás uma parte de nós mesmos com cada pessoa que nos toca na vida. Cada um de nós carrega consigo uma bagagem única, composta pelas experiências que tivemos ao longo da vida. Quando morremos, essa bagagem é depositada nas mãos das pessoas que ficam aqui, é como se elas recebessem um presente inestimável: as lembranças que temos de quem fomos e o legado que construímos durante a vida.

A morte nos ensina a valorizar ainda mais a vida e as pessoas que fazem parte dela. Todos os dias saboreamos pequenos momentos de felicidade junto às pessoas que amamos e isso torna a dor da perda menos intensa. No final das contas, são esses momentos preciosos — e não as recordações tristes — que permanecerão conosco para sempre. Seja uma pessoa, um animal ou até mesmo uma planta, todos nós deixamos nosso legado para o mundo que nos rodeia.

Quando morremos, nossa energia vital se dissipa no universo e com ela, leva consigo todas as experiências que tivemos ao longo da vida. Essas experiências ficam registradas em todos os lugares que estivemos e nas pessoas com quem convivemos. Elas formam o nosso legado e são a base do que somos hoje. Todos nós temos algo especial para oferecer ao mundo e isso é o que fica para trás quando morremos. A chave é saber aproveitar ao máximo a vida enquanto estamos aqui, para deixar um legado duradouro e significativo quando partimos dessa existência.

Quantas coisas ainda teremos tempo de fazer? Quem irá se lembrar de nós depois que morrermos? Será que deixaremos algo importante para as pessoas que ficarão? Essas são apenas algumas das questões que podem passar pela nossa cabeça quando começamos a refletir sobre o fato de que um dia, todos nós iremos morrer. Mas independentemente do modo como enxergamos a morte, ela é inevitável e acabará chegando para todos nós. Por isso, é importante aproveitar a vida da melhor maneira possível e deixar algo bom para trás quando formos embora deste mundo.

“Lembrar-nos dos bons momentos é uma forma de manter as pessoas que amamos vivas em nossas memórias, isso nos ajuda a superar o luto”.

A dor da perda nunca desaparece completamente, mas fica mais suportável quando pensamos nas bênçãos dos tempos que tivemos juntos.

Não importa o quanto você se prepare para a morte, você nunca estará completamente preparado para a perda e a dor que ela traz. A morte é algo que sempre nos pegara de surpresa, independentemente de quão bem preparados possamos estar. É uma experiência dolorosa e traumatizante que pode afetar profundamente todos aqueles que ficam para trás.

Quando alguém morre, é natural que haja pressão para os sobreviventes seguirem em frente. Isso pode acontecer minutos depois da morte ou mesmo horas depois e isso pode levar a arrependimentos. A pressão social para superar a dor da perda e seguir adiante logo após a morte de um ente querido é muito forte, e muitas vezes as pessoas não têm tempo para processar o que acabou de acontecer.

Quando as pessoas oferecerem apoio, aceite-as. Elas estão te oferecendo um presente, que é a oferta de seu tempo e atenção. Aceitar o presente significa que você é capaz de reconhecer a bondade das outras pessoas e também que você se sente merecedor do apoio. Às vezes, nós nos sentimos como se não fôssemos dignos de receber ajuda, mas isso simplesmente não é verdade. Todos nós merecemos amor e apoio.

Pessoas vão dizer coisas estúpidas e ofensivas quando você estiver de luto, sem nem perceber na hora. Elas podem fazer comentários inapropriados sobre sua dor ou sobre a pessoa que você perdeu; ou podem dizer algo que te faça lembrar da sua perda de uma maneira negativa. É importante se lembrar que as pessoas geralmente não querem ser cruéis de forma intensional — elas simplesmente não sabem o que falar ou como agir em torno de alguém que está passando por um momento tão difícil. Se você puder, tente ter compreensão e paciência com as pessoas ao seu redor durante este tempo. Se alguém disse algo ofensivo para você, não hesite em conversar com essa pessoa sobre isso para chegarem a um entendimento mútuo.

As pessoas podem lhe dizer coisas que não são verdadeiras sobre sua dor na hora do luto. Elas podem afirmar que o tempo cura todas as feridas ou que a morte é apenas uma parte natural da vida. Mas esses comentários bem-intencionados podem deixar você se sentindo isolado e incompreendido. Se você estiver lidando com a perda de um ente querido, saiba que a dor é normal e compreensível, não há vergonha em expressar sua tristeza e sua raiva. E lembre-se: o tempo não cura todas as feridas, mas ele pode torná-las mais suportáveis.

A morte pode trazer à tona o melhor e o pior das famílias. Prepare-se para lidar com esses possíveis sentimentos quando alguém morrer. As famílias costumam ser unidas, mas às vezes a morte de um ente querido pode causar tensão e conflitos. Você pode se sentir pressionado a tomar partido em brigas que não são suas ou descobrir que as opiniões dos outros membros da família sobre o funeral são diferentes das suas. A morte também pode trazer à tona os segredos e as mágoas que o núcleo familiar guarda. Você pode ficar chocado ao descobrir coisas sobre os entes queridos que nunca imaginaria. No meio do luto, você terá de lidar com esses sentimentos, bem como decidir o que fazer com essas novas informações.

A culpa é uma parte normal do luto. Quando alguém morre, é natural que sintamos culpa pelas coisas que não fizemos ou pela forma como nos comportamos. Às vezes, a culpa pode ser tão intensa que atrapalha o processo de luto e nos impede de continuar com a vida. No entanto, é importante notar que a culpa é um sentimento normal e humano, e não significa necessariamente que somos responsáveis pela morte da pessoa. A melhor maneira de lidar com a culpa durante o luto é expressá-la e permitir-se senti-la, em vez de reprimi-la. Também é importante conversar sobre os sentimentos de culpabilidade com outras pessoas próximas para obter apoio.

A dor de uma perda é um reflexo do amor. É natural sentir dor quando algo que amamos nos é tirado, seja por uma circunstância trágica ou pelo tempo. A chave para lidar com a dor da perda não está em evitá-la, mas sim no aprender a aceitá-la e superá-la. Não importa quantas vezes soframos perdas, elas sempre nos causarão dor. No entanto, podemos aprender a lidar com essa dor e usá-la para tornar-nos pessoas melhores. Jamais nos arrependeremos de ter amado tanto quanto pudemos — mesmo quando isso significa sofrer as consequências da perda.

A dor pode fazer você questionar sua fé. Ela pode ser tão intensa que às vezes parece impossível de suportar. Você se pergunta por que o Poder Superior permitiu isso acontecer e se Ele realmente está lá. A dor pode colocar sua fé em teste, mas não precisa destruí-la completamente. Ainda é possível sentir a presença do Poder Superior mesmo nos momentos mais difíceis. É importante lembrar que a dor não é um castigo divino e que o Poder Superior nunca nos abandonará quando estamos sofrendo.

A dor do luto é uma dor que ninguém pode realmente compreender, a não ser quem a está sentindo. É uma sensação física e mental que temos quando perdemos alguém para o qual tínhamos um forte vínculo afetivo.

A dor do luto nos faz sentir fracassados, sozinhos e com medo. Nos faz questionar se conseguiremos superar essa perda e se voltaremos a ser felizes novamente. O luto é um processo natural pelo qual passamos, mas infelizmente nem todos conseguem superá-lo por conta própria. Algumas pessoas acabam se isolando socialmente, outras ficam deprimidas e algumas chegam a desenvolver problemas de saúde mental. O importante é sabermos que a dor do luto faz parte do processo de aceitar a morte de um ente querido e que precisamos permitir que ela aconteça, sem tentar fugir dela. Só assim poderemos encontrar a força necessária para continuarmos vivendo mesmo depois da perda de alguém tão importante para nós.

Quando alguém querido morre, é natural questionar a própria vida. Você pode começar a se perguntar qual o seu propósito e se os seus objetivos são realmente importantes. Isso pode ser difícil de lidar, mas nem sempre é ruim. Questionar sua vida pode te trazer uma nova perspectiva e te fazer repensar o que é importante para você. Você pode descobrir novas coisas sobre si mesmo e aprender como lidar com a morte. Tudo isso pode ser muito valioso na sua jornada rumo à aceitação da morte de um ente querido.

Todos nós sofremos de forma diferente. Isso pode criar tensão e confusão entre familiares e amigos, já que cada um de nós lidamos com a dor de maneiras únicas. Algumas pessoas preferem ficar sozinhas quando estão passando por um momento difícil, enquanto outras procuram o apoio dos seus entes queridos. A forma como você lida com a dor é completamente individual, é importante lembrar que não há certo ou errado neste processo.

No luto, encontramos conforto em lugares muito inesperados. Uma das primeiras coisas que aprendemos é que a morte não é um evento isolado. Acontece num contexto maior e nos afeta de várias maneiras. Parte do nosso trabalho durante o luto é reconstruir esses contextos para nós mesmos, identificando as pessoas e os lugares que podem oferecer-nos suporte. Muitas vezes procuramos esse suporte onde já o encontrávamos antes da morte de alguém — nas famílias, com amigos próximos ou na religião. Mas à medida que enfrentamos este processo doloroso, descobrimos que precisamos de novas fontes de força e compaixão. Podem ser pessoas que nunca tivemos contacto antes, como um vizinho amigo ou um voluntário na associação local de defesa dos animais; ou lugares como uma sala de estar cheia de plantas ou uma biblioteca tranquila onde costumamos passar algum tempo sozinhos para pensar em voz alta.

No luto, as últimas 24 horas de suas vidas se repetem incessantemente na sua mente. Você pode ficar obcecado com os detalhes da morte, examinando-os obsessivamente em sua cabeça. Seus sentimentos podem ser intensos e conflitantes — você pode sentir raiva, culpa, dor e tristeza ao mesmo tempo. Pode ser difícil dormir ou comer, e você pode se sentir esgotado física e emocionalmente.

As crianças são seres muito sensíveis e podem facilmente ser afetadas pelo luto e pela morte. Tentar protegê-las desse sentimento não ajuda, pois elas acabam tendo que lidar com ele de qualquer forma. Além disso, as crianças precisam aprender a lidar com a morte e o luto para que possam ter uma vida saudável e equilibrada.

No luto, você lamenta a perda de seu passado, presente e futuro com aquela pessoa. Você tem saudades das coisas que vocês fizeram juntos e dos momentos felizes que vocês compartilharam. Você percebe o quanto aquela pessoa era importante para você e sente uma profunda tristeza pelo fato de nunca mais poder compartilhar sua vida com ela.

Os gatilhos do luto estão por toda parte. Você verá coisas que o lembram de seu ente querido em todo o lugar e isso pode levar a explosões repentinas de emoção. A perda de um ente querido é uma das experiências mais dolorosas que podemos enfrentar, e o luto pode ser extremamente difícil de superar. Mas à medida que o tempo passa, as coisas ficam um pouco mais fáceis.

Aqui estão algumas coisas que podem ajudá-lo a lidar com os gatilhos do luto:

- **Converse com alguém** em quem você confia sobre sua perda. Falar sobre sua dor pode ajudar a aliviar o peso que você está carregando.

• Escreva suas memórias com seu ente querido. Revisitar esses momentos especiais pode trazer um sentimento de nostalgia agradável, em vez de tristeza profunda.

• Pratique a gratidão. Apreciar as pequenas coisas da vida — como um raio de sol no meio da tempestade — pode ajudar você a manter perspectiva durante os momentos difíceis.

• Seja gentil consigo mesmo. Dê-se tempo para descansar e recuperar seu corpo e mente cansados depois de uma crise de choro.

• Faça algo para homenagear sua perda.

As pessoas que estão à sua volta vão dizer-lhe o que deve e não deve sentir, e como deve ou não sofrer. Ignore-as. Sinta o que precisar de sentir e sofra da maneira que achar melhor. Ninguém sabe como você se sente, nem o que é melhor para você — somente você.

Após sofrer uma perda, é comum experimentar alguma sensação de anestesia. As lágrimas parecem surgir sem aviso e podem nos tomar de assalto. Neste primeiro momento, muitas vezes não somos capazes de nos mexer ou mesmo deduzir o que está acontecendo. Podemos ficar perplexos e confusos diante disso tudo e essa é uma reação natural. Estamos diante de sentimentos profundamente intensos que são dolorosamente complexos para processar. Nesse momento a tristeza, a raiva, a culpa e a ansiedade estão presentes em nossas vidas. É de extrema importância termos um tempo para sentirmos essas emoções e permitirmos que elas fluam naturalmente, pois o processo nunca será imediato nem ágil em relação à perda daqueles que amamos. Cada indivíduo se despede destas pessoas de uma forma singular, enfrentando sua própria dor na maneira que melhor lhe convier.

Não pode haver comparações entre a dor do luto e a dor de outros tipos de perda, embora as pessoas tentem fazer isso. A dor é simplesmente dor, e cada um lidará com ela de forma única. Algumas pessoas se fecham completamente, enquanto outras usam o luto como uma oportunidade para se conectar mais profundamente com os seus entes queridos. Não há certo ou errado aqui — apenas o que funciona melhor para você.

Qualquer perda que você sofre é uma perda válida. Não importa se foi um relacionamento, um emprego ou qualquer outra coisa — todas as perdas são dolorosas e podem nos afetar profundamente. Às vezes, as pessoas podem dizer coisas para minimizar a nossa dor, mas isso não significa que a perda não seja real ou que ela não tenha importância. Valide sua própria experiência e dê-se tempo para processar sua perda, sem se sentir culpa ou pressionado para "seguir em frente".

Só porque você se sente muito bem um dia, não significa que você está curado de sua dor. A dor pode continuar a surgir em momentos inesperados e às vezes, pode ser tão forte que impede você de fazer o que deseja. No entanto, é importante lembrar que a dor não é permanente e há muitas coisas que podemos fazer para lidar com ela.

No luto haverá muitos dias em que você se sentirá total e completamente sozinho. Isto pode ser especialmente difícil se você não estiver acostumado a ficar sozinho. Você pode começar a questionar sua capacidade de lidar com a perda, ou até mesmo sua vontade de continuar sem a pessoa que amava. É natural sentir-se isolado quando estamos tristes, mas é importante lembrar que este sentimento não durará para sempre. Apenas dê tempo a si mesmo para se adaptar à mudança e permita-se experimentar todas as emoções do luto, porque elas fazem parte do processo de cura.

No luto a dor pode nos tornar pessoas mais forte do que éramos antes. A tristeza e a angústia que sentimos quando perdemos alguém que amamos podem nos deixar fisicamente exauridos, mas também podem nos ensinar lições valiosas sobre a vida e sobre nós mesmos. O luto é um processo natural pelo qual todos passamos quando enfrentamos uma perda significativa e se permitirmos, ele pode realmente nos transformar em seres humanos melhores.

Não há problema em chorar quando se está de luto. É uma forma de expressar a dor e o sofrimento que se sente. Também é importante não esconder os sentimentos para evitar um acúmulo de emoções negativas. No entanto, é compreensível que algumas pessoas prefiram não chorar publicamente porque isso pode ser constrangedor ou vergonhoso. Cada um lidará com o luto da forma que melhor lhe convier.

O tempo não cura todas as feridas, isso é um fato. Algumas pessoas ficam presas no passado, sem conseguir seguir em frente. A dor e o sofrimento são reais e podem ser muito intensos. No entanto, é possível aprender a lidar com esses sentimentos e seguir adiante. Existem diversas formas de superar o luto e os traumas do passado. O primeiro passo é reconhecer que a dor existe e que ela não vai desaparecer da noite para o dia. É preciso permitir-se sentir a dor, chorar quando for preciso e expressar o que está sentindo.

Também é importante buscar apoio de amigos, familiares ou profissionais de saúde mental para enfrentar os sentimentos dolorosos. Com o tempo, as feridas do passado tendem a cicatrizar-se lentamente. Isso não significa que elas desaparecem completamente; elas podem continuar doendo em certos momentos da vida, especialmente quando algo nos lembra do evento traumático original. No entanto, é possível aprender a conviver com esses sentimentos dolorosos e seguir adiante com a própria vida.

No luto, é importante ter cuidado com a bebida. O álcool pode se tornar um amigo doentio rapidamente. Quando estamos tristes ou ansiosos, muitas vezes procuramos o conforto em substâncias como o álcool para escapar desses sentimentos. No entanto, o álcool só piora a situação, causando mais depressão e ansiedade.

No luto, você terá que enfrentar suas emoções eventualmente. Você pode evitá-las por um tempo, mas elas o alcançarão no final. Isso pode ser muito difícil e doloroso, mas é importante reconhecer os seus sentimentos para que possa lidar com eles de forma saudável. Não há vergonha em admitir que está sofrendo e precisando de ajuda para superar essa etapa da vida. Procure o apoio de amigos, familiares ou um terapeuta se precisar de alguém para conversar durante esse período difícil.

O luto muda você. Nunca mais voltará a ser o seu "velho eu". A perda de um ente querido nos transforma e essa mudança é permanente. O luto nos ensina lições que nunca esquecemos e nos faz ver o mundo de forma diferente. Somos forçados a enfrentar a realidade da morte e aceitar que ela é inevitável. Isso pode ser doloroso, mas também pode nos tornar mais compassivos e gratos pelas pessoas que amamos.

Não importa o que você faça no futuro, seu amor pela pessoa que morreu não mudará. Eventualmente, você começará a desfrutar da vida, mas isso não diminuirá seu amor por aqueles que se foram.

Como fazer as pazes com os erros do passado

É importante aprender com nossos erros do passado para que possamos melhorar o nosso futuro. Se você não refletir sobre suas ações, pode acabar cometendo os mesmos erros e afetar negativamente o seu presente e futuro. Quando você começa a remoer o passado, fica preso na história, que pode ser autodestrutiva e impedir que você aproveite seu momento presente. A chave para superar o passado é aprender a deixá-lo ir e se concentrar no agora. As pessoas que tendem a se debruçar muito sobre o passado, às vezes acabam perdendo o presente e deixando de lado as coisas boas da vida. Vivemos apenas uma vez, é importante lembrar disso. Precisamos aproveitar cada momento e não ficar presos no que já foi.

Sinais que você se debruça sobre seu passado:

- Você não consegue ver o quanto evoluiu e o quão forte é hoje. Vive em um mundo de “e se” e perde muitas oportunidades por causa disso.
- Você se apega ao passado porque acredita que ele pode lhe dar respostas para o presente e carrega um grande arrependimento por suas escolhas.
- Você fica imaginando o que teria sido da sua vida se tivesse escolhido uma caminho diferente.
- Você está em constante nostalgia, como se o passado tivesse sido o melhor tempo de sua vida.
- As memórias do passado repetem constantemente na sua mente.

Quanta mais tempo você passa no passado, mais você perde no presente. Isso acontece porque o passado não existe mais, só existe o presente. Quando você vive no passado, você deixa de aproveitar o agora, perde a chance de fazer coisas que realmente importam e criar memórias felizes para o futuro.

Por que insistimos nos erros do passado?

Você insiste no seu passado porque não acredita que merece a felicidade. Isso pode ser um círculo vicioso, onde quanto mais você pensa nas coisas ruins que já aconteceram, mais elas parecem ter controle sobre você. Mas isso não significa que você esteja condenado a viver no passado. Se você realmente quer mudar, precisa começar a acreditar que merece uma vida melhor. Apenas pensar positivo não basta, tem que haver uma mudança de mindset para que as coisas realmente comecem a melhorar.

Você insiste em viver no passado porque isso te distancia do presente. É natural querermos saber sobre o nosso passado, especialmente quando ele parece ter sido mais feliz do que o presente. No entanto, fixar-se demais no passado impede você de apreciar e aproveitar as coisas boas que estão acontecendo agora. Você pode estar se perguntando por que é tão importante viver no presente. Bem, o presente é onde a sua vida realmente acontece. É onde você faz as escolhas que irão determinar o seu futuro.

Se você continuar vivendo no passado, não será capaz de ver as oportunidades que estão diante de você agora. Você também corre o risco de começar a comparar o seu presente com o seu passado e ficar infeliz porque as coisas nunca são tão boas quanto pareciam ser antes. A chave para uma vida feliz e bem-sucedida é aprender a equilibrar o tempo que você dedica as recordações, com o tempo que você gasta na construção do seu futuro.

Aprenda a valorizar as lições que você aprendeu no passado, mas não permita que elas dominem sua mente e impeçam você de caminhar para a frente com confiança.

O problema de insistir nos erros do passado:

Você está vivendo no passado e perdendo o presente. Você pode estar se fixando em um momento negativo que aconteceu, ou se lembrando de um relacionamento que terminou. Isso faz com que você perca a felicidade do presente.

Você não poderá se preparar para o futuro se estiver sempre vivendo no passado. É importante que você aprenda a deixar o passado para trás e a concentrar-se no presente. Apenas assim será possível construir um futuro melhor para si mesmo.

Quando você vive no passado, tende a se apegar às coisas que já aconteceram e isso pode dificultar sua tomada de decisões futuras. É importante lembrar que o passado é uma experiência, mas não quem você é hoje. Aprenda a conviver com o seu passado, mas não permita que ele domine sua vida.

Vivendo no passado e remoendo tudo que aconteceu pode levar à depressão. Algumas pessoas ficam tão presas aos eventos negativos do passado que isso acaba afetando sua saúde mental e bem-estar. É importante aprender a lidar com o que aconteceu e seguir em frente com sua vida.

Negligenciar o presente para focar exclusivamente no passado só irá causar sofrimento inútil.

Viver no passado pode levar a problemas de saúde. Isso acontece porque as pessoas tendem a se concentrar nas coisas que deram errado e ficam presas nelas. Vivemos em um mundo onde tudo muda rapidamente e às vezes, é difícil aceitar. Nosso cérebro precisa de tempo para processar as mudanças e às vezes isso leva à ansiedade ou depressão. Se estivermos vivendo no passado, perdemos a capacidade de ver as coisas como elas realmente são e nos sentimos presos em um looping negativo.

Como fazer as pazes com os erros do passado?

Mudar seu pensamento. Se você está sempre pensando negativamente, isso afeta como se sente e como enfrenta os problemas que surgem em sua vida. Ao mudar de pensamento, você pode aprender a ver as coisas de uma perspectiva diferente e mais positiva. Isso não significa que ignore os problemas ou faça tudo perfeito, significa que você está se permitindo lidar com as coisas da melhor forma possível e ter esperança de que elas melhorem.

Para ajudar a mudar seus pensamentos, tente o seguinte:

Pense em um evento que ocorreu no passado e programe um tempo para isso. Às vezes, precisamos vasculhar nossas memórias do passado e quanto mais você tenta desligá-las, mais elas voltam à sua mente.

Então, em vez de lutar contra as lembranças do passado, estabeleça um tempo para pensar sobre isso. Depois do jantar, por exemplo, pense nas coisas que aconteceram durante o dia por cerca de vinte minutos. Quando o tempo terminar, passe para outra atividade.

Dê a si mesmo outro assunto para pensar. Em vez de perder tempo ruminando sobre o passado, concentre-se em planejar um futuro repleto de aventuras e experiências maravilhosas. Dessa forma, você conseguirá superar essa fase ruim da melhor maneira possível.

Estabeleça objetivos para o futuro. É difícil focar no passado quando você está planejando o seu futuro. Comece a definir metas de longo prazo e divida-as em metas de curto prazo com um plano de ação para alcançá-las. No entanto, não se esqueça de que é importante relaxar e ter um bom tempo também! Afinal, você merece!

Mantenha suas experiências em perspectiva. Às vezes, lembramos de um evento passado negativo e tendemos a exagerar ou catastrofizar. A verdade é que nossas memórias nem sempre são tão precisas quanto pensamos.

Para ajudar a manter suas experiências em perspectiva, tente o seguinte:

Concentre-se na lição. Cada experiência é uma chance para você aprender algo e crescer como pessoa. O que quer que tenha acontecido com você no passado, aceite que faz parte do seu processo de aprendizado. Talvez você tenha aprendido a ser mais assertivo porque antes permitia que os outros tirassem vantagem de você.

Pense nos fatos. A maneira como nos sentimos pode influenciar significativamente nossa percepção da experiência. Se nos concentrarmos na maneira como nos sentimos durante essa experiência, podemos alterar os fatos e tornar a experiência ainda mais desagradável.

Veja a experiência por um ângulo diferente. A mesma história pode ser contada de várias maneiras e ainda ser verdadeira. Se a sua versão atual da história é perturbadora, tente olhar para ela de uma perspectiva diferente. Você pode descobrir que há outra verdade para a história — uma que é mais leve e esclarecedora.

Seguindo com a vida

Não há tempo certo para lamentar alguém ou algo antes que você possa seguir em frente. Seguir em frente na vida requer trabalhar ativamente para tomar as melhores decisões para você e criar novas memórias vivendo no momento presente. Isso significa que, à medida que você avança, deve deixar o passado para trás e concentrar-se no que pode fazer para melhorar sua vida no presente.

Aqui estão algumas maneiras de ajudar a fazer as pazes com seu passado:

Dê-se permissão para seguir em frente. Isto não significa que você vai esquecer as memórias de seu ente querido, ou que o amor por ele diminuirá. Significa simplesmente que você estará presente no momento e aproveitando ao máximo as experiências da vida. Você pode honrar as lembranças do passado, mas isso não significa que você tem que ficar preso a elas. Aproveite o presente e siga em frente com sua vida.

Escreva cartas para o seu antigo eu e pessoas do seu passado. Escreva sobre sua dor, culpa, ressentimento e até mesmo apreço, e jogue essas cartas fora. Dê um tempo para pensar nas razões pelas quais você está escrevendo a cada uma dessas pessoas. Sinta-se livre para expressar sua raiva, felicidade, arrependimento ou qualquer outro sentimento que esteja relacionado às pessoas em questão. Não se preocupe em ser perfeito ou educado — basta ser honesto consigo mesmo. Depois de terminar as cartas, jogue-as fora e sinta-se melhor!

Reconheça o custo emocional e físico de remoer o passado. Resistir ao passado pode ser satisfatório a curto prazo, pois evita que você enfrente as dores e as verdades dolorosas que estão guardadas. No entanto, a longo prazo, as consequências em sua saúde emocional e física podem ser destrutivas. Enfrentar o seu passado é difícil, mas é necessário para libertar-se do peso do arrependimento, da culpa e da raiva. Somente assim você poderá reconstruir sua vida e criar um futuro melhor para si mesmo.

Minha história com Fred

"A dependência emocional pode ser com uma pessoa ou com várias. Pode ser com o companheiro, com seu filho, mãe, irmã ou amigos. Ao contrário do que você possa imaginar, muitos codependentes não são cuidadores ou estão se relacionando. Esses dependentes tem personalidades divergentes e os sinais diferenciam em graus distintos. Existem dependentes que procuram incessantemente o contato, enquanto outros fogem de qualquer tipo de intimidade".

Leia essa minha história com Fred com atenção e observe os comportamentos dos codependentes como tem nuances e divergências.

Eu me relacionei com Fred (que abusava emocionalmente de outras mulheres) durante oito anos, nós dois juntos éramos uma bomba de alta destruição. Eu contava meus casos e ele me contava os seus. Nossa relação era mais que sexual, apesar da gente não suportar ficar juntos mais que dois dias. Ele queria mandar o tempo inteiro, eu queria controlar e manipulá-lo, era uma fome de quem podia mais, hoje sei que era muito mais forte que nós dois. Era um jogo de poder e sabíamos que ali teríamos sérios problemas um com o outro, então nos fixávamos em fazer muito sexo, beber e falar de nossas tristezas em alguns momentos.

Eu o provocava e ele ficava com muita raiva, com isso não me poupava dos seus comentários, dizendo pra mim: — Agora eu sei porque os caras se jogam feito tapetinho em seus pés, porque você é muita chata e gosta de bater em macho. Aí o cara não gosta de bater em mulher e você acaba vencendo eles pelo cansaço. Eu o olhava com cara de deboche e perguntava: — Fred, já que você que é tão esperto, me ensine, sou nova na pista, me conte o segredo de ser desumana. Me diz como é falar o que as mulheres gostam de ouvir? Ele respondia com orgulho: — Elas gostam de ouvir mentiras, então eu falo e fica tudo bem. Se ela me perguntar se esta gorda eu digo "que isso meu amor você esta uma princesa", até porque se eu falar que ela esta acima do peso, que seria bom ela fazer uma reeducação alimentar, vai ficar de cara feia e adeus a minha verba todo mês. Ele ainda completava: — Porque eu deveria esquentar minha cabeça se ela esta gorda, se eu posso arrumar a mulher que quiser? "Você é cruel demais", eu disse jogando o travesseiro na cara dele. Ele riu e respondeu: — Você é alguma Madre para falar de mim? Não sei como você consegue tanta grana com esse homem que você se relaciona e olha que você nem tem necessidade como o coitado aqui, você trabalha, é uma mulher responsável, mas eu sou um pobre coitado que precisa de carinho. Eu revirava os olhos de nojo e gritava: — Que horror Fred, as mulheres acreditam nesse tipo que você faz? Fred dizia que elas acreditavam sim e que muitas brigavam para ter aquele corpo moreno na cama delas, mas que com algumas não colava, então ele interpretava que fazia faculdade, que trabalhava numa multinacional. Dava bastante gelo nelas no começo e quando via que estavam à beira de um colapso nervoso, ele fazia sexo com elas, depois pedia uma grana e elas não discutiam, davam o dinheiro sem pedir garantias de nada, só de sentirem amadas. Ele ria de chorar ao contar.

"Alguns codependentes emocionais são abusivos, usuários de drogas, álcool, extremamente imaturos, egocêntricos e carentes. Porém, podem fazer o caminho inverso e serem totalmente obedientes, com uma vida financeira estável, responsáveis, podem controlar a vida de seu objeto de prazer ou serão controlados pela pessoa que eles são viciados. Quando o relacionamento é constituído com pessoas viciadas em substâncias ou abusivas é uma parceria marcada pela codependência emocional. No entanto, nem todo dependente emocional tem comportamentos violentos, tóxicos e inadequados".

Fred e eu falávamos com muito orgulho do que fazíamos com nossos parceiros, eu me via em Fred e ele em mim, era como se fossemos gêmeos. Ele vinha de uma criação bem complicada, seu pai era um viciado em cocaína que vivia explorando sua mãe, tinha várias mulheres e algumas vezes as levava para casa, e transava com elas na frente de Fred. Obrigava ele a ver como se "tratava" uma mulher e dizia "que todas as mulheres são vadias e que só servem para serem usadas". Fred me contava que seu pai pegava o membro e dizia: "Isso aqui é o instrumento que as mulheres mais gostam e fazem tudo por ele, vai aprendendo menino".

Aos seis anos de idade Fred começou a assistir às orgias sexuais de seu pai. Ele ficava mal quando me contava sua história e eu sentia que ele não queria ser daquele jeito, ele era produto de uma infância marcada pela violência psicológica e negligência emocional. Eu tinha nuances, hora era totalmente passiva e em outro instante abusiva. Nas minhas relações quando um gatilho era acionado, a sádica que existe dentro de mim vinha á tona. Passei um tempo abusando de homens e alguns até espancava, era como uma droga viciante, quanto mais causava dor mais prazer sentia. Naquele instante não me importava com o que estavam sentindo, a minha fome por poder daquele momento era insaciável.

Muitos codependentes emocionais habitualmente crescem em famílias disfuncionais vivendo o abuso emocional, físico, sexual, rotinas inflexíveis, vícios, doenças mentais ou físicas. Isso os deixa muito vulneráveis a serem manipulados e controlados por outras pessoas. Eles tendem a ter baixa auto-estima e um senso exacerbado de responsabilidade. Como adultos, essas pessoas podem ter dificuldades para lidar com as relações interpessoais e se sentirem sozinhas e isoladas. Sua singularidade e independência não são aceitos e por isso crescem em um ambiente onde jamais sentirão autoconfiança sendo eles mesmos. Eles são forçados a se adequar às expectativas dos outros, vivendo uma vida que não é a sua. Sofrem constantemente com o medo do fracasso e da rejeição, acreditando que nunca serão capazes de alcançar o sucesso. Isso os impede de experimentar a vida de verdade, de serem felizes e realizados.

Famílias disfuncionais guardam segredos familiares, por detrás de uma imagem natural. Esses segredos podem ser tão sombrios quanto um crime ou tão banais quanto um caso de infidelidade. No entanto, todos eles pesam sobre as famílias que os escondem e podem causar muita dor e sofrimento. Com o tempo, essa dependência tende a se agravar, pois o codependente fica cada vez mais dependente das outras pessoas para sua própria satisfação.

Fred e eu saíamos para transar e passar dois dias juntos, embora tivéssemos nossos parceiros, nós não conseguíamos nos conectar a essas pessoas. Isso nos deixava frustrados, mas ainda assim não podíamos resistir um ao outro. Nossa atração era irresistível e acabávamos caindo na cama juntos sempre que nos encontrávamos. Era como se o sexo fosse tudo o que tínhamos em comum, mas naquele momento isso bastava para nos manter unidos. Quando estávamos juntos, era como se o mundo inteiro desaparecesse e só restássemos nós dois. Ríamos, brincávamos e transávamos a noite inteira, quando íamos embora nunca nos despedíamos, tínhamos um código entre nós de nunca fazer o outro se sentir triste, porque o dia que isso aconteceSSe não íamos mais querer a presença um do outro.

Quem nos visse a noite pensaria que éramos um casal normal, éramos deslumbrados pela companhia um do outro. Nós nos sentíamos vivos quando estávamos juntos, era como se fôssemos um só. Não importava o que os outros pensassem, pois era só o que tinha importância para nós naquele momento. Era como se o tempo parasse e só existisse aquele instante. Nossa companhia era tudo o que precisávamos para sermos felizes quando estávamos juntos. Nos sentíamos parte um do outro e essa conexão parecia ser mais forte que qualquer coisa no mundo. Era impossível negar o quanto nos sentíamos atraídos um pelo outro.

Hoje sei que ambos sabíamos que estávamos em um ambiente onde poderíamos ser quem éramos de verdade, sem fingimentos. Era um lugar para relaxar e desfrutar da companhia um do outro, sem a pressão de ter que se encaixar em algum tipo de ideal. A liberdade de sermos nós mesmos foi o que nos permitiu fazer aquela conexão obsessiva e construir um mundo perfeito temporário. Nós dois estávamos sempre rindo, mas no fundo ficávamos tristes. Não queríamos ser daquele jeito, dois transtornados querendo ser normais. Nunca conseguiríamos viver uma vida normal juntos, porque éramos muito diferentes, mas mesmo assim, não conseguíamos ficar longe um do outro. Éramos atraídos pelo caos que habitava dentro de nós.

Naquele tempo, eu queria ter vivido um romance com Fred e ele queria viver "um romance de Hollywood" comigo, assim ele dizia. No entanto, sabíamos que éramos tóxicos para qualquer pessoa e para nós mesmos. Não queríamos causar dor um ao outro, então resolvemos ficar longe um do outro e quando nos encontrássemos viveríamos o romance de nossas obsessões. A saudade era constante de tudo que tínhamos naqueles dois dias, mas nunca falávamos sobre isso.

O nosso grande medo era perder o pouco que tínhamos. Sentíamos uma atração irresistível um pelo outro. Era como se a atração fosse tão forte que poderia superar qualquer obstáculo. Nossos sentimentos eram intensos, porém em momento nenhum lutamos para ficar juntos. Era uma força incontrolável que nos unia e nos separava na mesma intensidade. Inúmeras vezes peguei Fred mexendo em meus cabelos e dizendo: — Você é perfeita, só queria entender porque a vida é tão ruim com nós dois. Era como se o destino tivesse escolhido colocar todas as pedras em nosso caminho, mas ainda assim não conseguíssemos desviar um do outro. Nossa história era triste, mas ao mesmo tempo para nós dois era bonita. Nós amávamos o caos um do outro.

A vida não era ruim, mas naquela época pensava como Fred. Nós estávamos traumatizados pelas experiências de nossas infâncias. "Como Dr. Gabor Mate diz: As crianças não ficam traumatizadas porque estão feridas. Eles ficam traumatizados porque estão sozinhos com a dor".

Vários parceiros já haviam se relacionado comigo e porque nós dois não conseguíamos ficar um do lado do outro como pessoas normais? Nos fazíamos essa pergunta nesses instantes de fragilidade. Não chorávamos, só que era evidente a dor que compartilhávamos juntos, sentir atração por alguém e não entender o porque íamos embora para os braços de outra pessoa. Nossas lágrimas eram internas, mas nem por isso deixavam de ser reais. Era como se o universo conspirasse contra nós, sempre nos separando justo quando começávamos a nos aproximar. Mas mesmo assim, quando nos encontrávamos sempre renascia em nós uma esperança que poderia ser diferente, trazendo uma nova oportunidade para nós. Como ele obsessivamente dizia: Talvez, um dia, as estrelas estejam alinhadas e possamos finalmente ficar juntos. Apesar desse paradoxo dessa nossa relação, o pior era não sentir nem raiva, nem ódio, nem revolta por não conseguir, apenas um vazio muito grande que nos aterrorizava mentalmente. Era como se estivéssemos caminhando em um labirinto sem saída, onde a única coisa que podíamos ver era o próprio medo refletido em nossos olhos. Mas mesmo assim, continuávamos tentando encontrar uma maneira de superar essa situação e deixar para trás esse sentimento de vazio que nos consumia.

Fred sempre me afirmava que falar a verdade não era para ele e também não era para mim, ambos tínhamos a mesma dificuldade. Falar a verdade me consumia, eu entrava num estresse esmagador, tremia, ficava ansiosa, o ar me faltava, dor na barriga, ficava entorpecida como se algo fosse me transportar de onde eu estava para outro lugar. A única certeza que tinha era de que precisava mentir para ficar bem e Fred era idêntico a mim. Quando estávamos juntos a sensação era de que não iria acabar nunca. Só conseguíamos ser assim por no máximo 2 dias, depois a irritação tomava conta de nós dois e ficávamos perigosos um para o outro. Nossa relação era tóxica, mas ao mesmo tempo era a coisa mais intensa e apaixonada que já tínhamos experimentado.

Tínhamos muitas dores internas e tanto ele como eu éramos sinceros um com o outro, não conseguíamos mais que isso e para nós dois era tudo aquele momento. Durante esses dois dias sentíamos que todas as pessoas nos notavam e que éramos importantes no mundo. Sentir-se viva nesse mundo era tão difícil, ser alguém era quase impossível para mim e para ele. O fato de termos algo assim era uma ponte que nos trazia um pouco para a normalidade, era como se finalmente pudéssemos respirar e ver o mundo ao nosso redor. Nos sentíamos vivos, mesmo que o mundo ainda estivesse tão difícil.

Fred expressava a verdade da maneira dele, conseguia entendê-lo perfeitamente porque vivia no mundo da mentira tanto quanto ele. Fomos ensinados a engolir o choro, a sermos falsos e mentirosos, a fingir que não víamos nada, a calar a boca sempre que fossemos colocar nossas opiniões, falar a verdade em nossas casas era traumático. Isso nos deixava inseguros e com medo do mundo exterior. Vivíamos em um mundo de mentiras e fingimento, onde a verdade era um tabu.

Os adultos não dão voz as crianças! Crianças são seres humanos também e merecem ser ouvidas. Muitas vezes, os adultos tomam decisões que afetam diretamente as crianças, mas elas não têm a oportunidade de se pronunciar. Isso precisa mudar! As crianças devem ter um espaço para expressar suas opiniões e participar ativamente das decisões que as afetam. Só assim poderemos construir um mundo mais justo, inclusivo para todos e com pessoas saudáveis psicologicamente.

Eu me lembro que Fred me dizia que seu pai um dia chegou e disse: Você não pode falar assim comigo rapaz você esta pensando que você é quem? Fred me contou que ficou em pé diante de seu pai olhou dentro de seus olhos e disse: — Não sei quem sou porque você não me deu a chance de ser ninguém, sou isso aqui que você esta vendo, um pedaço de membro que esfrego na cara das mulheres que se deitam em minha cama, isso que você me fez ser e agora esta reclamando de que? Você agora quer minha atenção? Você que me ensinou a ser essa pessoa desprezível e ainda tenho que me sentir culpado por não estar nem aí pra você? Você já me ensinou o que eu deveria ser, queria muito lhe matar a paulada por eu hoje não conseguir sentir nada e enxergar que me tornei um lixo como você.

Fred também tinha um grande desprezo pela mãe, por ela nunca ter tido nenhuma atitude de tira-lo naquele momento em que seu pai o forçava a ver aquelas cenas de sexo explicito. Ele me dizia que ela nunca o amou, então porque ele deveria acreditar que todas aquelas mulheres que diziam que o amavam estavam falando a verdade? Eu não suportava a dor dele, porque era a mesma que vivia na minha casa com meus pais.

Depois desse dia ficamos oito meses sem nos falarmos e um dia de madrugada Fred me chama, achei estranho porque ele nunca teve o comportamento de ir até minha casa e praticamente implorar para estar comigo. No entanto, vesti minha roupa rapidamente e saí com ele, mas senti algo diferente no ar. Fred estava muito louco e acelerado, me abraçava e me beijava numa ânsia descontrolada. Perguntava o que estava acontecendo e ele só dizia que estava com saudades da minha companhia, foi nesse instante que concluí que algo ruim tinha acontecido com ele. Fui para seu apartamento e começamos a conversar, ele havia se encontrado com seus pais e é claro a discussão o levou a uma grande explosão.

Nunca havia visto Fred daquela forma tão frágil e perdido. Ele deu um soco na cara de seu pai e estava com muita raiva por ter reagido. Fred fazia um esforço enorme para não ligar para o que o pai tinha feito com ele, mas na verdade ele sofria demais por tudo que viu e por tudo que não fizeram. A criança ferida sofria desesperadamente e seu adolescente interior impulsivo estava tentando defendê-la.

A cena do desespero que ele estava vivenciando era chocante e aquilo tudo começou a me deixar com medo e desesperada também. Eu mal sabia lidar com minhas dores, como iria segurar toda aquela situação sozinha? Aquele homem naquele quarto, gritando, implorando por sua vida, foi horrível ver seu tormento que era idêntico ao meu com meu pai naquela época. Não conseguia tirar aquela imagem da minha cabeça e só pensava em uma coisa: como poderia ajudá-lo? De repente ele me abraçou, começou a me beijar violentamente e me jogou em cima da cama, fiquei com medo, mas de certa forma confiava em Fred. No entanto, quando ele estava acariciando meu rosto, começou a chorar e me deu um tapa na cara, depois outro, outro, outro. Eu tentava desesperadamente tirá-lo de cima de mim e consegui finalmente me levantar de tanto socar os testículos dele. Ele continuou a chorar e disse: "Eu te amo, eu te amo tanto". Quando me olhei no espelho, estava com o nariz começando a sangrar e meus dois olhos extremamente roxos. Aquilo me deu tanta raiva que voltei e dei mais uns cinco chutes no saco dele. Eu não conseguia controlar a minha fúria, só queria vê-lo sofrer ainda mais do que ele estava me fazendo sentir.

Fred apenas gritava: "Me mata, por favor!". Aquilo me deu uma dor tão grande por dentro que eu chorava de soluçar. Vesti minha roupa, me olhei novamente no espelho e minha cara estava horrível. Eu não aguentava mais aquela dor, aqueles gritos ecoando na minha cabeça. Precisava acabar com isso logo. Sentei no chão ao lado dele e disse: Você lembra do nosso acordo de nunca fazer o outro se sentir triste? Ele chorando balançou a cabeça, me levantei, peguei a minha bolsa e disse: "Adeus, não me procure mais e pode ter certeza que farei o mesmo". Depois desse evento, nos vimos de longe uma única vez e nunca mais nos falamos.

Pessoas traumatizadas precisam ter em mente de que necessitarão de suporte, para poderem viver uma vida mais saudável em todos os sentidos. As situações que vivenciamos na infância não passa com o tempo, elas ficam registradas em nosso corpo e em nossas mentes. Trazer crianças ao mundo exige uma grande responsabilidade em todos os níveis. por isso precisamos nos conscientizar de que não basta ter filhos, devemos estar preparados psicologicamente para recebê-los em nossas vidas. O mundo não aguenta mais tantas pessoas feridas, temos que nos curar. Violência gera mais violência e isso destrói o ser humano em um nível que nenhum ser vivo merece.

O trauma é algo sério e não são com as compulsões que iremos tratá-lo. Muitos falam que é mi-mi-mi. Poxa, eu até gostaria que fosse, mas não é. É algo profundo e que pode limitar muito a vida do ser humano.

As crianças se sentem muito inseguras, muitas vezes elas sabem que a violência familiar está acontecendo mesmo quando não a veem, ouvem ou vivenciam diretamente. Essa sensação de insegurança pode afetar negativamente o desenvolvimento das crianças, causando problemas de saúde mental e física. Por isso, é muito importante que as famílias brinquem e convivam em um ambiente de amor e respeito, para que as crianças possam se sentir seguras e protegidas. As experiência traumáticas podem afetá-las agora e no futuro se tornar um adulto como eu fui um dia, como Fred ou como muitos outros que já nos relacionamos e vemos todos os dias nos noticiários.

A vida não é um conto de fadas onde os indivíduos mudarão a realidade de homens e mulheres violentos, essas pessoas precisam de uma atenção especializada e de acolhimento. A violência doméstica é um problema complexo e multidimensional que envolve questões sociais, psicológicas e comportamentais. É importante buscar ajuda especializada para tratar este problema, pois somente assim será possível encontrar a solução.

Os pequenos que vivem num ambiente de violência e abuso provavelmente terão níveis de ansiedade altos. O trauma de presenciar a violência doméstica diariamente coloca as crianças em maior perigo de desenvolver depressão, tristeza constante e dificuldade de concentração. Doenças cardíacas, obesidade e diabetes na idade adulta, também podem estar diretamente relacionadas ao abuso físico, emocional e verbal vivenciado pela criança. Sentir a dor e a agonia da violência nem sempre assegura que as crianças seguirão uma estrada diferente, em alguns exemplos, a exposição precoce a essa violência infelizmente cria um palco para os pequeninos seguirem o mesmo caminho para a vida adulta.

Em muitos casos, os meninos podem na idade adulta abusarem fisicamente de suas parceiras, depois de presenciarem seus genitores praticando a violência. No entanto, as mulheres ficam mais propensas a viverem o drama do abuso sexual até mesmo dentro de suas relações amorosas. Em cada dez mulheres que atendo por dia seis já abusaram emocionalmente, psicologicamente ou fisicamente de seus parceiros, ou parceiras. Mesmo que o abuso que as mulheres cometem não seja contabilizado, é fato que elas também estão sendo impactadas de uma forma violenta com tudo que já vivenciou e ainda vive dentro de seus lares.

Acredito que essa minha história deve ter te impactado, mas é a realidade nua e crua. Por isso é tão importante proteger as crianças da violência doméstica, pois o estrago pode ser perpetuado na vida do indivíduo.

Quais as consequências a curto prazo da violência na vida de uma criança?

Crianças pequenas que vivenciam a violência começam a urinar na cama, chupam o polegar, choram e muitas vezes como se estivessem sentindo dor. Podem desenvolver dificuldades para dormir ou manter-se dormindo, gaguejam, se sentem culpadas pelo que esta acontecendo, ficam com a autoestima muito prejudicada, começam a ter dificuldades na escola com as notas, se afastam de amigos ou ficam agressivas, desenvolvem dor de cabeça, dor no estômago, dor de barriga, podem ter medo e pavor constantes ao ponto de se esconderem e mostrar sinais graves de ansiedade de separação.

Na adolescência essa situação fica ainda mais complicada, pois muitos brigam constantemente com familiares, discutem na escola e começam a faltar as aulas. Outros começam a fazer uso de álcool, drogas, fazem sexo sem proteção, tem a autoestima impactada, tem dificuldade em fazer amigos, começam a ameaçar e causar medo nos colegas e poderão evoluir para problemas com a justiça. Esse tipo de comportamento embora seja visto com mais frequência por parte dos meninos, não determina que as meninas apesar de serem mais timidas não irão ser propensas a esse tipo de comportamento.

A violência é uma violação aos direitos humanos. É um ato que pode causar danos físicos, psicológicos ou materiais às vítimas. Além disso, a violência também pode afetar negativamente a sociedade como um todo, criando um clima de medo e insegurança. Por isso, é importante que as pessoas denunciem qualquer tipo de violência para que possamos coibir este problema e garantir a proteção dos direitos humanos.

Aprendendo a estabelecer limites

Aprendemos a aplicar limites em nossas vidas observando e aprendendo com os exemplos que vemos ao nosso redor, especialmente de nossos pais e cuidadores. Quando crescemos em um ambiente onde os limites são claros e consistentemente aplicados, podemos aprender a respeitá-los e incorporá-los em nossa própria vida. Isso nos permite melhor lidar com as pressões e desafios do dia a dia, bem como estabelecer relacionamentos saudáveis com outras pessoas. Sempre que enfrentamos novos problemas ou situações estressantes, lembramos dos limites que aprendemos na infância e isso nos dá uma base sólida para tomar decisões informadas e responsáveis.

Se o núcleo familiar tem um sistema de limites fraco, é provável que acabemos tendo o mesmo problema. Um sistema de limites fraco significa que os pais não conseguem estabelecer e manter regras claras para seus filhos. Isso pode levar a crianças que não sabem quais comportamentos são aceitáveis e quais não são. Sem esses limites, a criança pode acabar fazendo coisas que machuque a si mesmas ou aos outros — porque simplesmente ninguém lhes disse que isso era errado. Sem um bom exemplo de como estabelecer e manter limites claros, é provável que também tenhamos dificuldades em fazer isso na vida adulta. É importante aprendermos como estabelecer esses limites, para garantir que possamos ter relacionamentos saudáveis e bem-sucedidos com as pessoas à nossa volta.

O que são limites emocionais?

Os limites emocionais estão relacionados à nossa capacidade de lidar com as emoções. Eles são essenciais para o nosso bem-estar e para a manutenção de relacionamentos saudáveis. Os limites emocionais podem ser divididos em dois tipos: os limites protetores e os reguladores. Os limites protetores são aqueles que nos permitem evitar situações emocionais difíceis ou potencialmente prejudiciais. Eles definem os limites do que estamos dispostos a aceitar de outras pessoas, sejam elogios, críticas ou qualquer outra forma de interação. Esses limites nos protegem dos sentimentos negativos, como medo, raiva e tristeza, e nos ajudam a manter um equilíbrio mental e emocional.

Os reguladores são os limites que usamos para garantir que possamos lidar adequadamente com as situações emocionais quando elas acontecem. Eles nos permitem gerir nossas próprias emoções, bem como as reações às emoções dos outros. Um exemplo de um regulador seria uma pessoa que fala calmamente quando está sob pressão ou se sentindo irritada. Outro exemplo seria alguém que toma tempo para processar suas emoções antes de responder às solicitações dos outros. Sem esses reguladores, seríamos incapazes de lidar adequadamente com as demandas da vida diária e teríamos muito mais dificuldade para manter relacionamentos saudáveis com os outros.

Os limites permitem que você desfrute de relacionamentos mais saudáveis

Isso significa que você pode dizer "não" quando precisar, sem se sentir culpado ou pressionado. Você também pode passar tempo sozinho sem se sentir solitário ou abandonado. Ao ter um senso de si mesmo e dos seus limites, você está mais bem equipado para lidar com as demandas dos outros e manter um equilíbrio saudável em sua vida.

O medo da rejeição é uma das principais razões pelas quais as pessoas evitam estabelecer limites. Limites são importantes para a saúde e bem-estar de qualquer relacionamento, seja amoroso, platônico ou familiar. Eles nos permitem proteger o que é importante para nós e definir os limites do que estamos dispostos a tolerar. Sempre que estabelecemos um limite, há o risco de ofender ou magoar outra pessoa. É natural ter medo de causar esse tipo de dano em nossas relações, mas às vezes precisamos fazer isso para manter a integridade e o respeito por nós mesmos.

Como você sabe quando deve definir um limite?

Existem alguns sinais a serem observados para saber se é o momento de estabelecer um limite. Um deles é o desconforto que sentimos quando estamos perto da pessoa ou das situações em questão. Outro indicativo é o pensamento recorrente sobre a situação, mesmo quando não estamos na presença dela. Isso pode atrapalhar o nosso dia-a-dia e afetar negativamente a nossa qualidade de vida. Outro sinal relevante é o sentimento de impotência e/ou culpa que essa situação nos causa. Se você reconhece algum desses sinais em sua vida, talvez esteja na hora de avaliar a necessidade de estabelecer um limite com uma determinada pessoa ou situação.

Tipos de limites

Limites materiais

Limites materiais saudáveis envolvem definir o que você compartilha e com quem. Você precisa ser capaz de proteger suas coisas e seus recursos, sem se sentir culpado ou inseguro. É importante estabelecer limites em relação às suas posses e ao seu tempo, para que você possa cuidar adequadamente de si mesmo e dos outros. Uma forma de manter os limites materiais saudáveis é praticar a gratidão. A gratidão nos lembra do valor das coisas que temos, bem como da abundância de bens disponíveis para nós. Quando estamos gratos pelo que temos, fica mais fácil mantermos os limites necessários para proteger esses bens preciosos.

Limites físicos

Os limites físicos referem-se a como, quando e quem você permite que entre em seu espaço ou o toque fisicamente. Por exemplo, algumas pessoas se sentem confortáveis em abraçar e ser abraçadas por amigos e familiares, enquanto outras preferem manter um certo grau de distância física. Também é importante considerar os limites da outra pessoa — respeitar o espaço pessoal dela e não forçar qualquer tipo de contato físico.

Limites mentais

Os limites mentais referem-se a opiniões e crenças, e se você pode manter-se firme quando desafiado, sem se tornar rígido. Um exemplo de um limite mental, é a crença de que todo mundo tem potencial para o sucesso, independentemente das circunstâncias na vida. Se você acredita nisso, você está mais propenso a buscar oportunidades e superar obstáculos. Outro exemplo de um limite mental é a crença de que as pessoas são basicamente boas. Essa perspectiva leva à compaixão e à empatia com o próximo, mesmo aqueles que cometem erros.

Limites emocionais

Os limites emocionais são importantes para a estabilidade e o bem-estar de uma pessoa. Eles definem os direitos e responsabilidades de cada um quando se trata de relacionamentos interpessoais, e ajudam a manter o equilíbrio entre as necessidades individuais e os compromissos com outras pessoas. Sem limites claros, fica mais difícil lidar com as emoções e podem surgir conflitos constantes.

Limites não saudáveis dos codependentes emocionais

Dependentes emocionais podem ter medo de ficar sozinhas e buscar relacionamentos próximos onde se perdem. Isso pode acontecer porque elas não têm uma forte base de apoio emocional, o que significa que precisam de mais contato humano do que outras pessoas. Às vezes, esses indivíduos não sabem como lidar com seus próprios sentimentos e acabam procurando outras pessoas para isso. No entanto, isso só os torna dependentes dos outros e acaba causando problemas em suas relações.

Alguns codependentes emocionais têm limites rígidos. Eles podem ter dificuldade de se relacionar com outras pessoas e de expressar seus sentimentos. Muitas vezes, eles se sentem ansiosos ou inseguros em relações interpessoais e evitam situações que possam gerar conflitos. Isso pode afetar negativamente sua vida social e profissional.

Quando os seus limites são mistos, isso pode significar que você pode ter limites em certas situações, algumas vezes, ou com certas pessoas. Por exemplo, um limite misto poderia ser algo como: Você nunca permitiria que

FCW - #0211 - 061026 - C0 - 297/210/22 - PB - 9786500653557 - Matt Lamination

alguém te tocasse de forma inadequada, exceto em determinadas situações (como durante uma massagem) ou com determinadas pessoas (como seu parceiro). Outro exemplo de um limite misto poderia ser: Você normalmente não tem problema em fazer sexo sem camisinha, mas existem algumas exceções (com desconhecidos ou se estiver usando drogas). É importante estabelecer claramente quais são os seus limites para si mesmo e para as outras pessoas, a fim de evitar qualquer confusão ou mal-entendidos.

Por que é difícil estabelecer limites?

É difícil estabelecer limites porque não aprendemos como fazer isso. Às vezes, crescemos em ambientes onde os limites são pouco claros ou onde ninguém nos ensina a respeitá-los. Outras vezes, podemos ter dificuldade em estipular limites porque somos demasiado permissivos ou simplesmente não sabemos como fazê-lo de uma forma que seja eficaz. Quando temos medo de que outras pessoas possam nos rejeitar se estabelecermos limites, isso nos impede de agir de forma satisfatória. Outra razão para a dificuldade em estipular limites pode ser a falta de confiança. Se não nos sentimos seguros o suficiente para defendê-los, acabaremos cedendo às pressões externas e acabando por fazer coisas que não queremos realmente fazer.

Eles também podem ser mal utilizados como meio de manipulação e controle. Por exemplo, um cônjuge pode ameaçar o outro com o divórcio se não obedecerem às suas regras, ou os pais podem usar a punição como forma de forçar os filhos a se comportarem da maneira que desejam. Outra razão por que os limites são difíceis de impor, é que eles costumam construir muros em torno de nós. Isso significa que estamos sempre nos defendendo dos ataques externos, em vez de estarmos abertos para o mundo exterior.

Se não tivermos muita prática em nos afirmar, estabelecer limites pode parecer agressivo quando o fazemos. Isso acontece porque estamos acostumados a sermos flexíveis e conciliadores com as outras pessoas, e quando começamos a nos impor, elas podem interpretar isso como um ataque. Outro motivo pelo qual é difícil para muitas pessoas estabelecerem limites é que temos medo de magoar os outros ou de causar conflitos. No entanto, se não aprendermos a nos impor, as pessoas irão continuar a tirar vantagem de nós e isso acabará causando mais problemas do que se tivéssemos sido assertivos desde o início.

Como definir limites em um relacionamento sem ser controlador?

1- Você precisará reconhecer a diferença entre amor-próprio e auto-adoração. O primeiro é o sentimento de valorização que temos por nós mesmos, enquanto o segundo é uma obsessão exagerada com a própria imagem e aprovação dos outros. Para ter um relacionamento saudável, é importante saber estabelecer limites claros entre os dois extremos.

2- Reconhecer quando você estiver ultrapassando os limites. Isso significa ter consciência de seus próprios sentimentos e necessidades, bem como dos sentimentos e necessidades da outra pessoa. Você também precisa saber quais são seus limites pessoais em relação ao outro. Seja honesta consigo mesma sobre o que realmente é importante para você no relacionamento e o que você está disposta a tolerar. Uma vez que você tenha identificado onde devem ser os limites do relacionamento, é importante expressar isso de forma clara e concisa à outra pessoa.

Evite fazer suposições sobre o que o outro entende ou deixe de entender, explique diretamente o que espera dela; respeitar os limites da outra pessoa. Como dissemos, um relacionamento saudável requer consideração mútua, portanto, respeitar os limites da outra pessoa é tão importante quanto impor os seus próprios limites. Isso significa não pressionar o(a) parceiro(a) para fazer algo que ele(a) se sente incomodado(a) em fazer, mesmo que isso signifique abrir mão de algo que você gostaria de participar juntos.

2- Você precisará fazer seu inventário de limites. Isso significa identificar claramente quais são os seus limites pessoais, o que você é e não é capaz de tolerar em um relacionamento, e quais são as suas expectativas. Uma vez que você tenha feito isso, será muito mais fácil expressar seus limites de forma clara e assertiva para o seu parceiro. Lembre-se, no entanto, em última análise, cabe a você impor seus limites — seu parceiro não pode fazer isso por você. Se você se encontrar em uma situação em que seus limites estão sendo ultrapassados, não tenha medo de falar e esclarecer as coisas.

3- Você precisará ter consciência para mudar suas tendências codependentes. Essa é uma habilidade importante para todos, independentemente do tipo de relacionamento que estejamos buscando. Uma das principais características da codependência é a necessidade de estar constantemente preocupados com o bem-estar do outro, às vezes em detrimento do próprio. Isso pode se manifestar de diversas maneiras, como querer se fixar no parceiro, ser ciumenta ou insegura e até mesmo ter medo da separação. Tudo isso acaba gerando uma dinâmica muito desequilibrada no relacionamento, podendo levar à dependência emocional. Por isso, para evitar esse problema e manter um relacionamento saudável, é importante aprender a lidar com as próprias emoções e estabelecer limites claros. Isso não significa colocar barreiras intransponíveis ou dificultar a troca de afeto, mas sim fazer um esforço consciente para equilibrar as necessidades dos dois lados. Apenas assim será possível ter um relacionamento maduro e saudável.

5- Você precisará enfrentar seus medos. Isso pode significar pedir ao seu parceiro para respeitar determinados limites ou confrontar o comportamento controlador do outro. Você pode começar a conversa dizendo algo como: "Gostaria que você respeitasse meu espaço quando estivermos juntos". Ou, se sentir que o outro está sendo demasiado controlador, pergunte-lhe diretamente: "Você está tentando me controlar?" O importante é abrir uma discussão educada sobre o assunto e chegar a um acordo sobre os limites do relacionamento.

6- Você precisará descobrir as crenças limitantes subjacentes. Essas crenças podem estar relacionadas a como você se sente em relação a si mesma ou a outras pessoas. Você pode ter aprendido essas crenças durante a sua infância ou elas podem ter se desenvolvido ao longo da sua vida. Se você quiser definir limites de uma maneira saudável e assertiva, é importante identificar essas crenças e trabalhar para modificá-las.

7- Você precisará reconhecer seus direitos pessoais nos relacionamentos. Isso significa entender o que você quer e precisa em um relacionamento, e ter a coragem de dizer "não" quando algo ultrapassa esses limites. É importante lembrar que todos os relacionamentos são únicos, o que funciona para uma pessoa pode não funcionar para outra. Portanto, é importante conversar com seu parceiro sobre suas necessidades e expectativas antes de estabelecer qualquer tipo de limite. Você também precisará estar disposta a ouvir e respeitar os limites do seu parceiro. No final das contas, definir limites em um relacionamento não significa que você tem que controlar tudo; simplesmente significa que você está sendo honesta sobre o que quer e precisa, e cobrando isso dos outros.

8- Você precisará tratar-se com respeito e compaixão. Você não pode dominar seu parceiro no relacionamento, mas também não pode permitir ser dominada por ele. É importante ter um senso de equilíbrio e reciprocidade no relacionamento para que possa funcionar de forma saudável. Se você estiver se sentindo oprimida ou controlada pelo seu parceiro, fale sobre isso com ele abertamente. Certifique-se de expressar suas necessidades e desejos claramente, para que ele possa entendê-las e trabalhar em conjunto para chegar a uma solução que satisfaça a ambos.

9- Você precisará primeiro entrar em contato com a sua própria essência. Lembre-se de quem você realmente é e o que deseja na vida. Tenha em mente seus objetivos e valores mais profundos. A partir daí, você poderá começar a estabelecer os limites necessários para manter o relacionamento saudável e equilibrado. É importante ter cuidado para não impor limites rígidos demais, pois isso pode levar a controle exagerado por parte sua. Em vez disso, busque um meio termo onde possa haver flexibilidade e espaço para ambas as partes crescerem e evoluírem juntas.

10- Você precisará explorar sua própria personalidade e crenças. Considere quais são as suas qualidades e preferências pessoais. Explore como você se expressa e quem você é realmente. Entenda como os outros veem você e o que esperam de um relacionamento contigo. Com essas informações, você poderá começar a estabelecer limites saudáveis para o seu relacionamento, de acordo com o que é importante para você.

11- Você precisará ser clara e específica sobre quais são seus limites. Isso significa dizer ao seu parceiro exatamente o que você quer e o que não quer. Seja assertiva em sua comunicação e certifique-se de que o seu parceiro esteja ciente dos seus limites. Ao fazer isso, você poderá ter um relacionamento saudável sem ter que assumir o controle.

12- Você precisará usar a raiva de forma eficaz. Isso significa expressar sua raiva de maneira assertiva, mas não agressiva. Você também precisará ter cuidado para não deixar que a raiva domine o seu comportamento. Aqui estão algumas dicas para ajudá-la:

- Aprenda a identificar os sinais da sua raiva. Você pode ficar mais irritada do que o normal, sentir seu coração batendo mais rápido ou sentir-se tensa e ansiosa. Quanto melhor você for capaz de reconhecer os sinais da sua raiva, mais fácil será controlá-la.

- Pare de tentar evitar a raiva. Muitas pessoas tentam ignorar ou negar que estejam com raiva, mas isso só acaba intensificando os sentimentos. Em vez disso, aceite que está com raiva e tente entender por quê. Isso lhe dará um controle maior sobre ela.

- Expresse sua raiva de forma assertiva. Estar raivosa não significa gritar ou ser violenta verbalmente, ou fisicamente. Significa falar claramente sobre o que está te incomodando e por que, sem abusar do outro. Além disso, é importante escolher um momento em que ambos estejam calmos para conversarem sobre isso.

13- Você precisará definir as consequências. Isso significa que, se o seu parceiro não respeitar os seus limites, haverá consequências. Essas consequências podem incluir o término do relacionamento. É importante deixar claro para o seu parceiro que você não tolerará o desrespeito dos seus limites e que ele precisa aceitar isso, caso contrário, o relacionamento acabará.

14- Você precisará parar de agradar às pessoas. Em vez disso, concentre-se em expressar o que realmente deseja e espere que o outro faça o mesmo. Lembre-se de que os limites são importantes para ambos os lados e devem ser respeitados. Se alguém não estiver disposto a fazer isso, talvez seja hora de reconsiderar o relacionamento.

15- Você precisará permitir-se sentir culpa. Isso significa que você precisará estar disposta a assumir a responsabilidade por seus atos e aceitar as consequências deles. Você também precisará ter em mente o seu objetivo final no relacionamento e manter esse foco, mesmo quando as coisas ficarem difíceis.

16- Você precisará ficar confortável com o desconforto de curto prazo. Isso significa que você terá que dizer "não" às vezes e estabelecer os seus próprios limites. Pode ser desconfortável no início, mas isso é necessário para criar uma relação saudável. Você também precisará aprender a lidar com as consequências de seus atos. Se algo der errado, assuma a responsabilidade e aprenda com os erros. Dessa forma, você estará mais preparada para lidar com as situações difíceis e evitar o controle na sua relação.

17- Você precisará enfrentar seu medo do conflito. Isso significa que você terá que aprender a lidar com as diferenças de opinião e os desacordos de maneira saudável. Você pode começar fazendo uma lista dos seus limites e compartilhando-os com o seu parceiro. Depois, discuta os limites juntos e chegue a um acordo sobre quais são aceitáveis para ambos. Se houver algum assunto em particular que gere muita tensão, certifique-se de marcar tempo para conversar sobre isso de forma calma e respeitosa. Lembre-se sempre de ouvir o outro lado da história antes de tomar qualquer decisão final.

18- Você precisará ter uma visão de seu futuro como uma mulher forte e independente. Você não pode permitir que o outro controle sua vida, mas isso não significa que você precise assumir todo o controle. Apenas visualizar seu futuro cheio de potencial e energia positiva te dará a confiança necessária para estabelecer limites claros em qualquer relacionamento.

19- Você precisará ser compassiva e se perdoar mesmo quando vacilar. Você pode começar a praticar a compaixão por si mesma, permitindo-se errar e aprendendo com os seus erros. Em seguida, você pode expandir a compaixão para o outro, reconhecendo que todos somos humanos e que cometemos erros. Se você puder ver o outro como uma pessoa imperfeita, assim como é imperfeita, você será capaz de ter mais compreensão e aceitação.

20- Você precisará aprender a se comunicar. A comunicação eficaz é a chave para estabelecer limites saudáveis e respeitosos em qualquer relacionamento. Comunicar significa expressar claramente o que sentimos, o que pensamos e o que queremos, de forma assertiva, mas não agressiva. Também significa escutar atentamente o outro, compreendendo seus pontos de vista e sentimentos. É importante ter em mente que os limites são diferentes para cada pessoa. O que pode ser considerado um limite aceitável para você, pode não ser tão aceitável para o outro.. Portanto, é crucial conversar sobre limites antes de entrar em um relacionamento íntimo com alguém. Isso irá evitar muitas dores de cabeça futuras!

21- Você precisará assumir sua responsabilidade, mas não a responsabilidade do outro. Você pode começar dando o exemplo e sendo clara sobre o que é importante para você. Deixe o outro saber quais são seus limites e o que você espera dele. Se ele não respeitar seus limites, tenha uma conversa séria com ele para chegarem a um acordo. Lembre-se de que você não pode forçar alguém a mudar, então seja compreensiva e paciente.

22- Você precisará se conscientizar de que não podemos e não temos que consertar tudo e todos. Isso significa que é importante aceitar as diferenças dos outros e permitir que as pessoas sejam responsáveis por suas próprias ações. Em vez de tentar controlar o comportamento dos outros, concentre-se em expressar suas próprias necessidades e limites claramente. Além disso, lembre-se de que os relacionamentos são um processo contínuo e dinâmico, então esteja aberta a mudanças e adaptações quando elas forem necessárias.

23- Você precisará entender que será preciso vencer a resistência a mudança. Muitas pessoas temem os limites, especialmente se eles implicarem uma mudança significativa de hábitos ou comportamentos. No entanto, é importante lembrar que os limites são necessários para manter um relacionamento saudável e proteger sua própria sanidade mental. A boa notícia é que, com alguma perseverança e compreensão, é possível impor limites sem ter que assumir o controle do outro.

24- Você precisará aprender a aceitar um não como resposta. Isso significa que você precisará estar "OK" com o outro lado se recusando a fazer algo que você quer. Em outras palavras, você não pode forçar as coisas para acontecerem do seu jeito. Você precisa dar espaço para o outro lado da conversa ter sua própria opinião e escolher o que é melhor para ele/ela. Aprenda a lidar com a negativa de forma construtiva e use-a como uma oportunidade para crescerem juntos, em vez de usá-la como um instrumento de controle.

25- Você precisará ser direta com seu "NÃO".

Você precisará saber o que é importante para você e o que não é, expressando isso de forma clara ao seu parceiro. Você pode começar dizendo o que gostaria de mudar no relacionamento, explicando porque essas coisas são importantes para você. Se seu parceiro entender onde estão os seus limites, ficará mais fácil para ele respeitá-los. No entanto, é importante lembrar que você não pode forçar alguém a mudar; apenas explique suas necessidades e espere que ele esteja disposto a mudar também.

Comprometimento no relacionamento

Os relacionamentos exigem que nos comprometamos a dar o melhor de nós mesmos. É preciso um esforço constante para manter uma relação saudável e gratificante. Quando nos comprometemos com alguém, estamos dispostos a fazer sacrifícios saudáveis pelo bem-estar da outra pessoa. Isso significa que estamos sempre buscando o equilíbrio entre as necessidades individuais e o bem-estar do casal. O compromisso também requer reciprocidade. Isso significa que, se você espera que seu parceiro cumpra suas promessas, você também deve estar disposto a fazer o mesmo. A melhor maneira de cultivar um relacionamento saudável e duradouro é estabelecer uma base de confiança e respeito mútuos.

Meus aprendizados na minha terapia

Terapia é um processo de transformação pessoal que pode ajudar as pessoas a lidar com problemas e desafios em suas vidas. É um processo que envolve o terapeuta e o paciente trabalhando juntos para explorar os pensamentos, sentimentos e comportamentos. A terapia pode ser uma experiência muito positiva e gratificante, que leva à mudança significativa na vida das pessoas.

Não tente se encaixar no mundo de ninguém. Seja você mesma e viva sua vida da forma que melhor lhe convier. Não deixe que as opiniões alheias te afetem demais ou te façam mudar quem você é. É importante ter em mente que a única pessoa cuja opinião realmente importa é a sua. Portanto, seja fiel a si mesma!

Suas escolhas sempre trazem consequências. As vezes elas podem ser boas e outras vezes podem ser ruins. No entanto, às vezes as consequências de nossas escolhas podem ser bem graves. Por exemplo, se eu decidir fazer uma viagem de carro para um país estrangeiro sem passaporte ou visto, posso acabar presa na fronteira. Ou se eu decidir comprar um produto ilegal, posso acabar sendo multada ou até mesmo presa. Então, é importante sempre pensar nas possíveis consequências de minhas escolhas antes de tomar qualquer decisão.

Eu mereço o melhor porque trabalhei muito para isso. Eu estudo, me esforço e me dedico aos meus objetivos. Não há nada que eu possa querer mais do que o sucesso. O sucesso é a minha meta e vou alcançá-lo, cada dia mais. Posso dizer com toda a certeza que mereço o melhor porque sei o valor do esforço. Sei quanto tempo e energia invisto na minha educação e no meu desenvolvimento pessoal. Não existe nada neste mundo que se compare a essa conquista. É por isso que acredito ter direito às melhores coisas da vida — pois faço tudo para merecê-las!

Eu sou aquela pessoa que confia no Poder Superior. A minha fé é inabalável e acredito que, independentemente das circunstâncias, o Universo conspira a meu favor. Sei que há um propósito para tudo e que nada acontece por acaso. Tenho certeza de que estou sempre protegida e guiada pelos meus anjos da guarda. Isso me dá uma força incrível para enfrentar qualquer desafio na vida com calma e serenidade.

Eu tenho o foco necessário para alcançar qualquer objetivo que eu me proponha. Seja ele qual for, eu sei que posso chegar lá desde que me mantenha concentrado no que quero alcançar. Isso significa ter determinação e persistência, duas coisas em que sou extremamente forte. Quando coloco minha mente para trabalhar em direção a um objetivo, nada é capaz de me deter. Isso não quer dizer que as coisas sempre vão ser fáceis, as vezes enfrentarei obstáculos pelo caminho, mas isso só me motiva ainda mais a continuar em busca do que quero. Sei que posso superar qualquer desafio pela força do meu foco, e isso me dá uma confiança imbatível.

O conhecimento pode ser um grande poder, especialmente quando você sabe como usá-lo a seu favor. No mundo de hoje, há tantas fontes de informação disponíveis, que nunca antes na história da humanidade nós tivemos acesso tão fácil ao conhecimento. Com apenas um clique, podemos encontrar respostas para quase qualquer pergunta que possamos ter. Mas o simples fato de termos acesso a toda essa informação não significa necessariamente que sabemos como usá-lo. Muitas vezes, as pessoas ficam presas em sua zona de conforto e acabam não tirando proveito do imenso potencial do conhecimento.

A chave é aprender a buscar ativamente o tipo de informações que podem realmente nos beneficiar e mudar positivamente o rumo da nossa vida. Uma das maneiras mais eficazes de fazer isso é por meio da educação continuada. Se estivermos sempre abertos à possibilidade de aprender coisas novas, teremos uma mentalidade mais flexível e criativa para lidar com os desafios da vida. Também será mais fácil manter-nos atualizados sobre as últimas tendências e inovações do mundo em constante evolução em que vivemos. Ao cultivarmos um verdadeiro espírito inquiridor, estaremos bem equipados para extrair o máximo proveito do incrível potencial do conhecimento.

O autoconhecimento é a chave para viver uma vida plena e feliz. A terceira terapeuta que tive me ensinou isso e foi a lição mais importante que aprendi com ela. Ela me mostrou que, se conhecermos a nós mesmos, podemos superar qualquer obstáculo e alcançar todos os nossos objetivos. Autoconhecimento é luz que inspira a alma. Esse foi meu maior aprendizado com minha terceira terapeuta.

Com minha primeira terapeuta, aprendi que o luto é como perder um membro do seu corpo. Tinha direito de sentir dor e ficar com raiva. Aprendi que a dor não desapareceria simplesmente porque eu queria que ela sumisse, mas que era importante reconhecê-la e passar por ela para chegar a uma harmonia dentro de mim.

Nada me fará retroceder. Minha história é prova disso! Aos 39 anos descobri que era uma pessoa forte e determinada, e isso foi um divisor de águas em minha vida. Mesmo quando as coisas ficam difíceis, sei que posso superar qualquer obstáculo. Cada dia mais chego aonde queria estar e trabalho incansavelmente para realizar meus sonhos. Graças ao meu esforço e dedicação, cada dia mais me torno uma mulher bem-sucedida e realizada. Independentemente do que o futuro me reserve, sei que posso enfrentar qualquer desafio com coragem e determinação. Porque já passei por muitas situações difíceis na minha vida, e sei que sempre vou superar qualquer adversidade.

Sou movimento e calmaria. Está tudo bem ser assim. A vida é uma dança constante entre esses dois extremos e eu estou sempre em equilíbrio, buscando o meu ritmo. Nem sempre é fácil, mas encontrar a paz interior vale a pena. Às vezes sinto-me como um peixe fora da água, preso no mundo dos humanos e suas loucuras, mas logo lembro-me de que isso não tem importância. O que realmente importa é o nosso dançar juntos nesta grande orquestra chamada Vida.

Eu amo meus pacientes! A força do meu trabalho se resume em Amor. Já fui questionada por alguns colegas por ter o perfil amorosa e acolhedora. Todos os dias, faço o possível para ajudar as pessoas que mais precisam. É gratificante saber que posso fazer a diferença na vida de alguém. No entanto, nem sempre é fácil. As pessoas que atendo geralmente estão passando por momentos difíceis e mesmo sabendo o que fazer tenho que deixá-los viver seu próprio processo. Continuo acreditando no poder do amor e da bondade humana. Esse é o motivo pelo qual eu faço o que faço.

O mundo ainda tem muitas coisas para me oferecer. Existem tantos lugares para visitar, pessoas para conhecer e experiências para serem vividas, que sinto que ainda tenho muita coisa para explorar. Isso é algo que sempre me motivou a continuar aprendendo e crescendo como pessoa. Não importa quão velha eu fique, sempre haverá novas maneiras de ver as coisas e isso é algo que realmente me excita. Então, enquanto o mundo ainda tiver essa capacidade de me surpreender e enriquecer minha vida, sei que vou continuar buscando novas formas de explorá-lo.

Sou curiosa em minha tristeza. Me pergunto o que me deixou triste e o que poderia me fazer feliz novamente. Fico analisando as situações que levaram à minha tristeza, tentando entender esse processo. É difícil não ficar presa na negatividade e faço um acordo comigo de ficar mal no máximo dois dias, pois sei que posso encontrar a força para continuar.

Sou também curiosa em minha alegria. Gosto de descobrir o que me deixou feliz e tentar repetir essas experiências. Aproveito ao máximo os momentos bons, sabendo que eles logo passarão. Não fico fixada na positividade, mas sim no presente, desfrutando do agora enquanto posso.

Coragem não é escalar o Monte Everest ou mudar o mundo. Coragem é fazer aquilo que você tem medo de fazer, mesmo sabendo que pode não ter um final feliz. É enfrentar os seus demônios e combater as suas batalhas internas. É acreditar em si mesmo quando todos os outros duvidam de você. É persistir contra todos os obstáculos e nunca desistir de seus objetivos.

Escalar o Monte Everest é apenas uma das muitas coisas que exige coragem para serem feitas na vida. Mas a verdadeira coragem está nas pequenas coisas do dia a dia que nem sempre são tão glamourosas como escalar uma montanha. São as lutas silenciosas contra a ansiedade, depressão, baixa auto-estima e outras adversidades internas que todos nós enfrentamos em algum momento da vida. Ter coragem não significa que você nunca vai sentir medo ou insegurança — isso é impossível! Significa simplesmente reconhecer esses sentimentos quando eles surgirem e escolher agir mesmo assim. Afinal, a maior conquista da vida não é vencer os obstáculos externos, mas sim superar os desafios internos para se tornar a melhor versão de si mesmo.

Ninguém quer se machucar, mas às vezes isso é inevitável. Você pode machucar as pessoas sem querer, especialmente aquelas que você ama. Eles podem te machucar também — intencionalmente ou não. A vida não é perfeita e, às vezes, as coisas doem. Mas isso faz parte da existência humana e temos que aprender a lidar da melhor forma possível.

Todo o amor que eu der às outras pessoas, ele sempre vai encontrar um caminho de volta para mim. Ninguém é capaz de tirar isso da minha caminhada. É uma dádiva que o Poder superior me oferta, e é algo que sempre estará comigo. Lembre-se: todo o amor que você espalhar por aí, irá voltar para você multiplicado.

Coma sozinha, saia em encontros sozinha, durma sozinha e viva consigo mesma. No meio disso você aprenderá muito mais sobre si própria do que jamais poderia aprender com outra pessoa. Você começará a entender suas próprias necessidades e desejos, e aprenderá a seguir seu coração. Isto não significa que você nunca irá compartilhar sua vida com alguém, mas sim que antes de fazer isso você precisa conhecer a si mesma primeiro. Aprender a ser feliz sozinha é o primeiro passo para uma relação saudável e satisfatória.

Seja dona de quem você é e do que você quer para si mesma. Não deixe que ninguém te diga o que fazer ou como ser. Você tem o direito de escolher seus próprios objetivos e sonhos, e ninguém pode impedi-la de alcançá-los. Sua vida é sua, para fazer dela o que quiser. Você pode encontrar a felicidade em qualquer coisa, basta abrir os olhos e buscá-la. Não importa onde esteja ou o que está passando, sempre há algo bom para se concentrar.

Apenas lembre-se: você é dona da sua vida e pode fazer dela o que quiser. Então comece agora mesmo a criar a vida que você quer viver!

Parar de colocar meu valor nas mãos dos outros. Parar de deixá-los decidir o que sou capaz ou não. Não vou permitir que eles ditem como vou viver minha vida. Eu sei o meu valor, eu sei quem sou, e não vou permitir que as opiniões dos outros sobre mim, definam quem eu vou ser. Vou viver a minha vida do jeito que eu escolher, e vou fazer as coisas que acredito ser certas, independentemente do que os outros pensam.

Todos os dias ao acordar, pego minha vida de volta. Retiro de minha vida qualquer coisa que alimente a negatividade dentro dela. Isso pode incluir um sentimento negativo em relação a alguém, uma situação estressante ou até mesmo um pensamento negativo sobre mim mesma. Ao fazer isso, sinto que estou me colocando novamente no controle da minha vida e retomando o controle de meus pensamentos e sentimentos.

As pessoas em minha vida foram embora porque não estavam prontas para me valorizar e me amar. Eu era apenas um lugar-comum para elas, alguém que podiam ver todos os dias, mas nunca realmente conhecer. Elas não se deram ao trabalho de descobrir quem eu realmente sou — o que eu gosto, o que me motiva, o que me faz rir. Se elas não me valorizam e me amam, as deixo partir.

Não me fechar para a felicidade. Continuar com a porta e as janelas abertas; é assim que a luz entra. A felicidade não está em um lugar específico — pode estar ao seu alcance, mas você precisa estar atenta/o para percebê-la. Às vezes, ela pode ser encontrada nas coisas mais simples, como um sorriso de um amigo ou uma boa noite de sono. Outras vezes, ela pode ser alcançada após superar desafios e conquistar objetivos. Não há regras rígidas para encontrar a felicidade, basta manter os olhos e o coração abertos para ela.

Ter esperança todos os dias. Isso significa acreditar que algo de bom pode acontecer e que, independentemente das circunstâncias, as coisas vão melhorar. Significa também enfrentar as adversidades com coragem e persistência, sabendo que há um potencial para o sucesso. Esperança é a chama que guia o nosso caminho quando estamos no escuro e nos dá forças para superar qualquer obstáculo. É o combustível para a nossa viagem rumo à realização dos nossos sonhos. Sem esperança, ficamos paralisados pelo medo do fracasso e incapazes de avançar. Com esperança, somos capazes de perseguir os objetivos mais audaciosos e transformar as situações mais adversas em oportunidades maravilhosas.

Eu sou meu melhor investimento. Você é seu melhor investimento. Isso significa que, se você quer ter sucesso na vida, precisa investir em si mesmo. Precisa se educar, crescer pessoal e profissionalmente, e desenvolver suas habilidades. Tudo isso leva tempo e esforço, mas vale a pena. Quanto mais você investir em si mesmo, mais chances terá de alcançar seus objetivos. Não existe fórmula mágica para o sucesso, mas se você trabalhar duro e persistir, pode conquistar tudo o que deseja na vida. Lembre-se: você é o único responsável pelo seu sucesso — ninguém conseguirá fazer isso por você. Portanto, invista em si mesmo hoje e construa um futuro brilhante!

Nem toda pessoa com quem nos sentimos profundamente conectados é alguém com quem podemos ter um lar dentro de nós. Às vezes, essa pessoa é apenas um amigo ou ente querido que está sempre presente em nossos pensamentos e corações. Outras vezes, podemos nos sentir atraídos por alguém que nem sequer conhecemos, mas sabemos que existe uma ligação especial entre nós. No entanto, nem todas essas pessoas são destinadas a fazer parte de nossas vidas de maneira mais íntima.

Eu sou a pessoa certa para me amar. O resto virá naturalmente, se eu me amar primeiro. Se eu for capaz de me dar todo o amor e cuidado que preciso, então as outras coisas — como um relacionamento satisfatório, uma carreira bem-sucedida, etc. — tendem a se encaixar também. Vou permitir que as coisas boas aconteçam na minha vida, e vou abraçar as coisas ruins como parte da experiência de viver. Sei que posso contar comigo mesma para me apoiar, e isso é o mais importante.

Não tenho que esconder minhas feridas. Posso mostrá-las a quem eu quiser, sem medo ou vergonha. Elas são parte de mim, e eu as aceito. Tenho cicatrizes que falam da dor que já senti, mas também da força que encontrei para superar os obstáculos. São lembranças das batalhas vencidas e dos momentos em que pensei que não aguentaria mais. Mas estou aqui, viva e com um novo olhar sobre a vida. Aprendi a valorizar o presente e a não deixar as feridas do passado me afetarem negativamente. Sei que elas fazem parte de mim, mas não me define.

Meus 40 anos

Foi aos quarenta anos que olhei dentro dos meus olhos pela primeira vez e tive a coragem de dizer "Eu te amo". Naquele dia, chorei muito ao proferir essas palavras para mim mesma, mas foi um momento extremamente libertador.

Somos criadas numa sociedade que é expert em lucrar com nossa falta de amor-próprio, culpa, dúvida, solidão, separação e inadequação. A sociedade nos ensina desde cedo que os sentimentos de inferioridade são normais e que nunca seremos boas o suficiente. Isso nos leva a buscar aprovação constantemente dos outros e à procura de formas de compensar essas emoções. A sociedade capitaliza sobre nossos medos e inseguranças para nos manter consumindo produtos e serviços que prometem acabar com esses sentimentos. Passamos a maior parte da vida perseguindo uma felicidade externa, acreditando de forma errônea que ela virá através do dinheiro, da fama ou das relações românticas. Quando percebemos que essas coisas não trazem a felicidade que estamos procurando, muitas ficam presas em um ciclo de compras compulsivas, endividamento e insatisfação crônica.

Passamos anos de nossas vidas à margem da sociedade, nos achando um patinho feio. Escondemos nossa luz e negligenciamos o quanto somos maravilhosas/os, a fim de deixar as outras pessoas confortáveis. Isso acontece porque aprendemos a acreditar nas mensagens negativas que recebemos da sociedade que somente aqueles que se encaixam em certos padrões são valorizados. Mas essa forma de pensar é completamente errada! Cada um de nós tem uma beleza única e especial, e é importante lembrar-se disso. Não

ECW - #0311 - 061026 - C0 - 297/210/22 - PB - 9786500653557 - Matt Lamination

precisamos mudar para agradar os outros, precisamos apenas ser nós mesmos.

Somos seres divinos e cheios de luz. Isso mesmo que você leu, somos divinos. Sim, você é "divina" e "divino". Você já é perfeita na sua imperfeição. Você é a pura beleza de todo esse universo, você viajou tempos e espaços para se expressar. Ao longo da nossa existência, vamos experimentando diversas formas de expressão através da música, da arte, da dança, dos relacionamentos, do trabalho... enfim, há infinitas maneiras pelas quais podemos nos manifestar.

Cada uma dessas experiências nos ajuda a compreender um pouco mais quem realmente somos. À medida que vamos despertando para a nossa verdadeira natureza divina, começamos a ver o mundo com outros olhos. Deixamos de lado o julgamento e o preconceito, abraçamos a diversidade e passamos a valorizar as diferenças. Nos tornamos seres compassivos e amorosos, capazes de enxergar o potencial divino em cada ser humano. Uma vez que nos reconhecemos como seres divinos, tudo fica mais claro: entendem?

Não vim aqui te ensinar nada que seja fenomenal, mas para te lembrar da beleza que existe dentro de você. Seu DNA foi codificado com "AMOR", só estou aqui para te mostrar através da minha história como recuperar o que é seu por direito. Já passei por muitas coisas na vida e posso dizer com certeza de que o amor é a força mais poderosa que existe. Ele nos motiva a lutar pelo que queremos e nos dá forças para superar qualquer obstáculo. Quando tudo parece perdido, o amor é a chama que mantém a esperança viva no nosso coração. Se você já esqueceu como se sentir amado e quer recuperar essa sensação, basta olhar dentro de si mesmo. Tudo o que precisa está ali, guardado em seu DNA. É só uma questão de despertar esse sentimento e permitir que ele flua livremente em sua vida.

Sim, o amor é direito de nascença de todos e existe uma voz interior que é seu guia, apesar de muitas vezes você não ouvir essa voz ou não acreditar nela. Ela quer que eu diga para você que você é "luz" e que nos encontramos por um motivo. Você tem um propósito nesta vida e esse propósito é iluminar o mundo com sua presença. Siga a sua voz interior e permita-se ser guiado pelo amor.

Nossas histórias se cruzaram porque era preciso, assim como aprendi com pessoas maravilhosas agora é chegada a hora de você aprender comigo e assim sucessivamente. Aprendi que podemos nos fortalecer mutuamente e que, quando fazemos isso crescemos juntos.

Essa "LUZ" que te ilumina é seu maior poder. O poder superior jamais te abandonou, ele nunca esteve separado de ti e não é ilusão. Você pode ter passado muitos anos de sua vida pensando que não merecia ou até ter perdido sua fé, mas agora chegou o momento de você acordar para a verdade. Sua luz interior sempre esteve presente, mesmo quando você estava caminhando nas trevas. Ela sempre esteve lá brilhando para mostrar-lhe o caminho de volta para a plena consciência.

Não será fácil voltar para casa, mas você fará inúmeras descobertas e despertará de um sono intensamente profundo. Ao longo do caminho, você encontrará obstáculos e desafios, mas também muitas recompensas. Você verá paisagens deslumbrantes e conhecerá pessoas fascinantes. Sua jornada será repleta de aventuras e surpresas, e você aprenderá muito sobre si mesmo neste processo. No final, você terá um novo senso de propósito e direção, além de uma profunda compreensão da natureza humana.

Você é um ser maravilhoso, independente do que tenha vivido até hoje. Você é tão importante quanto o sol que nos aquece e os oceanos que sustentam a vida. Todos nós estamos aqui para sermos a nossa melhor versão, é nosso direito. Estou comprometida em ser a minha melhor versão, diariamente. Isso significa estar presente nas minhas relações, ter uma atitude de gratidão, cuidar da minha saúde física e mental. Tudo porque sei o quão valiosa sou, todos nós somos. Aprecie as suas conquistas e inspire-se para continuar crescendo e evoluindo como Ser Humano Maravilhoso.

Aprender é uma das melhores coisas que você pode fazer por si mesmo. Sempre há algo novo para descobrir e, à medida que você aprende, você se redescobre. Sua voz é um instrumento único e brilhante, aprender a usá-la de forma criativa e expressiva pode transformar sua vida. Não reprima suas emoções, mas aprenda a lidar com elas de forma saudável e positiva. A autoconsciência é tudo! Conhecer seus limites e saber o que te faz sentir bem são os primeiros passos para uma vida mais feliz e plena. Não sentir vergonha do seu passado é importante. Aprenda com os erros que cometeu e siga em frente. Não se castigue por ter feito o melhor que podia naquele momento, com base nas informações e conhecimentos que tinha na época. É hora de despertar e mudar para um novo jeito de ser.

Escolha viver conscientemente! É hora de usar seu poder pessoal sem receios, abraçar as oportunidades desse mundo e parar de viver de migalhas de felicidade. Você é capaz de muito mais do que imagina, então não tenha medo de sonhar alto e lutar! Você tem o poder dentro de si para transformar sua vida em algo extraordinário, mas isso só acontecerá se você tomar a iniciativa e abraçar as oportunidades com coragem. Não permita que o medo te paralise, sonhe alto e lute pelos seus objetivos! Com determinação e força de vontade, você superará qualquer obstáculo que surgir no seu caminho.

A vida é muito curta para desperdiçar tempo com coisas que não nos fazem felizes. É por isso que devemos escolher viver de forma consciente e aproveitar ao máximo cada momento da jornada. É importante lembrar que nem todas as coisas na vida são capazes de nos proporcionar felicidade. Muitas vezes, podemos encontrar satisfação em atividades que parecem inúteis ou mesmo contraproducentes. No entanto, se essas atividades não estiverem alinhadas com os nossos objetivos e valores, elas provavelmente não farão parte da nossa felicidade. Por outro lado, é preciso saber aproveitar as experiências positivas da vida, pois elas são preciosas e raramente permanecem por muito tempo. Aproveite ao máximo os bons momentos e saboreie-os plenamente! Isso significa estar presente no agora e apreciar o que está acontecendo, sem se preocupar com o passado ou com o futuro.

É hora de se libertar das suas crenças limitantes passadas e tudo que impediu o seu caminho até agora. É hora de acreditar em si mesmo e se permitir crescer e evoluir. Você precisa renunciar ao que o prende no passado e dar um passo à frente para alcançar o seu potencial. Isso significa assumir a responsabilidade pelas suas escolhas, aprender com os erros cometidos e superá-los. É hora de olhar para a vida com um novo olhar, cheio de esperança, determinação e coragem. Não importa quanto tempo levou para chegar até aqui, o importante é não desistir agora. Tudo é possível quando você acredita em si mesmo!

É hora de abrir mão da insegurança e seguir em frente com confiança e determinação. É hora de buscar a felicidade e viver a sua vida plenamente. É hora de ser livre! Libere-se da ansiedade e do medo de que o impedem de agir. Busque a coragem dentro de si mesmo e enfrente os seus problemas com força. Não permita que as dificuldades venham à tona e assumam o controle da sua vida.

Espero que cada palavra penetre o mais profundo do seu ser e limpe suas feridas. São apenas palavras, mas elas carregam um poder transformador. Elas podem tocar o seu coração e curar as suas dores. Elas são capazes de trazer alegria e esperança para o seu coração em meio à tristeza e à dor. Palavras são importantes, pois elas podem mudar o rumo da sua vida. Elas podem inspirá-lo a lutar pelos seus sonhos e a acreditar que tudo é possível.

Deixe-se abraçar pelo amor e pela compaixão que estas palavras trazem e deixe-se levar para um lugar de tranquilidade e paz. Sinta o calor do abraço, a suavidade das mãos e o cheiro de jasmim no ar. Deixe as palavras te envolverem numa rede de segurança, onde nada é impossível e tudo é possível. Acredite nos seus sonhos, pois eles são o que te mantém vivo(a). Sinta a emoção de estar desperto, o toque do vento em seu rosto delicadamente. É hora de recomeçar, de se permitir sentir novamente. Abra-se para este mundo que te espera com braços abertos e acolhedores.

Não importa o que você está passando, saiba que há alguém que te enxerga e ouve sua dor. Esse alguém é o Poder Superior, que te ama profundamente. Você não está sozinho e pode contar com esse amor incondicional em todas as situações da sua vida. Esse Poder Superior estará com você sempre, mesmo quando os seus amigos e familiares não puderem estar. Ele nunca irá abandonar você, nem mesmo nos momentos mais difíceis. Sempre que precisar de ajuda, basta fazer uma oração e pedir para esse Poder lhe mostrar o caminho certo a seguir.

Não estamos sozinhos nesse mundo. Todos os seres humanos estão interligados uns aos outros, independentemente de quaisquer diferenças. Somos parte de um grande todo e somos responsáveis uns pelos outros. Podemos sentir isso quando nos unimos para lutar contra uma injustiça ou apoiar aqueles que precisam. Quando fazemos isso, percebemos que não estamos sozinhos e que há força em número.

Eu desejo que você tenha esperança e coragem todos os dias. Esperança para enfrentar os problemas e coragem para superá-los. Esperança para acreditar em si mesmo e coragem para seguir em frente. Esperança para ver o lado bom das coisas e coragem para mudar as que estão erradas. Lembre-se, você é mais forte do que imagina!

Sincronicidade da vida

Durante os primeiros trinta e nove anos de minha vida, aconteciam frequentemente as mesmas experiências, fazendo-me sentir intrigada. Ocorreram traições, homens inacessíveis, pessoas que tiravam proveito de mim e não me diziam a verdade com muita facilidade. Este padrão me abalava emocionalmente e em diversos aspectos.

Durante anos, dediquei-me ao esforço de aprender a avaliar com precisão as intenções das pessoas à minha volta. Assim, foi possível distinguir quais desejavam sinceramente o meu bem e quem focava mais em se beneficiar. Afinal, isso é essencial para confiar plenamente no outro e sentir-se segura. Eu compreendi que existem homens — e mulheres — dignos de confiança; aqueles com quem posso me abrir sem medo de ser enganada ou traída. Graças a tudo isso que vivi e conquistei durante esta jornada pessoal, cheguei exatamente onde sou hoje: feliz por ter conseguido estabelecer um relacionamento saudável!

Se você também está passando por esse processo de identificar as intenções dos demais, não desista! Acredite em si mesmo e na sua capacidade de observação! Porque essa habilidade te permitirá evitar frustrações futuras. Todo esse contínuo aprendizado preparou-me para desfrutar do presente. Comprometa-se consigo mesmo a crescer cada dia mais para conquistar seus sonhos e verdadeiramente usufruir da vida! Vença qualquer barreira que possa surgir no seu caminho ávido por realizações!

A vida me enviava constantemente sinais invisíveis do universo. Muitas vezes me perguntei como certas pessoas que conheço estão tão ligadas com suas vidas. Eles parecem ser boas planejadoras, mesmo quando a vida lhes joga algo inesperado. A sincronicidade teve algo a ver com isso? Eu estava tão ocupada vivendo a minha vida, mas não estava participando.

Se não acreditássemos que o universo espelha nosso pensamento e tem a capacidade de realizar nossos desejos, por que sentimos essa necessidade de continuar implorando? Por que instintivamente proferimos palavras como: "Que se realize meu desejo", "Eu espero que isso dê certo" ou "Por favor, só desta vez"?

Não há motivo para duvidar de que o universo vai atender às nossas necessidades. Há forças invisíveis atuando para guiar-nos rumo a tudo aquilo que é bom. Os desejos mais sinceros são capazes de nos conectar a esta energia positiva e trazer os resultados desejados. É quase como se hipnotizássemos as pessoas e as situações para conseguirmos tudo aquilo que queremos, só precisamos acreditar no poder da sincronicidade e ficarmos de olhos bem abertos.

Elza foi minha madrinha de casamento e quando nos encontrávamos, ela me dizia que eu trazia luz para o mundo e que ajudaria muitas pessoas a ter esperança. Apesar de na época não acreditar nas palavras dela, a vida me mostrou que havia muito de verdade naquilo que era dito. Eu sempre tive dificuldades para confiar nas pessoas, mesmo àquelas que eu gostava muito. Entretanto, as amizades, os livros e principalmente as músicas desta época me mostravam que algo estava se movendo em direção à minha felicidade; mas ainda assim, passava por momentos complicados e terríveis. Acontecia, porém, alguns eventos especiais que me faziam lembrar daquilo que Elza falara anos antes. Nesta altura da vida decidi acreditar em mim mesma, comecei a sentir-me uma pessoa valiosa com luz própria dentro de si. Foi a partir deste momento que tudo mudou no meu universo e agora posso dizer com toda certeza que sou muito feliz! Aquilo que perdi foi necessário para entender o real valor da vida e compreender tudo aquilo que jamais poderia fazer parte do meu mundo.

A sincronicidade é uma realidade que nos acompanha no dia a dia. Ela está presente em todos os lugares e, para aqueles que tiverem discernimento suficiente para notá-la, torna-se cada vez mais palpável. Esta expressão foi cunhada pelo grande psicólogo Carl Gustav Jung na década de 1920 e desde então quem a descobriu jamais foi o mesmo. Buscar compreender essa ligação profunda entre os acontecimentos do nosso universo é algo extremamente transformador para quem se propõe a isso, pois as possibilidades que abre são incontáveis. Aprender a enxergar esse elo entre eventos diversos com percepção de espírito livre, incentiva um olhar mais consciente sobre nossas vidas, guiando-nos para o autoconhecimento e nos ensinando cada vez mais sobre o universo; nos oferecendo assim respostas onde pensaríamos não haver.

Todos nós estamos interligados, mesmo que muitos de nós se neguem a aceitar e até a reconhecer. Esta poderia ser, inclusive, uma grande verdade: "Não queremos admitir". Mas por que será que rejeitamos enxergar isso? Será que por medo de confrontar alguma realidade desagradável ou desconfortável? Talvez sim. De qualquer forma, é necessário abrir os olhos e compreender todos aqueles laços invisíveis que nos unem. Ainda assim, por mais difícil e doloroso que seja, tudo aquilo ao nosso redor parece estar conectado, este é um fato inegável que precisa ser entendido para melhorar o nosso entorno. Por isso, vamos abraçar essa realidade com coragem e determinação para tornar nosso mundo um lugar melhor!

O Dr. Carl Jung, em suas análises profundas, definiu a sincronicidade como a "ocorrência simultânea de dois eventos significativos, porém não necessariamente conectados causalmente". Quanto à minha prática psicoterapêutica, é possível afirmar que experimento sincronicidades com certa frequência. Estou convencida de que existe uma força maior na vida das pessoas, algo que nos lembra o quanto somos conectados uns aos outros; algo mais profundo além daquilo que pensamos e sentimos. Ao mesmo tempo em que trabalhamos para entender as motivações inconscientes dos pacientes durante o atendimento terapêutico, também descobrimos um conjunto de sinais e coincidências que nos remetem à provável existência de leis universais inexplicadas ainda pelo campo científico. Assim, podemos concluir tranquilamente que a sincronicidade tem um papel bastante relevante na vida humana e cabe a nós compreender melhor esse mistério no qual estamos todos inseridos desde o início dos tempos.

F. David Peat, no seu livro Synchronicity: The Marriage of Matter and Psyche, sugere que as sincronicidades podem ser de grande ajuda para aqueles que desejam avançar em uma esfera não explorada de suas vidas, contudo é um percurso que deve ser feito sozinho. Assim, a sincronicidade pode servir como um rico portal para o autoconhecimento e o desenvolvimento pessoal. A partir dela, é possível traçar os caminhos necessários para atingir a plenitude e a felicidade tão aneladas. Além do mais, quando entendemos os conceitos básicos desses fenômenos, nos tornamos mais aptos a apreciar melhor as nossas próprias experiências e descobrimos possibilidades antes inatingíveis. Em outras palavras, é como se tivéssemos à disposição uma chave para abrir portais infinitamente ricos e diversificados. Portanto, encare essa jornada individual como uma chance única de dar um salto rumo à evolução e realizações incríveis!

Carl Jung, animado pela conversa com Albert Einstein e pelo incentivo de Wolfgang Pauli — importante contribuidor à mecânica quântica — decidiu escrever a respeito da sincronicidade. Esta teoria apresenta paralelos fascinantes com o fenômeno do emaranhamento, que permite que partículas afastadas consigam se interligar instantaneamente. Entretanto, a sincronicidade envolve também outro sentido: os significados mais profundos que ela engloba. Assim sendo, Jung usou suas trocas com Einstein e a referência de Pauli para investigar este mistério da natureza além das fronteiras do tempo e da consciência. É inegável perceber que existe algo superior nesta criação universal e isso nos abre portas para acessarmos uma parte negligenciada na nossa realidade. Uma jornada recheada de sabedoria ancestral e insight necessários para guiarmos as nossas escolhas em direção ao bem-estar! A oportunidade é única!

A sincronicidade transcende a capacidade humana de entender, ao ultrapassar as restrições espaciais e temporais. Por exemplo, podemos ter a experiência de ligar para alguém que também está fazendo o mesmo. Estas situações peculiares tendem a nos tirar do sério, pois constatamos que existe algo muito maior do que nossa limitada compreensão. Estas cenas sincronizadas indicam que todos os acontecimentos possuem uma forte ligação entre si, conectando-nos à realidade. Acreditamos que todos temos acesso a estes sinais de união, quer gostemos ou não. Destarte, urge desafiarmos nossa mente e abraçarmos aquilo que é desconhecido para descobrirmos este aspecto misteriosamente maravilhoso da vida e as conexões a ela envolvidas.

Ao adentrarmos neste território inexplorado seremos capazes de aprender coisas sobre nós mesmos e sobre como podem surgir novas formas de interagir com o mundo à nossa volta. Esteja aberto, pois você pode encontrar soluções inimagináveis para problemáticas antigas e assim transformar sua visão dos fatos e acabar com antigos paradigmas. Aceite este convite para mergulhar nas incógnitas deste universo multifacetado!

Situações que considero chaves da sincronicidade:

1- Você se pergunta por que não consegue sair desse círculo vicioso de experiências repetidas e ensinamentos recusados? Se analisar com atenção, poderá perceber que está preso por algum motivo. Talvez você precise ser mais aberto a novos conhecimentos ou talvez o medo esteja lhe impedindo de alcançar seus ideais. É preciso entender que mudanças são necessárias para que possamos alcançar as metas estabelecidas. Não somente isso, elas nos ajudam a nos tornarmos melhores tanto intelectualmente quanto espiritualmente. Aprender coisas novas permitirá abrir sua mente e coração, mostrando às outras pessoas todo o potencial que você realmente tem. Portanto, não tenha medo de tentar novas experiências nem de absorver novos conhecimentos. Você será capaz de gerar transformações em sua vida extremamente benéficas e satisfatórias!

2- Você já parou para pensar a respeito de quem você atrai para a sua vida? Por que as pessoas que te traem ou te maltratam tanto conseguem entrar na sua vida? Será que existe um padrão comum entre elas e você está aceitando inconscientemente esse perfil? Sejam essas pessoas amigos, colegas de trabalho ou parceiros amorosos, é importante refletir sobre isso. Todos nós acabamos atraindo pessoas em nossa vida de acordo com o nosso estado emocional e mental. Entender qual é esse estado é imprescindível para termos maior consciência dos nossos sentimentos e decisões, assim como das outras pessoas.

Quando você percebe por que certos perfis entram na sua vida, você começa a compreender melhor quem realmente tem valor para você. Percebendo as qualidades relevantes em alguém e aquelas que já sabemos não funcionarem bem para nós, podemos escolher melhor com quem realmente desejamos passar tempo. Pense com cuidado antes de permitir alguém a ficar mais próximo. Busque saber se são pessoas comprometidas e solidárias, dispostas a contribuir de forma saudável para o seu crescimento e bem-estar; afinal, somente por meio delas é que poderemos sentir as verdadeiras experiências da vida. Assim, buscando ser seletivo quanto àqueles que merecem ter lugar na sua vida — sem medo de magoar os outros — terás aqueles que desfrutam do seu carinho e devolvam-no multiplicado.

2- A vida nos apresenta importantes oportunidades de crescimento e desenvolvimento. Algumas vezes, você já se deu conta do quanto o universo estava lhe convidando a evoluir? Será que não é hora de aceitar esse chamado e começar a trilhar um novo caminho? É inevitável que, para alcançarmos nossos objetivos, tenhamos que passar por uma série de etapas de amadurecimento. Seja qual for nossa trajetória, somente olhando com atenção para as experiências que a vida nos oferece é que encontraremos a motivação necessária para alcançarmos o autoconhecimento e o desenvolvimento pessoal. Por isso, reflita sobre esses momentos em sua existência e veja quais são os possíveis benefícios em buscar um novo patamar na sua realização como ser humano!

3- Muitas vezes, nos deparamos com portas que se fecham no passado e ficamos desolados. Pode ser um romance que chega ao final, ou a possibilidade de perder o emprego. Nessas horas, podemos nos sentir injustiçados e pensar que a vida não é justa. Porém, não podemos esquecer que ela só está nos convidando a acreditar na direção necessária para reconstruir nossas vidas. No começo, pode ser difícil aceitar o fato de termos de lidar com uma situação difícil e complicada. No entanto, é preciso ter força de vontade e coragem para continuar avançando, mesmo quando parece que tudo está acabado. Se permitirmos fincar raízes neste pensamento, entenderemos melhor as situações difíceis pelas quais passamos e passaremos por tudo mais rápido do que imaginamos. É importante remover os medos e incertezas do futuro e ter fé nas próprias habilidades para reconstruir algo melhor do que antes! Essa é uma lição muito valiosa para todos nós. A vida é cíclica e nem tudo precisa durar para sempre. Quando uma etapa termina, outra começa. Não se permita ficar preso nas recordações do passado; procure aceitar novos desafios e lidar com os obstáculos com força e determinação. Acreditar no direcionamento da própria existência pode ser difícil quando somos incompreendidos ou deixamos algo para trás, mas na maioria das vezes, é exatamente isso que nos conduz à felicidade!

4- Ao vivenciar algo que também é vivido por outras pessoas, você toma consciência disso através de um filme, um livro ou ainda pela experiência relatada por seu terapeuta. Esta mesma situação é chamada sincronicidade, e é capaz de nos conectar e nos fazer refletir sobre nossos sentimentos. Neste momento você está sendo convidado a experimentar uma forma diferente de pensar: que existem outras pessoas passando pelas mesmas situações e sentimentos que você. Essa sincronicidade entre as vivências de diversos indivíduos possibilita um encontro com os próprios sentimentos em meio às experiências alheias. Conectando-se com aqueles que compartilham sua trajetória, você será capaz de redescobrir-se a si mesmo e viver em plenitude. É necessário buscar essa consciência para assim, finalmente, tornar-se dono da própria história!

5- A vida lhe convida constantemente a despertar para um novo nível de consciência e compreensão. À medida que você se aprofunda no autoconhecimento, começa a entender que existem muito mais possibilidades disponíveis quando escolhemos crescer de forma ininterrupta. Acredite, é possível alcançar o que deseja! Cada vez que permitimos nos abrir para realizar as nossas metas, somos capazes de ir além do nosso próprio limite e estabelecer um salto em direção a versões melhoradas de nós mesmos. Então, incentive-se! Se comprometa com o seu crescimento pessoal e autodesenvolvimento. Tais mudanças contribuirão para sua saúde mental, espiritual e emoional a longo prazo. Siga adiante e permita-se evoluir incessantemente. Aceite este convite à transformação!

7- A sincronicidade é o que nos dá a oportunidade de viver em tempos de incerteza e desafios sem medo. Ela nos permite entender o mesmo idioma e falar as mesmas palavras, servindo como guia para seguirmos firmes por onde desejamos ir. Quando nos deparamos com este fenômeno, temos a chance única de olharmos dentro de nós e descobrirmos aquilo que queremos alcançar. Por isso, experimente esta energia encantadora que conecta todas as respostas necessárias às nossas perguntas. Permita-se abraçar este sentimento para que sua voz interior possa ser escutada! Aproveite a chance única que você tem de se conhecer melhor, pois é ela quem guiará os seus passos rumo àquilo que você mais deseja. Respire fundo essa experiência inigualável da sincronicidade e saiba que ela pode ser usada para realizar mudanças significativas na sua vida. É ela quem te acalenta e te aponta para a felicidade plena, onde tudo está diretamente ligado a você. Então, abrace-se e dê voz à sua alma através deste poderoso universo!

FCW - #0311 - 061036 - CO - 297/210/22 - PB - 9786500653557 - Matt Lamination

A sincronicidade pode permitir que você acesse seu potencial e sirva como um guia para encontrar o seu verdadeiro eu. Segundo Jung, ela pode ajudá-lo em sua jornada na busca da individualidade. Por isso, possibilita um meio de despertar para toda força que há dentro de você, te dando as ferramentas necessárias para descobrir quem realmente é. Esta etapa do autoconhecimento não é fácil, mas vale muito a pena, pois trará um crescimento pessoal enorme. Investir tempo e energia nesta jornada significa desenvolver habilidades que podem melhorar sua vida, bem como abrir portas para novas oportunidades incríveis. Na saga rumo à sua individualidade nunca estará sozinho(a), pois a sabedoria da sincronicidade lhe guiará passo a passo.

Carl Jung acreditava que, com o passar do tempo, é possível desenvolver a capacidade de identificarmos e aproveitarmos as sincronicidades. Para alcançar essa habilidade, precisamos estar em contato com nosso mundo interior e mantermos consciência das circunstâncias que nos cercam. Por meio da ampliação da percepção dos fenômenos sincrônicos, abrimos um universo de possibilidades para nossa motivação e êxito pessoal e profissional. Quando entramos em contato com aquilo que chamamos de magia presente nas coincidências cotidianas, descobrimos infinitas formas de construir relacionamentos saudáveis, alcançar objetivos ambiciosos e ter sucesso na vida. Aprender a discernir os laços invisíveis criados pela sincronicidade proposta por Carl Jung traz satisfação total para nossas vidas! Nesses tempos cada vez mais atribulados, é importante nunca perdermos essa ligação tão especial que tem a oferecer — seja para orientar nossas decisões ou para nos ajudar a encontrar novas possibilidades de desenvolvimento pessoal.

A frase célebre proferida por Jung é extremamente significativa para mim: “A sincronicidade é uma realidade sempre presente para quem tem olhos para ver.” Esta sentença nos lembra que o universo está repleto de mistérios e que há muito o que observar. Em outras palavras, se formos capazes de nos conectar com a energia do nosso próprio intelecto e se dispormos a enxergar as coisas além da superfície, descobriremos respostas para os nossos dilemas.

Tomando como base essa ideia, podemos dizer que precisamos desenvolver uma consciência mais elevada para perceber tudo aquilo que existe ao nosso redor. Assim, passaremos a enxergar o quanto as coisas estão interligadas e entender com maior facilidade os milagres simples da vida cotidiana. A sincronicidade tem um papel fundamental em nossa jornada de autoconhecimento e consciência espiritual, portanto, ela deve ser compreendida com toda a seriedade possível. Se abrirmos os olhos e dermos um passo à frente na direção dos acontecimentos inexplicados, daremos início a uma existência preenchida por momentos transformadores.

Você foi chamado aqui para ler meu livro e expandir seus conhecimentos, pois tenha certeza: todos nós estamos profundamente interligados. O que você vai tirar desta experiência só depende de você mesmo. Se você estiver disposto a ouvir o que a vida tem a te oferecer, esse livro trará uma jornada de desenvolvimento pessoal. Você aprenderá novas técnicas para enfrentar as dificuldades da melhor forma possível e fazer de sua história algo realmente notável. Então, desfrute cada palavra do livro como um presente precioso algo que contém informações valiosas e reflexões profundas sobre como vivemos hoje. Não perca essa grande chance de descobrir algo incrível dentro de si mesmo. Independentemente do resultado, há sempre algo positivo a ser ganho!

Escolha Florescer

Muitas vezes, precisamos experimentar a escuridão da morte dentro de nós para que possamos florescer com esperança e coragem. A dor é inevitável, mas ela nos ensina o valor da vida. Sempre que pensamos que não suportaremos mais, surgem forças inexplicáveis que nos permitem continuar. A dor faz parte do caminho para a cura e a esperança sempre está presente mesmo nas situações mais sombrias. É preciso ter coragem para enfrentar os desafios da vida, mas também saber apreciar as pequenas coisas. Ainda que estejamos rodeados de escuridão, podemos encontrar algo de belo e repleto de vida se abrirmos nossos olhos e corações para isso.

Quando olhamos para a natureza, vemos que ela sempre está em constante evolução. As árvores crescem, as flores brotam e os animais nascem. A natureza nos mostra que o crescimento é natural e necessário para a sobrevivência. Da mesma forma, precisamos estar sempre em evolução para podermos florescer e prosperar. Às vezes, pode ser difícil enxergar o potencial que temos dentro de nós mesmos. Pode ser fácil desistir quando as coisas ficam difíceis ou quando não conseguimos alcançar imediatamente os resultados que esperamos. Mas seja qual for o seu objetivo na vida, lembre-se sempre de que você é capaz de alcançá-lo. Basta acreditar em si mesmo e persistir.

Aprendi que há muitas coisas fora do meu controle, mas eu posso controlar a maneira como respondo às adversidades. Aprendi que as pessoas podem machucar você, mas você não precisa se deixar definir por isso. Aprendi que o mundo pode ser difícil, mas eu tenho o poder de mudar o meu mundo. E aprendi que a escolha de florescer é uma promessa de vitória. Eu escolho acreditar nas coisas boas da vida. Escolho perdoar as pessoas quando elas me machucam. Escolho abraçar os desafios com coragem e determinação. Escolho ver o bem em todas as situações. Escolho ser grato pelo que tenho, mesmo quando as coisas não estão indo tão bem assim. E acima de tudo, escolho florescer, porque sei que sou forte o suficiente para enfrentar as adversidades que aparecerem em meus caminhos.

Há algo de muito especial em florescer. É a natureza da vida seguindo seu curso, mesmo quando tudo está difícil. A beleza de florescer é que podemos sempre escolher como responder às adversidades da vida. Podemos ficar amargurados e ressentidos, ou podemos usar as lições aprendidas para nos tornarmos pessoas melhores. A escolha é nossa, mas eu prometi a vida que vou sempre escolher florescer. Mesmo quando as coisas ficarem difíceis, vou me lembrar que a adversidade pode me fortalecer e me ajudar a crescer. vou continuar lutando pelo que acredito, porque sei que a vitória está logo ali na frente.

Continuar é o que nos dá a chance de florescer. Sem ela, somos apenas uma estufa cheia de plantas murchas. Continuar é o que nos sustenta quando as adversidades da vida surgem e ameaçam nosso bem-estar. Florescer é um ato de coragem, é um ato de escolha. É uma promessa que fazemos a nós mesmos de que, apesar das circunstâncias, seremos capazes de superar qualquer obstáculo e encontrar a felicidade novamente. Não importa quantas vezes caímos, sempre podemos levantar e continuar a caminhada rumo à vitória. Não importa quanto tempo demore para chegar lá, o importante é nunca desistir de florescer.

Para cada flor que você vê florescer, há dezenas que não foram abertas pelo sol. Elas permanecem nas sombras, esperando o momento certo para se revelar. Às vezes, elas nunca chegam a essa etapa e murcham sem que ninguém as veja. Outras flores passam sua existência toda sem se abrir, mas isso não significa que elas sejam inúteis. Elas podem continuar sendo bonitas e perfumadas mesmo em seu estado natural.

Florescer é doloroso sim, mas necessário para crescer. Passar por esta fase da vida pode ser complicado e exigir muito de nós, mas é um processo fundamental para o nosso desenvolvimento. Aprendemos a lidar com as adversidades e superar os obstáculos que surgem no nosso caminho, aprendendo assim a valorizar ainda mais a vida. É uma jornada de resiliência e autoconhecimento, em que temos que olhar para dentro de nós mesmos para descobrirmos quem somos de verdade. É um caminho longo e árduo, mas certamente vale a pena percorrê-lo. É um caminho de renascer dentro de si mesmo. Tudo parece tão novo, tão incerto, mas é preciso seguir em frente, a vida não para e você precisa acompanhar o ritmo. O medo está presente, mas você tem que enfrentá-lo e superá-lo. Só assim chegará ao seu destino final: uma versão melhorada de si mesmo.

Eu gosto de pensar que todos nós precisamos dos pedaços mesquinhos da vida para saborear o bem. Se a vida realmente fosse perfeita, seríamos felizes? Não deixe que o mal o defina, mas aprecie-o em sua estranheza. Aprenda com as experiências adversas e cresça com elas. É disso que a vida é feita: equilibrando os extremos, para que possamos valorizar o bem quando ele acontece.

Digo isso para mim todos os dias. "Você pode ser extremamente feliz, mas somente se você permitir. Seu ego e dúvidas são o que realmente podem mantê-la infeliz. Outra pessoa nunca poderá fazer isso por você."

Para Florescer precisei renascer dentro de mim mesma. Irei dividir com você dicas preciosas para seu "Florescer".

Aprendendo a renascer dentro de si mesmo

Ninguém é perfeito. Todos nós temos defeitos e somos capazes de fazer coisas que nos arrependemos. No entanto, isso não significa que não podemos ser pessoas melhores. Podemos sempre trabalhar para nos tornarmos melhores seres humanos, e isso começa com o processo de renascimento dentro de nós mesmos. O renascimento é um processo contínuo e constante na vida de cada um de nós. Significa olhar para dentro de si mesmo, confrontar os seus demônios e escolher conscientemente fazer as mudanças necessárias para se tornar uma pessoa melhor. É um processo difícil, mas vale a pena porque o resultado final é uma versão mais elevada de si mesmo.

A importância de se conhecer

Quando somos pequenos, aprendemos sobre o mundo à nossa volta através dos outros. Nosso conhecimento é limitado ao que os outros nos ensinam e, à medida que crescemos, construímos nossas próprias opiniões e pontos de vista baseados nas experiências que temos. No entanto, há uma coisa que só podemos aprender por nós mesmos: quem somos. Não há ninguém no mundo que possa nos dizer exatamente quem somos ou o que devemos fazer com a nossa vida. Isso é algo que precisamos descobrir por conta própria.

Conhecer a si mesmo é uma jornada única e pessoal que leva tempo, mas vale a pena. Ao longo da vida, muitas vezes esquecemos quem realmente somos e acabamos fazendo escolhas baseadas em expectativas externas em vez de seguir o nosso coração. Seja qual for o seu objetivo, você nunca será capaz de alcançá-lo plenamente se não souber quem é você e o que quer da vida. Conhecer a si mesmo significa aceitar as suas fraquezas e imperfeições. Não é sobre ser perfeito, é sobre ser autêntico. É importante lembrar que todos os seres humanos são imperfeitos e estão em constante evolução. Aprender a amar a si mesmo exige tempo e paciência, mas fará toda a diferença na sua vida.

Como começar a caminhada rumo ao autoconhecimento?

Nós nascemos e crescemos na sociedade, aprendendo o que é certo e errado, o que devemos fazer e o que não devemos fazer. Aprendemos a nos adaptar às expectativas dos outros e, às vezes, esquecemos de olhar para dentro de nós mesmos. Quando enfrentamos problemas na vida, podemos nos sentir perdidos e sem saber o que fazer. É neste momento que precisamos começar a caminhada rumo ao autoconhecimento. O autoconhecimento é o processo de aprender a nos conhecer melhor, compreender nossas motivações e desejos, reconhecer nossas forças e fraquezas, e aceitar quem somos. É um processo contínuo que leva tempo e exige esforço, mas vale a pena! Comece a sua jornada rumo ao autoconhecimento hoje mesmo! Aqui estão algumas dicas para começar:

1) Tire um tempo para si mesmo: Dedique pelo menos 30 minutos por dia para ficar sozinho consigo mesmo. Este tempo pode ser usado para

meditar, praticar yoga ou simplesmente relaxar em silêncio. Durante este período, concentre-se em sua respiração e permita que seus pensamentos flutuem livremente. Não force nada; simplesmente observe o que surge em sua mente.

2) Faça uma lista de seus objetivos: Anote tudo aquilo que você quer conquistar na vida — grandes ou pequenos objetivos. Isto irá ajudá-lo a ter um foco claro do que realmente importa para você e como chegar lá.

3) Aprenda a escutar seu corpo: Observe com atenção os sinais do seu corpo — física e mentalmente. O corpo nunca irá mentir para você; ele sempre te dirá quando estiver cansado, estressado ou doente. Preste atenção às mensagens do seu corpo e tome as medidas necessárias para cuidar dele da melhor forma possível.

O que significa, afinal, renascer dentro de si mesmo?

Quando pensamos em renascer, logo nos vem à cabeça a ideia de uma nova vida, de um novo começo. Mas o que significa, afinal, renascer dentro de si mesmo? Renascer significa despertar para a sua verdadeira essência, para o seu eu mais profundo. É abrir os olhos para o que realmente importa na vida e deixar de lado as ilusões do ego. É ver o mundo com os olhos da alma e não mais com os olhos da mente. Renascer é tomar consciência de que somos seres espirituais e que a vida é muito mais do que apenas o corpo físico. É compreender que somos parte de um todo maior e que estamos aqui para evoluir espiritualmente. Renascer é acordar para a verdadeira natureza da realidade e perceber que tudo está interligado. É entender que somos seres multidimensionais e que temos um propósito maior na vida. Renascer é assumir a responsabilidade por nossas escolhas e pelo nosso destino. É saber que somos co-criadores da nossa realidade e podemos transformar nossa vida em qualquer momento. Renascer significa abraçar a vida com amor incondicional e aceitar tudo o que ela nos oferece, inclusive as dificuldades. É ter coragem de enfrentar os desafios da vida com determinação e força interior, sabendo que podemos superá-los. Renascer dentro de si mesmo significa tomar consciência do seu potencial infinito e começar a viver uma nova história, uma história cheia de amor, compreensão, gratidão e abundância.

A jornada para o despertar da consciência;

Desperte para o seu poder interior e transforme sua vida. A jornada para o despertar da consciência é uma viagem que todos nós podemos fazer, se estivermos dispostos a nos abrir para a verdadeira natureza de quem somos. Nesse processo, poderemos reconhecer os limites impostos pelas nossas crenças e percepções limitadas, expandir a consciência para além do ego e descobrir a verdadeira essência da nossa existência. Quando despertamos para essa realidade mais ampla, podemos finalmente começar a viver de acordo com o nosso potencial ilimitado. A chave para o despertar é a compreensão que tudo o que precisamos está dentro de nós mesmos. Somente quando nos libertamos das ilusões do ego é que podemos nos conectar com a sabedoria infinita do nosso ser interior. É então que somos capazes de criar uma vida plena e realizada, em sintonia com o universo.

Por que é tão importante estar presente em sua própria vida?

Aprendemos a lidar com as dificuldades da vida na medida em que estamos dispostos a olhar para dentro de nós mesmos e enfrentar os desafios.

Se permitimos que os problemas nos afastem da vida, acabamos criando mais sofrimento. A chave para o bem-estar é estar presente em sua própria vida, aceitando o que vem e aprendendo com as experiências. Isso significa estar atento ao que está acontecendo aqui e agora, sem julgamento. Quando somos capazes de fazer isso, abrimos espaço para a cura e o crescimento. Deixamos de lado o autojulgamento e o medo do futuro, e nos concentramos no presente. Começamos a ver a vida com um novo olhar, cheio de possibilidades. Estar presente em sua própria vida também significa ser capaz de amar incondicionalmente. Aprendemos a amar a nós mesmos quando aprendemos a aceitar todas as partes de nós mesmos, inclusive aquelas que consideramos imperfeitas. Isso nos liberta do julgamento e nos permite abrir o coração para todas as experiências da vida. Quando estamos dispostos a enfrentar as dificuldades, damos um passo importante rumo à felicidade.

Como superar os obstáculos do ego:

Desde que somos pequenos, somos ensinados a pensar em nós mesmos e na nossa felicidade. Seguimos esses princípios durante toda a vida, mas às vezes nos deparamos com obstáculos. O ego é um desses obstáculos. Ele pode nos impedir de sermos verdadeiramente felizes e de alcançarmos o que desejamos na vida. Existem muitas maneiras de superar os obstáculos do ego. A primeira coisa a fazer é identificá-los. Em seguida, tente mudar a maneira como pensa sobre si mesmo e sobre as outras pessoas. Aprenda a aceitar as suas imperfeições e as dos outros. Lembre-se de que todos somos iguais e merecemos o mesmo respeito e amor. Também é importante aprender a controlar as suas emoções. Não deixe que o seu ego domine as suas decisões e acabe por causar problemas na sua vida. Seja racional e tenha sempre em mente o seu bem-estar e o dos outros. Escolha sempre o caminho da bondade, da compreensão e do amor incondicional!

Aprendendo a amar-se incondicionalmente;

Quando eu era jovem, acreditava que o amor era algo que as outras pessoas nos davam. Achava que precisava de ser amada para me sentir completa e feliz. Infelizmente, isso não é verdade. O amor começa dentro de nós mesmos. Se não nos amarmos incondicionalmente, nunca seremos capazes de receber o verdadeiro amor dos outros. Aprendi isso da maneira mais difícil: através da experiência. Depois de muitos anos de sofrimento, finalmente cheguei ao ponto em que percebi que tinha que me amar primeiro. Só então as outras pessoas podiam me amar de verdade. Foi um longo e doloroso processo, mas valeu a pena. Agora sei que o verdadeiro amor começa dentro de nós mesmos e estou muito grata por isso!

Libertando-se das antigas mágoas e traumas:

Quando olhamos para trás em nossas vidas, às vezes nos sentimos presos pelo peso de nossos erros e das coisas que nos machucaram. Parece que esses eventos definem quem somos e o tipo de pessoa que seremos no futuro. No entanto, isso não precisa ser verdade. Podemos escolher libertar-nos desses sentimentos negativos e começar a viver uma vida mais leve e feliz. Para fazer isso, primeiro precisamos reconhecer os sentimentos que estamos carregando. Talvez você esteja se sentindo triste por algo que aconteceu no passado ou talvez esteja com raiva por causa de um trauma. Quaisquer que sejam os sentimentos, é importante identificá-los para podermos lidar com eles. Uma vez que já identificou os sentimentos, o próximo passo é permitir-se senti-los completamente. Isso significa não lutar contra eles ou tentar bloquear esses sentimentos negativos. Em vez disso, simplesmente observe-se sentindo-se do jeito que você está sem julgamento ou crítica. Apenas permita-se experimentar esses sentimentos sem tentar mudá-los de qualquer maneira. Após ter permitido a si mesmo experimentar completamente esses sentimentos negativos, você pode começar a libertá-los gradualmente. Para fazer isso, imagine cada um dos sentimentos como uma bolha de ar flutuando na superfície da água. Observe a bolha flutuando suavemente até ela finalmente se dissipar na água. Continue fazendo isso até todos os seus sentimentos forem esgotados e você sinta um senso de calma interna.

Renascendo para uma nova forma de existir:

Há momentos em nossas vidas em que parece que tudo está acabado. Não há mais nada para fazer, ninguém para amar e parece que a vida não tem mais sentido. Nesses momentos, é preciso aprender a renascer dentro de si mesmo. Aprenda a enxergar o lado bom das coisas e busque novas formas de existir. Assim, você poderá superar qualquer obstáculo e começar uma nova etapa na sua jornada.

Viva plenamente agora!

"Agora é o momento de viver plenamente! Não importa o que aconteceu no passado, ou o que está acontecendo agora, você pode escolher viver de forma plena e feliz. Basta tomar a decisão de ser feliz e seguir em frente. Você pode começar agora mesmo, tomando consciência de seus pensamentos e sentimentos, e escolhendo os mais positivos. Comece a se concentrar nas coisas boas da sua vida e dê graças pelas coisas que você tem, a gratidão traz mais abundância para a sua vida. Escolha também pensar apenas nos pensamentos que te farão sentir bem. Se algum pensamento negativo surgir na sua mente, simplesmente observe-o como um observador imparcial, e depois libere-o. Não o alimente com mais pensamentos negativos. Em vez disso, concentre-se novamente nas coisas boas da sua vida."

Foi dessa forma que fui renascendo dentro de mim e floresci para uma vida abundante. Não importa o quanto a vida nos dá golpes, sempre há um novo começo. Aprender a renascer dentro de si mesmo é uma lição que todos precisam aprender. Ninguém pode fazer isso sozinho, mas com a ajuda dos outros e da força do universo, tudo é possível. Você não está sozinho nessa jornada. Há muitas pessoas que passaram pelos mesmos desafios e superaram. Você pode superar também. Comece hoje mesmo a trabalhar em sua autoconfiança e acredite que você é capaz de conquistar seus objetivos. Coloque um plano em prática e siga em frente com determinação. Apenas você pode escrever o seu final feliz, pois com certeza ele existe!

"Obrigada por ler meu livro. Espero que tenha gostado. Estou muito grata pela confiança que você depositou em meu trabalho. Te espero no livro 2 em breve. Sim, ainda tenho muito o que contar para você!

Com amor,

Flora Dominguez

* 9 7 8 6 5 0 0 6 5 3 5 5 7 *
FCW - #0211 - 061026 - C0 - 297/210/22 - PB - 9786500653557 - Matt Lamination